Atlas der Expeditionen

Karen Farrington

Atlas der Expeditionen

tosa

Bildquellennachweis:

Bildrecherche: Nathan Grainger/Image Select International limited

AKG London: 12–13, 24, 30–31, 36 (links), 37, 38, 39, 41 (oben), 43 (unten), 46, 47, 50, 62, 86, 90, 100, 113, 158, 169 (unten), 170 (links); Ancient Art & Architecture Collection: 59, 143; Ancient Art & Architecture Collection/ Murat Ozby: 16; Ancient Art & Architecture Collection/ Ronald Sheridan: 10, 23; Ann Ronan Picture Library: 1, 12, 20, 30, 33, 35 (beide), 40, 43 (oben), 45 (oben), 51, 68, 72, 74 (oben), 75, 79 (beide), 80 (beide), 81, 82 (oben), 83, 87 (unten), 89, 92, 93, 96 (beide), 101, 112, 119, 120 (beide), 121, 122 (beide), 123, 125, 126, 131, 135, 137, 140 (beide), 141, 142 (unten), 144, 145, 147, 148 (unten), 149, 150, 151, 152, 153 (beide), 154, 155, 172 (beide), 173, 174 (rechts), 182, 186, 188; Bettemann Archive/ BBC Hulton: 76; BPCC/ Aldus Archive: 44; Chris Fairclough Colour Library: 21, 183; Culver Pictures: 106, 107, 110, 115, 128, 130, 133, 134; Detroit News: 160, 161 (beide); E.T Archive: 52 (rechts), 53, 84, 169 (oben), 170 (unten), 171, 187; Fox Photos: 163 (unten); Gamma: 77; Hulton Deutsch: 78, 156, 159, 178 (oben); Hulton Getty: 67 (oben), 95 (Laing-Stich), 103 (unten), 114, 116, 127, 132, 136, 163 (oben), 176, 181, 184 (oben); Kit Houghton: 58 (unten); NASA/ Image Select: 189; Oldrich Karasek/ Still Pictures: 65; Pictor Uniphoto: 69, 95 (Hintergrund), 109; Pictures Colour Library: 29, 41 (unten), 55, 56–7, 74 (unten), 85, 117, 131 (oben), 175, 177; Rex Features/ Adrian Sherratt: 164, 165; Spectrum Colour Library: 6–7, 14, 18 (unten), 32, 45 (unten), 66–7, 73, 111, 128–9, 157, 184–5; Spectrum Colour Library/ D. & J. Heaton: 118, 178–9; Spectrum Colour Library/ E.J. Chalker: 22; Still Pictures/ Bill O'Connor: 61; Thalamus Publishing: 11 (unten), 77 (oben), 82 (unten), 87 (oben), 88 (beide), 95, 98 (unten), 99 (beide), 102 (beide), 103 (oben), 129 (oben); Thalamus Studios: 2–3, 28, 34, 42, 52 (links), 54, 58 (oben), 60 (oben), 64, 94, 98 (oben), 108, 124, 142 (oben), 146, 174 (links), 180, 186 (oben); Werner Forman Archive: 19, 25, 91; Werner Forman Archive/Ägyptisches Museum, Kairo: 11 (oben); Werner Forman Archive/ Gulistan Imperial Library, Teheran: 36 (); Werner Forman Archive/ Spink & Son, London: 60 (unten); Werner Forman Archive/ Tanzania National Museum, Dar Es Salaam: 18

Alle Rechte vorbehalten

Aus dem Englischen von DIE TEXTWERKSTATT, Wien / Angelika Gredenberg

Erstveröffentlichung 2000 unter dem Titel: *Historical Atlas of Expeditions*

Text und Design © Thalamus Publishing 2000

Copyright © der deutschsprachigen Ausgabe 2001 by Tosa Verlag, Wien

Printed in Italy

S. 1: *Die Weltkarte des Ptolemäus wurde etwa 150 n. Chr. angefertigt. Diese Version ist aber ein Druck aus dem Jahr 1472. Es dauerte elf Jahrhunderte, bis die Kartografie wieder die Präzision des Ptolemäus erreichte.*

S. 2,3: *Henry Morton Stanley wurde durch sein Treffen mit Dr. Livingstone im afrikanischen Dschungel berühmt. Doch er unternahm zahlreiche Expeditionen ins Herz Afrikas und trug viel zu unserem Wissen über den „Dunklen Kontinent" bei.*

INHALT

Einleitung 6

KAPITEL EINS
Frühe Expeditionen **8**
Ägyptische Entdecker *Yam und das Land Punt* 10
Alexander der Große *Die Verbreitung des griechischen Einflusses* 12
Die Seidenstraße *Ost-West-Handel* 16
Strabo und die Römer *Anfänge der Geografie* 20
Islamische Entdecker *Handel und Studium* 22
Die Wikinger *Von Europa bis Amerika* 24

KAPITEL ZWEI
Reisen vor 1600 .... **26**
Ibn Battuta *Ein Maure in Asien* 28
Die Kreuzzüge *Reisen im Heiligen Krieg* 30
Marco Polo *Am Hof des Kublai Khan* 34
Francisco Pizarro *Eroberung Südamerikas* 38
Jesuitische Missionare *Christen im Ausland* 40
Willem Barents *Überleben in der Arktis* 42
Sir Walter Raleigh *Entdecker voller Heimatliebe* 44
Jermak Timofejewitsch *Landeroberung für Russland* 46

KAPITEL DREI
Asien ab 1600 .... **48**
Matteo Ricci *Respekt vor den Chinesen* 50
Vitus Bering *Nach Sibirien und Alaska* 52
Nain und Kishen Singh *Spionage zu Fuß* 54
Nikolai Przewalski *Unterwegs nach Lhasa* 58
Francis Younghusband *Krieg zwischen England und Tibet* . 60
Sven Hedin *Unterwegs im Himalaja* 62
Alexandra David-Neel *Auf dem Dach der Welt* 64
Freya Stark *Leben bei den Arabern* 66
Wilfred Thesiger *Die leere Zone* 68

KAPITEL VIER
Afrika ab 1600 .... **70**
James Bruce *Suche nach dem Blauen Nil* 72
Mungo Park *Entlang des Niger* 74
Johann Burckhardt *Auf dem Weg an den Niger* 76
Sir Hugh Clapperton und Richard Lander *Wüste, Tschadsee
    und die Mündung des Niger* 78
David Livingstone *Mission in Zentralafrika* 80
Sir Richard Burton und John Hanning Speke *Kampf um die
    Quellen des Nil* 84
Großwildjäger *Trophäenjagd* 88
Heinrich Barth *Unterwegs nach Timbuktu* 90
Henry Morton Stanley *Auf der Suche nach Livingstone* ... 92
Mysterien der Sahara *Caillié und Laing* 94
Mary Kingsley *Eine Viktorianerin in Gabun* 96
Die Akeleys *Taxidermie* 98
Samuel White Baker *Die Quellen des Nil* 100
Die Geheimnisse der Pyramiden und das alte Ägypten 102

KAPITEL FÜNF
Amerika ab 1600 .... **104**
Louis Jolliet und Jacques Marquette *Mississippi* 106
Charles Marie de la Condamine *Der Amazonas* 108
Alexander Mackenzie *Ein Fluss in die Arktis* 110
Baron Alexander von Humboldt *Orinoco* 112
George Vancouver *Karte der Nordwestküste* 114
David Thompson *Vermessung des Columbiaflusses* 116
Joseph Walker *Jenseits des Salzsees* 118
Charles Darwin *Die Entstehung der Arten* 120
Daniel Boone *Die Gründung von Kentucky* 124
Meriwether Lewis und William Clark *Öffnung des Westens
    für Jefferson* 126
Zebulon Montgomery Pike *Mittlerer Westen* 128
Edward Whymper *Besteigung der Anden* 130
Alfred Russel Wallace und Henry Walter Bates *Entlang des
    Rio Negros* 132
Hiram Bingham *Machu Picchu* 134
Percy Harrison Fawcett *Verschollen im Dschungel* 136

KAPITEL SECHS
Arktis und Antarktis **138**
Sir John Franklin *Fataler Irrtum im Eis* 140
Nils Nordenskiold *Umfahrung Eurasiens* 142
Robert E. Peary und Frederick Cook *Kampf um den
    Nordpol* 144
Fridtjof Nansen *Wissenschaft im Schnee* 148
Robert Falcon Scott *Der Zweite am Südpol* 150
Roald Amundsen *Scheitern am Nordpol* 152
Ernest Shackleton *Verzweiflung am Südpol* 154
Knud Rasmussen *Interesse an den Inuit* 156
Richard Byrd *Polarversuche in der Luft* 158
George Hubert Wilkins *Annäherung der Pole* 160
Sir Vivian Fuchs *Technologie in den Polarregionen* 162
Sir Ranulph Fiennes *Ausdauer* 164

KAPITEL SIEBEN
Australasien **166**
Abel Janszoon Tasman *Terra Australis Incognita* 168
Antoine Entrecasteaux *Australien gefunden* 170
Kapitän James Cook *Bemerkenswerter Entdecker* 172
Matthew Flinders *Aufzeichnen der Küstenlinie* 174
William Charles Wentworth *Übers Gebirge* 176
Sir Charles Sturt *Der Fluss Darling* 178
Hamilton Hume *Murrumbidgee und Murray* 180
Ludwig Leichhardt *Scheitern in der Wüste* 182
Edward Eyre *Salzseen und die Südküste* 184
Robert O'Hara Burke *Von Süden nach Norden* 186

Nachwort *Einer neuen Ära entgegen* 188

Register 190

HISTORISCHER ATLAS DER EXPEDITIONEN
EINLEITUNG

Bis vor nicht allzu langer Zeit trafen Begriffe wie „abgelegen" oder „unerforscht" auf fast jeden Erdteil zu. Die Gründe der Menschen, umliegende Gegenden zu erforschen, waren zahlreich. Zu Beginn waren die Absichten der Eroberer offen und klar – die Suche nach neuen Wasserquellen und Nahrungsvorräten.

Nach und nach änderten sich aber die Motive der Entdecker: Hinzu kamen das Streben nach neuen Reichtümern, die Notwendigkeit des Handels, die Gier nach Macht, die Unterdrückung und religiöse Bekehrung anderer, Flucht oder einfach Neugierde.

Letzteres ist die menschliche Eigenschaft, die wohl am meisten zu unserem Forschungsdrang beitrug. Ob es um Expeditionen in feindliches Gelände ging, um das Überqueren wilder Ozeane oder um das Bezwingen unüberwindbarer Bergbarrieren – die Neugier auf das, was dahinter lag, war unwiderstehlich. Ohne diesen Wissensdrang und das Streben nach Beweisen wäre die Menschheit in steinzeitlichen Kleingruppen geblieben.

Oftmals blieben die Entdecker über Jahre hinweg abgeschnitten vom Kontakt mit ihresgleichen. Erst in jüngster Zeit konnten sie vom technologischen Fortschritt profitieren. Radio, Satellit, GPS, E-mail. Als Marco Polo China bereiste, wusste zu Hause in Venedig bis zu seiner Rückkehr niemand, ob er noch lebte. Heute erachten wir Kommunikation als selbstverständlich, also können wir uns nur schwer vorstellen, wie frühe Entdecker sich zurechtfanden.

Als die Amerikaner auf dem Mond landeten, verfolgte das gesamte Land das Geschehen im Fernsehen. Die Leistung der Astronauten war nicht bedeutender als Marco Polos; im Unterschied zu ihm standen sie allerdings mit Houston in Kontakt.

Ein Problem beim Studieren vergangener Epochen ist, dass wir kaum noch die Geschehnisse mit damaligen Augen sehen. Für die meisten Leser sind die Motive der alten Eroberer bedeutungslos, da sie mit den heutigen Werten nur wenig tun haben. Wir meinen, dass die meisten heutigen Expeditionen wissenschaftlichen Charakter haben, und sind geneigt, Habgier und Neugier als größte Motivation für die in diesem Buch beschriebenen Reisen zu sehen. Doch selbst nach der ersten Mondlandung erhofften einige einen finanziellen Vorteil durch die Verminung seiner Krater. Vermarktung löst die Wissenschaft ab. Auch die Expeditionen vor dem 20. Jahrhundert liefen so ab.

Im Zuge der Entdeckung entstanden Erzählungen von Heldentum und Versagen. Jedem Triumph folgte eine Niederlage von epischem Ausmaß. Tausende Seelen brannten vor Verzweiflung, Optimismus und Abenteuerlust wurden grausam geschmälert.

Wie dieses Buch zeigt, waren einige Entdeckungen das Resultat scharfsinniger Planung und Vorbereitung, andere hingegen beruhten auf purem Glück.

Menschliches Streben war niemals so lebhaft und erregend wie bei der Eroberung einer unbekannten Welt. Zu lernen, wie die Menschheit eine Welt ohne Grenzen schuf, bedeutet, die menschliche Natur an sich zu verstehen.

Rechts: *Europäische Eroberer brachten Kamele zur Erforschung der Outbacks auf den australischen Kontinent und bewirkten eine gegenseitige Befruchtung von Kultur, Flora und Fauna. Die Abbildung zeigt, wie sich die Forschungsreisenden der Expedition von 1876 durchs Gestrüpp quälen.*

KAPITEL EINS

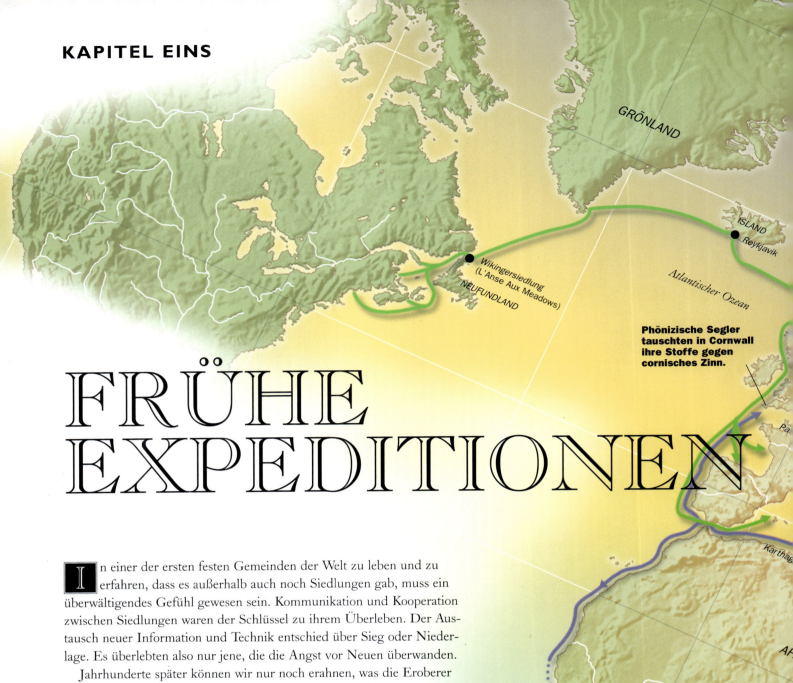

Phönizische Segler tauschten in Cornwall ihre Stoffe gegen cornisches Zinn.

Ägypten galt als „Kornkammer Roms", die Römer wussten aber nur wenig über den restlichen Kontinent. 66 n. Chr sandte der römische Kaiser Nero zwei Soldaten den Nil hinauf. Sie kamen in den Süden bis zum Sumpfland, das sie Sudd nannten.

Der phönizische Seemann Hanno aus der Stadt Karthago soll zwischen 500 und 450 v. Chr. Afrika umsegelt haben. Die Karthager stießen zu dieser Zeit bis zur Westküste Zentralafrikas vor.

FRÜHE EXPEDITIONEN

In einer der ersten festen Gemeinden der Welt zu leben und zu erfahren, dass es außerhalb auch noch Siedlungen gab, muss ein überwältigendes Gefühl gewesen sein. Kommunikation und Kooperation zwischen Siedlungen waren der Schlüssel zu ihrem Überleben. Der Austausch neuer Information und Technik entschied über Sieg oder Niederlage. Es überlebten also nur jene, die die Angst vor Neuen überwanden.

Jahrhunderte später können wir nur noch erahnen, was die Eroberer der antiken Welt fühlten, was sie wie vorfanden und welche genauen Routen sie wählten. Waren sie zu Pferd unterwegs, mit Booten oder zu Fuß? Nur wenige hatten die Möglichkeit, ihre Expeditionen aufzuzeichnen. Selbst wenn verschiedene Funde dokumentiert wurden, so gingen die Berichte darüber verloren. Selbst wenn man sie wieder fände, wäre es fraglich, ob so obskure Texte heute überhaupt verstanden würden.

Die Archäologie schafft hier Abhilfe. Wenn Gegenstände eines nördlichen Volkes im Süden auftauchen, können wir annehmen, dass ein Austausch stattfand. Wie genau er erfolgte, ist oft ein ungelöstes Geheimnis. Vieles fiel auch der Zeit zum Opfer. Zum Beispiel saßen die Inselbewohner im Pazifik fest, als sie mit der Zeit vergaßen, wie man die Boote baut, mit denen ihre Vorfahren dorthin gelangt waren. Diese Pioniere machen unsere Vorurteile über die Grenzen antiker Möglichkeiten zunichte. Wir können nur staunen bei dem Gedanken, dass sie in primitiven Booten Tausende von Kilometern auf den Pazifik hinausfuhren und auf den Inselgruppen ankerten, die wir heute kennen. Für manche Kulturen bildeten wilde Flüsse und Bergketten eine natürliche Barriere. Für andere taten sie das nicht. Entdeckung und Entwicklung gehen dann Hand in Hand.

FRÜHE EXPEDITIONEN

ÄGYPTISCHE ENTDECKER

ab 3200 v. Chr.

Die alten Ägypter waren Nomaden, deren Existenz davon abhing, ob sie für sich selbst und ihr Vieh Wasserlöcher fanden. Ein etwa 7000 Jahre alter Steinkreis in der Nähe von Nabta in der Nubischen Wüste deutet darauf hin, dass sie sich auf ihrer Wanderschaft an den Gestirnen orientierten.

Den späteren Generationen vermachten die Ägypter ausführliche Texte über ihr Alltagsleben. Dank der mittlerweile entschlüsselten Hieroglyphen wissen wir, dass die ersten Expeditionen auf das Konto der Ägypter gehen. Die erste dokumentierte Seereise fand unter dem Pharao Snefru ungefähr 3200 v. Chr. statt. Erst 400 Jahre später unternahm der erste anerkannte Entdecker, Hannu, von Ägypten aus eine Expedition in die unbekannte Welt. Genau genommen handelte es sich um eine Reise über das Rote Meer, was für die damalige Zeit aber bereits ein äußerst erstaunliches Unterfangen war.

Einer der bedeutendsten ägyptischen Führer war Harkhuf, ein Ehrenmann, der um 2300 v. Chr. lebte. Sein Grab in Assuan erzählt, wie er vom König ausgesandt wurde, um die Straße nach Yam zu erkunden. Nach zwei weiteren Expeditionen kehrte er mit 300 Eseln zurück, die mit Weihrauch, Ebenholz und vielen anderen Nutzgütern beladen waren. Von sich selbst behauptete er: „Ich war tapferer und wachsamer als jeder andere Kamerad oder Karawanenführer, der jemals nach Yams geschickt wurde."

In der Nähe befindet sich das Grab von Pyopi-nakht, einem weiteren wichtigen Expeditionsführer. Von ihm wissen wir, dass er aufs Rote Meer hinausfuhr, um seinen Freund zu rächen, der in einem Gefecht getötet worden war.

Rechts: *Grabmodell eines ägyptischen Schiffes aus Theben, ca. 2000 v. Chr.*

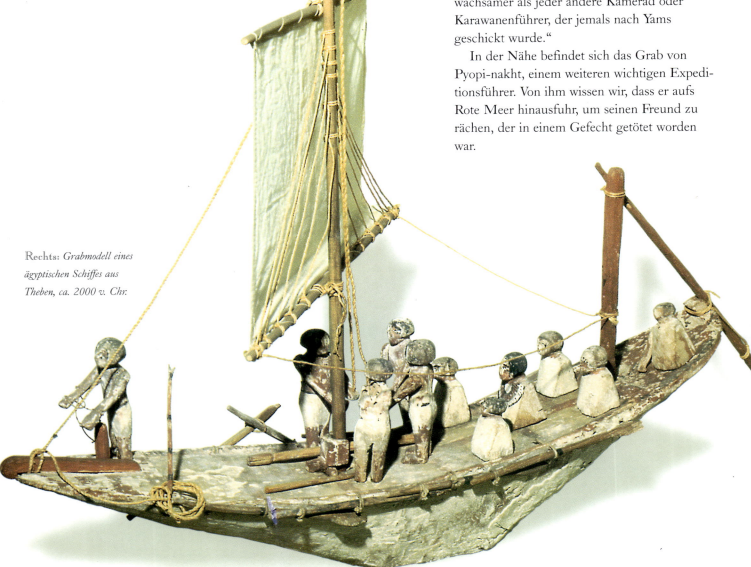

Eroberung und Handel

Obwohl das Segeln entlang des Nil oder über das Rote Meer die offensichtlichste Art des Transportes für die Ägypter war, mangelte es an Holz für ihre Schiffe – sie bevorzugten Zeder aus dem Libanon. Also reisten sie genauso oft auf der „Oasenstraße", die entlang zahlreicher Wasserlöcher vom Nil weg ins Landesinnere führte.

Wie alle antiken Völker waren die Ägypter bestrebt, Zugriff auf die Reichtümer benachbarter Länder zu bekommen. Im Süden lag Nubien, auch bekannt als Kusch, das reich an Mineralvorräten war. Die dort ansässigen Bauern konnten sich gegen die militärische Gewalt der Ägypter nicht wehren. Vor viertausend Jahren schrieb ein ägyptischer Staatsangestellter: „Ich schlachtete die Nubier bei mehreren Anlässen … säte die Furcht vor Horus unter den südlichen Völkern, um sie zu befrieden." Die Kriegsbeute von den ägyptischen Expeditionen bestand meist aus Tierhäuten, Myrrhe, Weihrauch, Ebenholz, Elfenbein – und Sklaven, die für die großartigen Bauprojekte der Ägypter erforderlich waren. Die Nubier konnten sich bis 800 v. Chr. der ägyptischen Tyrannei nicht erwehren.

Besonders anziehend auf die Ägypter wirkte das Land Punt (der Name bedeutet „heilig"). Obwohl es nie genau lokalisiert werden konnte, nimmt man an, dass es sich an der Südküste des Golfes von Aden oder an der somalischen Küste befand.

Die Tempelinschriften der Königin Hatschepsut (1479–1457 v. Chr.) bei Deir el-Bahri in der Nähe von Luxor erläutern den Charakter einer Expedition unter Ägyptens einzigem weiblichen Pharao der Antike. Nach ihrem Tod verunstaltete ihr Halbbruder und Nachfolger Thutmosis III. allerdings den Großteil ihres Tempels. Wahrscheinlich ausgehend von Theben (Luxor) durchquerte die von ihr ausgesandte Karawane entweder 240 km Wüste vom Nil zum Roten Meer oder zog entlang des lange verlorenen Kanals, der die beiden Wasserwege verband. Dann folgte eine 2400 km lange Schiffsreise über das Rote Meer. An Bord befanden sich Handelsgüter und ein Geschenk für den Prinzen Parihu von Punt. Den Tempelinschriften ist zu entnehmen, dass die Beziehungen Ägyptens zu Punt zu dieser Zeit eher herzlich waren. Auf der Rückfahrt hatte die Karawane exotische Güter wie Myrrhe, Goldringe, Pantherhäute, Stoßzähne, Affen und eine Giraffe geladen.

Links: Königin Hatschepsut bei Deir el-Bahri als Sphinx dargestellt. Als einzige ägyptische Pharaonin (Kleopatra war griechischer Abstammung) trug sie bei besonderen Anlässen dennoch einen rituellen Bart.

Unten: Das Puntschiff verfügte über eine ausgeklügelte Technik. Hier wird es gerade für die Rückfahrt beladen. Leider enthüllen die Inschriften nicht die Lage von Punt.

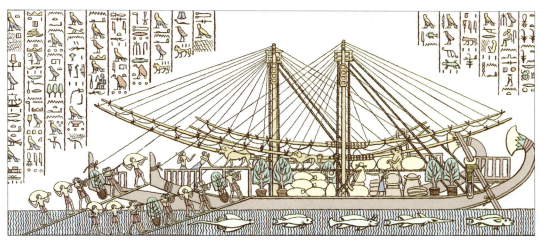

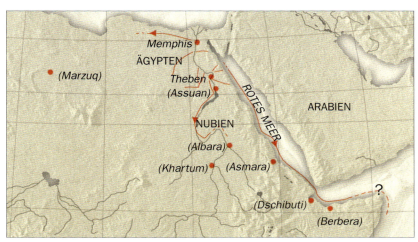

FRÜHE EXPEDITIONEN
ALEXANDER *der* GROSSE

356 *bis* 323 v. Chr.

Der wohl rätselhafteste Expeditionsführer der antiken Welt war auch der erfolgreichste. Alexander der Große führte seine Armee in einem 40.000 km langen Marsch von Mazedonien nach Ägypten, von dort bis zum Himalaja und zurück nach Persien. Damit schuf er ein unvorstellbar großes Imperium. Seine eigentliche Heldentat lag aber nicht im Erobern, sondern im Erforschen unbekannter Gebiete, die kein Europäer zuvor betreten hatte.

Alexander war Sohn des mazedonischen Königs Philipp II. und dessen Frau Olympias. Von seinem Vater erbte er sein politisches und militärisches Verständnis. Von seiner Mutter hatte er die Faszination für Mystik. Sie war Anhängerin des Fruchtbarkeitsgottes Dionysos. Seine Eltern trennten sich aber, als Philipp – dem Mythos zufolge – Olympias im Bett mit einer Schlange erwischte. Auf dieser Geschichte beruht das Gerücht, dass Alexander das Produkt einer Liaison zwischen seiner Mutter und einem Gott in Gestalt einer Schlange war. Alexander war sicher glücklich über die Verbreitung von Gerüchten über seine göttliche Herkunft.

Eine dritte wichtige Bezugsperson für den kleinen Alexander war sein Lehrer Aristoteles (384–322 v. Chr.). Von seinem 13. Lebensjahr an lehrte ihn der Weise Rhetorik, Philosophie, Physik, Ethik und Poesie, und die kurze Unterrichtszeit hinterließ bei Alexander einen bleibenden Eindruck. Bevor er König wurde, verblüffte er bei Hof persische Botschafter, indem er sie geschickt über die Geografie ihres Landes befragte.

Seinem intellektuellen Streben wurde durch den Tod seines Vaters, der 336 v. Chr. in Ägea ermordet wurde, ein jähes Ende gesetzt. Der 20-jährige Alexander war nun gezwungen, sich mit den Unruhen in dem von seinem Vater geschaffenen Reich auseinander zu setzen. Er erstürmte das griechische Theben und brannte bis auf die Tempel und das Haus des Dichters Pindar die gesamte Stadt nieder. Dieser grausame Rachefeldzug handelte ihm den Titel „Tyrann von Griechenland" ein. Andere Staaten, abgeschreckt durch diese Machtdemonstration, begannen sich zu beugen. Obwohl von kleiner Statur, wirkte er durch seine Persönlichkeit.

Rechts: *Als Eroberer der bekannten Welt verlieh Alexander Städten vom Mittelmeer bis Nordindien seinen Namen. Diese Büste ist eine römische Kopie einer griechischen Skulptur.*

Ein alter Feind

Ursprünglich plante Alexander einen Feldzug, um die 150 Jahre vor seiner Geburt von den Persern erniedrigten Griechen zu rächen. Außer Kriegern hatte er auch Geografen, Astronomen, Naturwissenschaftler, Mathematiker und Ingenieure bei sich. Er hatte sogar Männer, deren Aufgabe es war, für die Kartographen die Länge der täglichen Märsche zu messen.

Zum ersten Konflikt kam es vor der antiken Stadt Troja, wo er eine Armee besiegte, die der seinen zahlenmäßig überlegen war. Anekdoten zufolge verlor er nur 110 Mann. Der persische König Darius rüstete seine Truppen für die Schlacht bei Issos im heutigen Syrien. Wieder siegte Alexander, und Darius, der Frau und Kinder ihrem Schicksal überließ, floh. Als Zeichen des Respektes behandelte Alexander die hochgestellten Perserinnen gut.

Er marschierte weiter nach Ägypten und zerstörte unterwegs die Stadt Tyrus. In Ägypten gründete er 332 v. Chr. die Stadt Alexandria, die zum anerkannten Bildungssitz, zur Heimat von Kleopatra und zum Standort des Leuchtturmes Pharos wurde.

Vor seiner Abreise befragte er das berühmte Orakel von Delphi. Ihm wurde gesagt, was er hören wollte – dass er der Sohn Gottes sei. Er verließ Ägypten in der Absicht, Darius erneut zu treffen; ein Wunsch, der ihm am 1. Oktober 331 v. Chr. bei Gaugamela erfüllt wurde, als er mit seiner Truppe in Richtung Babylon marschierte. Zum dritten Mal siegte Alexander und wieder war der persische König zur Flucht gezwungen, um dann von seinem eigenen Gefolge ermordet zu werden. Der enorme Reichtum der persischen Hauptstadt Persepolis lag Alexander zu Füßen. Er plünderte die Stadt.

Damit war die Eroberung des persischen Reiches komplett. Alexanders Traum, Ost und West unter mazedonischer Kontrolle zu einem Reich zu vereinen, nahm Gestalt an, aber es war noch ein weiter Weg bis zu seiner Erfüllung.

Unten: *Alexander zwang die Perser bei Issos ein zweites Mal zur Schlacht, in der der Perserkönig Darius fliehen musste. Dieses römische Mosaik in Pompeji ist eine Kopie eines griechischen Gemäldes von Philoxenos.*

FRÜHE EXPEDITIONEN

Oben: *Die Weitläufigkeit der Ruinen von Persepolis können die Herrlichkeit der ehemaligen persischen Hauptstadt nur andeuten. Nachdem er König Darius besiegt hatte, plünderte Alexander die Stadt und machte sie 331 v. Chr. dem Erdboden gleich.*

Eine beschwerliche Reise

Alexander strebte nach weiterem Gewinn im fernen Osten des Perserreiches. Er führte seine Armee durch den heutigen Iran, durch Afghanistan und über den Chaibarp-Pass nach Indien, wo er einen aggressiven Eroberungszug einleitete. Der junge mazedonische König kämpfte nun an der äußersten Grenze der damals bekannten Welt.

Gleichermaßen von Neugier und Habsucht getrieben, war es lediglich der Widerstand seiner erschöpften Truppen, der ihn zur Rast zwang und ihn daran hinderte, im Süden bis ins Herz Indiens vorzudringen. Auf Bitten seiner Männer beschloss Alexander eine möglichst rasche Rückkehr und ließ eine Schiffsflotte bauen. Die Hälfte der Armee segelte den Indus hinunter. Der Rest, angeführt von Alexander, marschierte neun Monate lang entlang des Flussufers und unternahm so eine mühsame Reise zum Indusdelta, auf der die Gruppe stets feindliche Stämme abwehren musste.

Am Ufer des Arabischen Meeres teilte Alexander seine Armee in drei Gruppen. Die Kranken und Verwundeten marschierten direkt auf dem Landweg nach Persien; mit einer zweiten Gruppe erforschte er den unbekannten arabischen Küstenstreifen. Der dritte Teil blieb in den Booten, um die Küste vom Wasser aus zu überwachen und Alexanders Fußsoldaten zu versorgen. Ihre Ausdauer wurde auf eine harte Probe gestellt. Jene, die nach Persien marschierten, stießen auf widrige Umstände wie die Makranwüste in Pakistan, wo viele ihr Leben ließen. Alexander war gezwungen, landeinwärts zu ziehen und schaffte nur eines von vielen geplanten Treffen mit seiner Seeflotte.

Bis sie nach Persien zurückkamen, mussten seine Soldaten unvorstellbare Mühsal ertragen. Hunger, unzureichende Kleidung und das Fehlen medizinischer Versorgung machte den Männern zu schaffen, aber das Ergebnis der Expedition war beispiellos. Die gesamte bekannte Welt war unter Alexanders Kontrolle.

2000 v. Chr.	ca. 1900 v. Chr.	1792 v. Chr.	1600 v. Chr.	1501–1479 v. Chr.	ca. 1500 v. Chr.	ca.1200 v. Chr.	ca. 1000 v. Chr.
Griechen besiedeln die Peloponnes	Ägypter errichten entlang des Nil Festungen bis Nuba	König Hammurabi weitet seine Macht auf Mesopotamien aus	Arische Stämme erreichen den Indus	Königin Hatschepsut beauftragt Expeditionen nach Ostafrika	Phillippiner besiedeln die Marianeninseln im Pazifik	Barbarische "Seeleute" erkunden und plündern den Mittelmeerraum	Polynesier der Fidschiinseln kolonisieren Samoa und Tonga

Insgesamt gründete er 17 Städte mit dem Namen Alexandria – manche wurden später umbenannt, andere gingen unter. Alexander verbreitete die griechische Sprache und Kultur, was später römischen Eroberern zum Vorteil wurde.

Held oder Verbrecher?

Für Alexander war das Wichtigste die Erhaltung seines Reiches. Wie konnte er den Zerfall verhindern? Ein Plan war die Schaffung einer Schiffsverbindung zwischen Ägypten und Babylon um den Arabischen Golf herum, um den beiden Stützen seines Reiches den Vorteil des Handels zukommen zu lassen. Seine Bemühungen endeten aber vorzeitig mit seinem Tod im Jahre 323 v. Chr. im Alter von 33 Jahren.

Einige glauben, Alexander wurde vergiftet, andere sprechen von Malaria. Jüngsten Studien zufolge starb er an Typhus. Nach seinem Tode bekriegten sich seine Generäle und Erben 40 Jahre lang, und jedes Zeichen von Einheit unter ihnen schwand. Schließlich zerfiel sein gewaltiges Reich in mehrere Teile.

Alexanders schwieriger Charakter war sogar für seine Zeitgenossen unmöglich zu analysieren. Er hatte zwei Frauen und drei Kinder, da er aber meistens mit seiner Armee unterwegs war, hatte er zu seinen Offizieren die innigste Beziehung. Alexanders Führung war wohl harsch, aber auch innovativ. Trotz seiner Position pflegte er enge Freundschaften. Sein intimster Freund war Hephaistion, den er seit seiner Kindheit kannte; dennoch war die Nähe zu Alexander gefährlich. Einen anderen Freund – Kleitos, der ihm einmal das Leben gerettet hat – ermordete er nach einem Saufgelage. Danach zog er sich für drei Tage zurück.

Alkohol war der Grund für viele seiner Gewalttaten. Mazedonische Knaben lernten schon früh das Trinken, und die Langzeitfolgen seiner Alkoholsucht waren wohl der Grund für seine aggressive, größenwahnsinnige Lebenseinstellung zum Schluss. Kurz vor seinem Tod befahl er seinen Untertanen, ihm göttliche Ehren zu erweisen.

Aus heutiger Sicht war Alexander ein Diktator der übelsten Sorte. Doch in der antiken Welt der Stammessysteme, Grausamkeit und politischer Unruhe dehnte er einfach die Grenzen des Erlaubten so weit wie möglich aus.

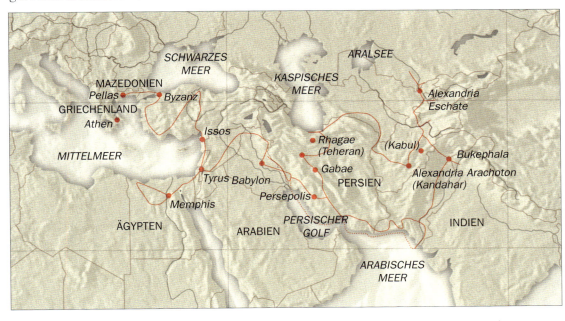

735 v. Chr.	620 v. Chr.	ca. 600 v. Chr.	600 v. Chr.	6. Jhdt. v. Chr.	512 v. Chr.	460 v. Chr.	ca. 450 v. Chr.
Die Griechen gründen Kolonien auf Ostsizilien	Griechische Händler gründen Kolonien im Nildelta	Eine phönizische Flotte soll in drei Jahren Afrika umsegelt haben	Griechen kolonisieren Südwestfrankreich	Skylax von Karyanda reist nach Indien und Arabien	Perser erobern Griechenland	Athen sendet Militärexpedition, um Persien anzugreifen	Händler aus Karthago reisen nach Britannien

FRÜHE EXPEDITIONEN
Die SEIDENSTRASSE
ab 105 v. Chr.

Die Landschaft Zentralasiens, von China nach Westen, ist eine der unwirtlichsten der Welt. Bergmassive, heiße Wüsten, leere Steppen und spärliche Siedlungen machen das Reisen durch die verlassene Region mühsam. Grausame Banditen waren der Schrecken der Antike, dazu kamen Bären und Wölfe. Dennoch machte der Austausch von Luxusgütern über große Distanzen die Risiken lohnend, und furchtlose Reisende nahmen die Herausforderung an.

Frühe Entdecker schufen einen Pfad durch das Dickicht Asiens und trieben Tauschhandel. Chinas Trumpf war Seide, die einen weit größeren Luxus darstellte als jeder andere in der alten Welt bekannte Stoff. Die westliche Zivilisation war betört von ihrer Weichheit und Farbkraft, wusste aber nichts über die Herstellung. Noch 70 n. Chr. glaubte der römische Gelehrte Plinius, dass Seide von einer seltenen chinesischen Pflanze stammte. Erst im vierten Jahrhundert schmuggelte eine chinesische Prinzessin Seidenraupen aus ihrem Land und ermöglichte Seidenfarmen in anderen Teilen Asiens. Das Geheimnis war gelüftet, und Seide war nicht länger ein geheimnisvolles Gewebe.

Seide wurde um 3000 v. Chr. in China zum ersten Mal erzeugt. Sie stellte bis 138 v. Chr., als Kaiser Wu-di aus der Han-Dynastie in Asien an die Macht kam, eine wichtige Handelsware dar. Zu dieser Zeit wusste China nicht viel vom Rest der Welt, doch Kaiser Wu-di war neugierig. Auf sein Geheiß unternahm Zhang Qian eine der ersten Expeditionen nach Zentralasien und stieß auf dort ansässige Stämme.

Zhang Qian diente am chinesischen Hof als Diplomat, als ihm aufgetragen wurde, sich mit einem iranischen Stamm, den die Chinesen Yue-Chi nannten, gegen den gemeinsamen Feind, die Hunnen, zu verbünden. Bei seinem Versuch, diese zu kontaktieren, wurde er von den Hunnen gefangen genommen und konnte erst nach zehn Jahren fliehen. Dann erfuhr er, dass die Yue-Chi nicht mehr geneigt waren, die Hunnen zu bekämpfen, und wurde auf seiner Rückreise nach China erneut verhaftet.

126 v. Chr erreichte er mit nur noch zwei Mann aus seiner ursprünglich 100-köpfigen

Unten: An beiden Enden der Seidenstraße konnten die Händler auf Pferden reiten; in den weiten Wüsten Zentralasiens aber konnten nur Kamele eingesetzt werden. Auf Berghängen wurden sie gegen Maultiere ausgewechselt.

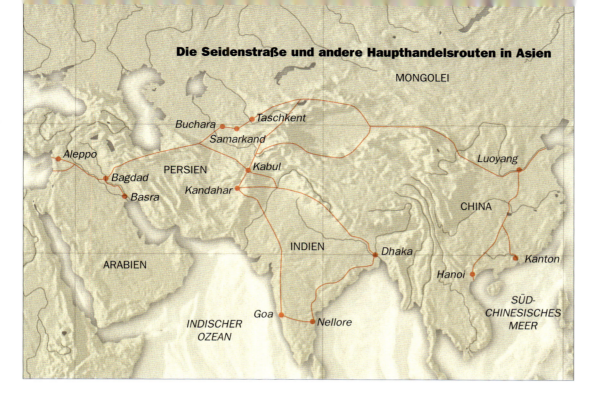

Truppe endlich China. Seine Erzählungen von fremden Ländern waren so faszinierend, dass der chinesische Hof auf die Idee des Handels kam. Zhang Qian wurde erneut ausgesandt, diesmal beladen mit Handelsgütern, mit dem Auftrag, Handelsmöglichkeiten zu suchen und den plündernden Hunnen um jeden Preis aus dem Weg zu gehen. Man nimmt an, dass die Existenz der heute als Seidenstraße bekannten Handelsroute direkt auf seine Bemühungen zurückzuführen ist. Sie entstand 105 v. Chr., hieß damals aber noch nicht so. Diese Bezeichnung geht auf den deutschen Geografen Ferdinand Freiherr von Richthofen zurück (1833–1905), einen Spezialisten für die Topografie des Orients.

Die Seidenstraße war etwa 6400 km lang, ein ungeheurer Pfad, der den Gelben Fluss im Osten mit dem Mittelmeer im Westen verband. Sie blieb jahrhundertelang eine wichtige Welthandelsstraße, während rechts und links von ihr Königreiche entstanden und wieder zerfielen. Zu denen, die sie benutzten, gehörten Griechen, Römer, Perser, Mongolen und die Chinesen.

Die Mittelsmänner

Die Bewohner Nordwestindiens nutzten die Gelegenheit, um Mittelsmänner dieses gewinnbringenden Handels zu werden, und brachten sogar Edelsteine, Gold und Silber mit ein. Da die Griechen und Römer wegen der großen Distanz nicht direkt mit den Chinesen handelten, waren sie sich ihrer Existenz kaum bewusst. Obwohl reger Handel getrieben wurde, kam es zu keinem Kulturaustausch.

Im Westen lag das blühende Römische Reich, das inzwischen von einer Republik zum Kaiserreich geworden war. Die Bewohner des Reiches waren aufgeschlossen und strebten nach neuen Gütern; Seide war besonders beliebt in der römischen Überflussgesellschaft. Die zahlreichen Karawanen, die während der Han-Dynastie jährlich China verließen, stellten ein Drittel der Einkommensquelle des chinesischen Reiches dar. Später wollten auch die Griechen in diesem Handel mitmischen.

China hatte aber nicht nur feine Seide zu bieten. Da waren auch exotische Gewürze, vor allem Zimt, und, was im Westen eine Rarität war: Papier. Aus dem Westen kamen Wolle, Edelmetalle und Steine nach China. Letztlich ging mit dem Austausch der Handelswaren auch ein Austausch der Ideen einher.

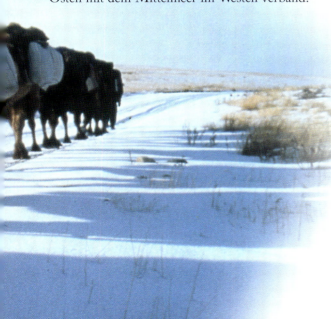

FRÜHE EXPEDITIONEN

Oben: *Dieser blauweiße Teller aus der Ming-Dynastie wurde in der Nähe von Kunduchi gefunden; einer alten ostafrikanischen Handelsstadt aus dem 16. Jahrhundert. Der Teller zeugt vom chinesischen Handel entlang der Seidenstraße.*

Rechts: *Die Moschee von Shah-i-Zindah spiegelt Samarkands moslemischen Charakter wider. Über Jahrhunderte hinweg war die Stadt (im heutigen Russland) wichtiger Stützpunkt für den Handel, aber auch für mongolische Einfälle in Europa.*

Einen der berühmtesten Funde entlang der Seidenstraße machten 1938 belgische Archäologen bei Begram in Afghanistan. In zwei Geheimkammern fanden sie Elfenbeinplatten und Statuen aus Indien, Bronzefiguren und Glaswaren aus Ägypten und Lackarbeiten aus China, die vor 2000 Jahren aus uns unbekannten Gründen versteckt wurden.

Weitere Indizien für die Reichweite der Seidenstraße fand man im Shosoin-Tempel in Japan. Der Tempel wurde 752 n. Chr. von Kaiser Shomu errichtet. Im Inneren befanden sich Gegenstände aus China, Indien, Persien und dem Mittelmeerraum, die alle über die Seidenstraße ins entlegene Japan gelangt waren.

Im Osten begann die Seidenstraße bei Xi'an, der Hauptstadt der Han-Dynastie. Wie einige andere Städte entlang der Seidenstraße auch war diese Stadt sehr wohlhabend. Wenn Kamele in Xi'an aufbrachen, waren sie mit riesigen Mengen an Seide beladen.

Reste der Route

Einige bedeutende archäologische Funde entlang der Seidenstraße deuten darauf hin, dass Teile von ihr noch älter sind. Unter dem Sand der Taklamakan-Wüste im chinesischen Turkestan verbargen sich mumifizierte Körper von Menschen, die 500 Jahre vor dem ägyptischen Pharao Tutenchamun gelebt hatten. Überraschenderweise handelte es sich nicht einmal um Einheimische, sondern um Kaukasier – groß, blond oder rothaarig, mit hohen Nasen. Diese Leute zogen bereits Jahrhunderte, bevor Seide zur Handelsware wurde, nach Osten. Sie waren als Tocharer bekannt und um 1000 n. Chr. bereits in die lokale Kultur integriert. Diese Körper beweisen, dass die Seidenstraße entlang bereits existierender, antiker Durchzugsrouten verlief.

Mehrere Mumien aus der Han-Dynastie zwischen 202 v. Chr. und 220 n. Chr wurden geborgen. Die Mumien, obwohl in Seide gehüllt, waren nicht einbalsamiert, sondern von der trockenen Wüstenluft konserviert. Unter den Grabbeigaben befanden sich auch Pfeil und Bogen, Pfeilschäfte und eine Schwertscheide, bei den Frauen fand man einen Bronzespiegel, einen zweiseitigen Kamm und Kosmetika.

Oben: *Die Ruinen der T'ang-Stadt Gaochang; sie war ein bedeutender Handelsplatz an der Seidenstraße.*

Zusätzlich zu festen Gütern wurden über die Seidenstraße auch Ideen ausgetauscht. Sie trug wesentlich dazu bei, den Buddhismus zu verbreiten, der in Indien von dem um 563 v. Chr. geborenen Siddharta Gautama gegründet worden war. Auch andere Religionen und Sekten aus Persien und Indien verbreiteten sich entlang der Seidenstraße, der Zoroastrianismus aus Persien (seine Anhänger wurden in Indien kurz Parsen genannt), der Manichäismus, Mithraskult und das frühe Christentum.

Die endlose Straße

Mit Hilfe des Netzes buddhistischer Klöster reiste der chinesische Mönch Fu-Hsien im vierten Jahrhundert n. Chr. durch Indien. Er verfasste ein Buch mit dem Titel *Memoiren der Buddhaherrschaft*; eine erstklassige Quelle über das Leben außerhalb Chinas für einen kleinen erlesenen Kreis, der lesen konnte. Der Mönch Hsuan-Tsang lieferte 130 Jahre später weitere Erkenntnisse. Auf einer 15 Jahre dauernden Reise sammelte er botanische Proben, Manuskripte und religiöse Ikonen. Seine Aufzeichnungen nannte er *Memoiren Westlicher Kulturen*.

Als die Strecke der antiken Karawanen im Jahr 1999 von vier Frauen innerhalb von acht Monaten abgereist wurde, waren ihre Hauptprobleme Krankheiten – vor allem Durchfall – und Langeweile. Sophia Cunningham, eine von ihnen, berichtet: „Drei Monate lang sahen wir tagein, tagaus nichts als harten Sand. Es war, als würde er niemals enden." Die vier, unter ihnen Alexandra Tolstoi, die Tochter des Historikers Nikolai Tolstoi, reisten auf Kamel- und Pferderücken. Heute zieht sich die Route durch China, Usbekistan, Afghanistan, Iran, Irak und Syrien.

FRÜHE EXPEDITIONEN
STRABO *und die* RÖMER

63 v. bis 24 n. Chr.

Tausend Jahre lang hatte Rom die Vorherrschaft über das Mittelmeer und hatte einige Eroberungen zu verbuchen. Römische Expeditionen hatten eher militärischen als erforschenden und wissenschaftlichen Charakter. Da für die Römer Wissen aber Macht bedeutete, befanden sich oft Geografen in den Legionen, die ihre Beobachtungen für die Nachwelt aufzeichneten. Einer von ihnen war Strabo. Er war ein griechischer Geograf, Historiker und Philosoph, der durch das römische Reich reiste und seine Funde in 60 Büchern dokumentierte. Die meisten seiner 40 Geschichtsbücher gingen verloren, aber seine *Geographie* in 17 Bänden überlebte. Die ersten zwei Bände sind eine Einleitung, zehn handeln von Europa, vier von Asien und der letzte Band beschreibt Afrika, und zwar jenen Teil, der den Römern bekannt war: die Region entlang der Küste bis zur Verzweigung des Nil in Ägypten.

Obwohl Strabo ein gebürtiger Grieche war, lebte er viele Jahre in Rom. Es war die Zeit um Christi Geburt, die Zeit der Herrschaft des Augustus, in der Rom zum Kaiserreich wurde. Strabo kam auf den Geschmack des Reisens, als er sich einer von Aelius Gallus, dem römischen Präfekten in Ägypten, geführten Nilexpedition anschloss. Selbstständig reiste er später von Armenien im Osten bis nach Britannien im Westen, vom Schwarzen Meer im Norden bis nach Äthiopien im Süden.

Einer von Strabos Vorbildern war Homer, den er für den Begründer der Wissenschaft und Geografie hielt. Homer gilt heute ziemlich sicher als Verfasser der *Ilias* und der *Odyssee*, aber zu Strabos Zeit wurden viele erstaunliche Werke einfach Homer zugeschrieben. Strabos Abhandlung über Homers *Geografie* zeigt uns, wie die Welt damals gesehen wurde: „Zunächst erklärt Homer, dass die gesamte bewohnte Welt auf allen Seiten von Ozeanen umgeben ist, was richtig ist. Er erwähnt einige Länder nament-

Oben: *Der Holzschnitt aus dem 15. Jhdt. zeigt den Historiker und Geografen Strabo.*

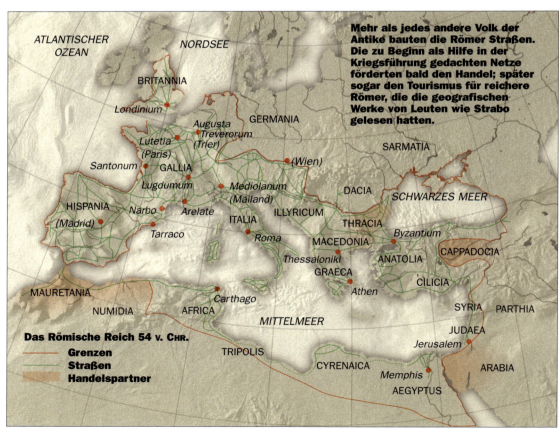

Mehr als jedes andere Volk der Antike bauten die Römer Straßen. Die zu Beginn als Hilfe in der Kriegsführung gedachten Netze förderten bald den Handel; später sogar den Tourismus für reichere Römer, die die geografischen Werke von Leuten wie Strabo gelesen hatten.

Das Römische Reich 54 v. Chr.
- Grenzen
- Straßen
- Handelspartner

Oben: *Nachdem sie die Stadt Karthago zerstört hatten, schmückten die Römer ihre eigene Metropole mit hervorragenden Gebäuden wie dem Kolosseum aus.*

lich und deutet die Existenz anderer nur an. Zum Beispiel spricht er von Libyen, Äthiopien und Arabien, wenngleich er über die Bevölkerung im fernen Osten und Westen nur schreibt, dass sie hinter dem Ozean lebt."

Polybios

Strabos Werke ergänzen die von Polybios (200 bis 120 v. Chr.), dem Autor der 40-bändigen *Universalgeschichte,* in der er beschreibt, wie weite Teile Italiens, Europas, Kleinasiens und Nordafrikas nacheinander unter römische Herrschaft gefallen waren. Polybios sammelte viele Informationen, als er P. Cornelius Scipio Africanus (den Jüngeren) nach Nordafrika begleitete – auf einen Kriegszug, der der Zerstörung Karthagos diente.

Sowohl Strabo als auch Polybios schrieben unter römischem Einfluss, gewähren uns aber auch Einblicke in die Gegensätze zwischen den Gesellschaften ihrer Zeit. So schrieb Polybios: „In allen Angelegenheiten, die die Gewinnung von Reichtum betreffen, in Sitten und Gebräuchen sind die Römer den Karthagern überlegen … Bei den Karthagern ist es üblich, sich mit Hilfe von Geld unter den Schutz des Staates zu stellen, was in Rom ein Verbrechen wäre." Polybios beschreibt ausführlich die „Überlegenheit der römischen Regierung" und schmäht auch die fehlende Bildung der Karthager.

„Sowohl die privaten Handlungen der Bürger als auch die öffentliche Verwaltung des Staates sind in erschreckendem Ausmaß von Aberglauben beeinflusst."

Rom begann seine Expansion 753 v. Chr. zunächst mit der Kontrolle über die italienische Halbinsel; später dehnte sich das Reich bis Karthago (Nordafrika), Griechenland und Spanien aus. Zu Lebzeiten Christi war das biblische Land unter römischer Herrschaft, wie auch Teile Deutschlands bis zur Elbe. Frankreich und Großbritannien wurden später von Cäsar und Claudius erobert. Strabo bereiste Britannien und beobachtete: „Das gesamte Volk … ist unglaublich kriegsbegierig, stets gerüstet zum Kampf, ansonsten aber nicht bösartig. Wenn man sie reizt, versammeln sie sich in ihren Stämmen zum Kampf, ganz offen und ohne jede Voraussicht, sodass sie leichtes Spiel für jeden bilden, der sie mit Gewitztheit ausstechen möchte."

FRÜHE EXPEDITIONEN
ISLAMISCHE ENTDECKER

ab 630

Als Mohammed seinen Anhängern 630 n. Chr. die Welt Allahs näher brachte, gründete er eine neue Religion. Die schnelle Verbreitung des Islam formte einen großen Landstrich und einte die Völker der eroberten Gebiete. Die jährliche Pilgerfahrt nach Mekka – die Hadsch –, die jeder Moslem mindestens einmal gemacht haben muss, bedeutete das Zurücklegen weiter Distanzen für die Bevölkerung. Folglich war das Reisen ein fester Bestandteil der islamischen Kultur.

Als der islamische Glaube sich im Nahen Osten, in Kleinasien und Nordafrika etablierte, stieg die Anzahl derer, die ins im heutigen Saudiarabien liegende Mekka pilgerten, drastisch. Entfernt wohnende Gläubige entdeckten neue Routen, neue Handelswege entstanden und so mancher wurde von der Abenteuerlust gepackt.

Als das Weströmische Reich zerfiel, war auch das Oströmische oder Byzantinische Reich bereits von Feinden umzingelt. Europa wurde gespalten und die geeinten moslemischen Emirate waren die mächtigste Kultur westlich von China. Als sich das Reich ausdehnte und reifte, gewann es durch den Handel ständig neues Wissen auf dem Gebiet der Geografie und Kartographie.

Eines der bedeutendsten frühen Werke über Geografie war *Die Gestalten der Erde*, verfasst von Mohammed ibn al-Khwarazmi. Er hatte Zugang zu den Funden arabischer und persischer Segler, die den Indischen Ozean bereisten. Mathematische und kulturelle Leistungen erbrachte Abu Rayhan al-Biruni (973–1048), ein aufgeschlossener Gelehrter, der über die Rotation der Erde um ihre Achse reflektierte wie auch über geografische Veränderungen, die Plätze wie das Industal betrafen. Erneut erkennen wir den Einfluss des Islam auf seine Arbeiten: Er berechnete die Lage von Städten so genau, dass die Erbauer von Moscheen ihre Bauwerke ganz genau nach Mekka ausrichten konnten.

425 v. Chr.	415 v. Chr.	340 v. Chr.	329 v. Chr.	326 v. Chr.	321–316 v. Chr.	280 v. Chr.	ca. 235 v. Chr.
Tod von Herodot, griechischer Historiker und Geograf	Athenische Expedition nach Sizilien endet im Disaster	Griechischer Steuermann Pytheas umsegelt Britannien	Alexander der Große erreicht Afghanistan	Alexander der Große führt seine Armeen nach Indien	Alexanders Reich zerfällt	Ein Kanal zur Verbindung des Mittelmeeres mit dem Roten Meer wird erbaut	Eratosthenes nutzt Geometrie, um den Erdumfang zu schätzen

Ein christlicher Patron

Ein weiterer wichtiger islamischer Geograf war al-Idrisi (1100–1165). Obwohl er seine Abstammung direkt auf Mohammed zurückführen konnte, zog er es vor, den größten Teil seines Lebens für einen Christen zu arbeiten. Der Mann, der ihn lockte, war König Roger II. von Sizilien, der normannischer Abstammung war. Al-Idrisi war 45 Jahre alt und hatte bereits Spanien, Nordafrika, Asien, Portugal, Frankreich und Südengland bereist. Als er nach Palermo fuhr, wusste er bereits, dass eine islamische Enklave in Süditalien existierte. Der König beauftragte ihn mit der Anfertigung einer Weltkarte.

Al-Idrisi sandte Boten in entlegene Erdteile, die Küstenlinien aufzeichnen sollten. Aus dem Süden brachten diese Boten Beschreibungen des Flusses Niger, aus dem Osten brachten sie die aktuelle chinesische Kartographie, die das beachtliche Wissen von Ptolemäus und anderen griechischen und römischen Gelehrten ergänzte. Al-Idrisi wurde später oft dafür kritisiert, dass er zu sehr an meist fehlerhaftem antikem Wissen festhielt und die moderneren Methoden, die ihm zugänglich waren, vernachlässigte.

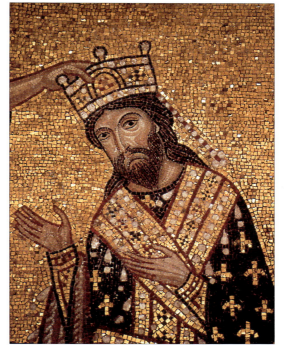

Seine Forschung kulminierte in zwei ausführlichen Karten und dem Geografiebuch für seinen Patron, dem *Buch von Roger*. Auch schrieb er über Medizin, verfasste Literatur und Poesie.

Islamische Gelehrte fertigten weiterhin erstaunlich genaue Karten an, die späteren europäischen Entdeckern zugute kamen.

Links: Dieses Mosaik in der Palastkapelle in Palermo zeigt, wie Roger II. 1129 zum König gekrönt wird. König Roger war einzigartig in seiner Bewunderung für den Islam.

Gegenüber: Arabische Händler erkannten bald den Wert der Sterne als Orientierungshilfe, und dieses Wissen, gepaart mit Interesse an Geographie, ließ in allen muslimischen Ländern hoch entwickelte Observatorien entstehen. Hier das Jantar-Mantar-Observatorium in Jaipur in Indien.

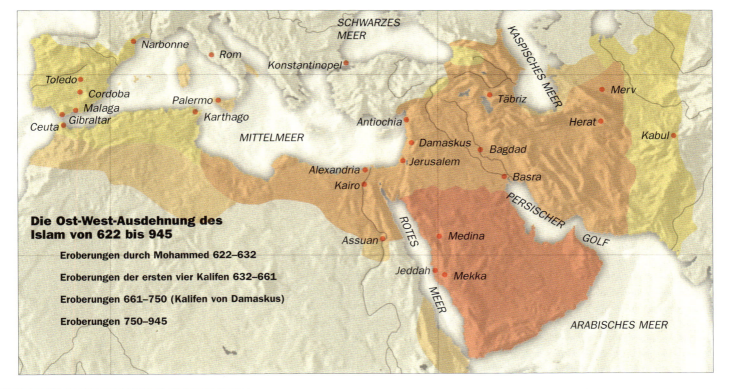

Die Ost-West-Ausdehnung des Islam von 622 bis 945

- Eroberungen durch Mohammed 622–632
- Eroberungen der ersten vier Kalifen 632–661
- Eroberungen 661–750 (Kalifen von Damaskus)
- Eroberungen 750–945

ca. 200 v. Chr.	194 v. Chr.	126 v. Chr.	50 v. Chr.	20 v. Chr.	1 v. Chr.	1 v. Chr.	39 n. Chr.
Polynesische Siedlungen auf den Inseln Tahitis	Tod von Eratosthenes, der den Erdumfang berechnet hatte	Chang Chi'en erreicht Samarkand auf der Seidenstraße	Römer beginnen Handel mit Indien	Cornelius Balbus reist von Tripolis 1.600 km durch Afrika	Erste Bauernsiedlungen in der Karibik	Madagaskar wird entdeckt und von den Indonesiern besiedelt	Am Nemi See wird ein 77 m langes Schiff konstruiert.

FRÜHE EXPEDITIONEN

Die WIKINGER

790 bis 1100

Die Wikinger kamen aus Skandinavien und waren von 790 bis 1100 n. Chr. ein gefürchtetes Volk. Nordeuropa war damals wärmer, reich an Nahrung und die nordische Bevölkerung konnte expandieren. Der Bedarf an neuem Land und der Wunsch nach Handel führte sie im Westen über das Meer und im Osten nach Russland. Die Wikinger waren für ihre Grausamkeit und Brutalität bekannt, wenn sie auf Plünderfahrt zogen. Man konnte ihre Präsenz fühlen, wo immer sie auftauchten.

Ihre erste große Reise außerhalb heimischer Gefilde brachte sie 793 nach Lindisfarne, zum Kloster an der Ostküste Englands, wo sie mordeten und alles raubten, was sie tragen konnten. Grundlage ihres Erfolges war ihr Wissen auf den Gebieten der Astronomie und der Navigation ihrer soliden Schiffe. Ihre Beutezüge setzten sich über die schottische, irische und englische Küste bis nach Frankreich fort.

Im 10. Jahrhundert führte Björn Ironside, der Sohn eines dänischen Königs, 62 Schiffe auf eine Fahrt entlang der spanischen und nordafrikanischen Küste, wo sie mit den gleichfalls gefürchteten maurischen Kriegern zusammenstießen.

Das Ziel der Wikinger war Besiedlung und Besteuerung. Ihre Küstenexpeditionen verängstigten die lokale Bevölkerung, erweiterten aber den Horizont dieses nordischen Volkes. Am berühmtesten sind sie für die Entdeckung Islands, das 860 zur Wikingerkolonie wurde.

Sprungbrett nach Amerika

Ein Jahrhundert später entdeckte der grausame, aus Island verbannte Erich der Rote Grönland und errichtete dort eine bis ins 15. Jahrhundert bestehende Kolonie. Sein Sohn Leif Eriksson, ebenso abenteuerlustig wie sein Vater, segelte noch weiter nach Westen und gelangte bis nach Amerika. Er landete an drei Orten, die er Helluland, Markland und Vinland nannte. Obwohl man diese Orte nicht genau lokalisieren konnte, geht man davon aus, dass es sich um Baffin Island, Labrador und Neufundland handelt. In L'Anse aux Meadows wurden bei Ausgrabungen Wikingergebäude und Gebrauchsgegenstände gefunden.

Rechts: Dieses 1904 in Oseberg in Norwegen entdeckte Wikingerschiff gab erste Aufschlüsse über das tatsächliche Aussehen eines solchen Bootes.

10 n. Chr.	50	83	ca. 100	ca. 200	ca. 300	399–414	ca. 400
Griechischer Geograf Strabo fertigt Karte des Römischen Reiches an	Erste durchgehende Handelsreisen von Ägypten nach Indien	Römer erreichen Schottland	Neues Wissen über den Monsun erlaubt schnellen Handel zw. Indien und Arabien	Bantustämme erreichen die Ostküste Afrikas	Polynesier entdecken die Osterinseln	Fu-Hsien reist südlich der Taklamakan und über Sri Lanka nach China	Polynesier entdecken Hawaii

Links: *Brattahild war die östlichste von Erik dem Roten errichtete Siedlung in Grönland. Sie wurde 1000 n. Chr. gegründet, nach ein paar Jahrhunderten aber verlassen, als sich das Klima verschlechterte.*

In Amerika konnten sich die Wikinger wegen der Feindseligkeit der Einheimischen, die sie *skraelingar* – „hässliche Schreier" – nannten, nicht dauerhaft festsetzen. Trotzdem fuhren die Wikinger immer wieder nach Amerika, um Holz für ihre Schiffe zu holen.

Jüngere Ausgrabungen geben Aufschluss über die Art und Konstruktion der robusten Schiffe, die die Wikinger verwendeten. Das Knorr oder Frachtschiff war 16 Meter lang und 4 Meter breit, hatte einen Mast und ein einziges Segel. Die Langschiffe, die sie für ihre Raubzüge einsetzten, waren noch größer. Passagiere, Besatzung, Vieh und Fracht teilten sich auf Reisen den mittleren Teil des Schiffes. Da man an Bord nicht kochen konnte, musste der Nahrungsvorrat vor der Abreise getrocknet und konserviert werden.

Im Osten drangen die Wikinger tief nach Europa vor, weiter zum Schwarzen Meer und schließlich auch nach Asien und in den Nahen Osten. Sie gründeten Handelsniederlassungen, die heute wohlhabende Städte sind wie etwa Smolensk und Kiew. Der meiste Handel in südlichen und östlichen Ländern spielte sich unter arabischer Herrschaft ab. Die Handelsgüter der Wikinger umfassten Sklaven, Felle, tierische Öle, Walrosszähne, Stricke, Wolle und Honig. Sie erhielten dafür Edelmetalle, Wein, Waffen, Gewürze und Seide.

Schiffe blieben für die Wikinger immer von Bedeutung, und die Flüsse Dnjepr und Wolga wurden zu wichtigen Handelsrouten. Ihre Expeditionen in den Norden machten aber einen Transport auf dem Landweg notwendig. In der Regel warteten sie auf den Winter und zogen dann ihre Güter mit Schlitten über längere Strecken.

Die Taten der Wikinger sind bekannt, da sie in zahlreichen Heldenepen aufgezeichnet wurden. Diese Sagas enthalten auch erstaunlich korrekte geografische Details.

Migrations- und Handelsrouten der Wikinger

633	650	670	705	711	ca. 800	ca. 860	982
Buddhistischer Mönch Xuan Zang reist nach Indien	Arabische Händler kolonisieren Ostafrika	Moslemische Araber erreichen Tunesien	Araber erreichen Zentralasien	Araber erreichen Küste Westafrikas	Polynesier erreichen Neuseeland	Wikinger Gardar Svarvarsson umsegelt Island	Erich der Rote gründet Kolonie in Grönland

25

KAPITEL ZWEI
REISEN VOR 1600

Im Mittelalter machte die zunehmende politische Stabilität weiter Teile Europas Fernreisen möglich. Mit Hilfe besserer militärischer Organisation konnten sich die werdenden Staaten gegen wilde, plündernde Stämme wie die Wikinger aus Skandinavien und die Magyaren aus Ungarn verteidigen. Befestigte Dörfer und Städte machten das Reisen sicherer und ein Netz aus Klöstern bot Reisenden Kost und Quartier, unterstützte also die Mobilität. Der Ackerbau wurde modernisiert, wurde ertragreicher und erhöhte so die Lebenserwartung. Die wachsende Bevölkerung und der produzierte Nahrungsmittelüberschuss ermöglichten es dem Lehnsherrn, der sowohl Land als auch die darauf lebenden Bauern besaß, einen Beitrag zu den Expeditionen der Zeit zu leisten – den Kreuzzügen.

Landreisende waren großen Gefahren ausgesetzt. Die Feindschaft zwischen Christen und Moslems wuchs und so war einer immer dem anderen ausgesetzt. Im Osten lebten die Mongolen, die 1206 unter Dschingis Khan geeint wurden und ganz Asien kontrollierten. Auf seinem Höhepunkt war das Mongolenreich das größte, das auf Erden je existierte. Doch das gefährlichste Reisehindernis war der Schwarze Tod, der im 14. Jahrhundert in Europa wütete. Die Pest brach 1347 in Zentralasien aus, griff auf China und Indien über und wurde von Handelsreisenden nach Europa gebracht. Es war eine von Ratten übertragene virulente Epidemie, der Mensch wie Tier zum Opfer fielen. In einigen Gebieten erreichte die Sterblichkeitsrate 50 Prozent, ein Drittel der europäischen Bevölkerung wurde dahingerafft; insgesamt 20 Millionen Seelen. Zu dieser Zeit wusste niemand, wodurch diese Seuche, die innerhalb von drei Tagen den Tod bringen konnte, ausgelöst wurde.

Aber selbst Beulenpest und Lungenentzündungen konnten die Europäer nicht vom Reisen abhalten.

Pizarro segelt 1502 nach Hispaniola und nimmt dann an Vasco Núñez de Balboas Pazifikexpedition teil.

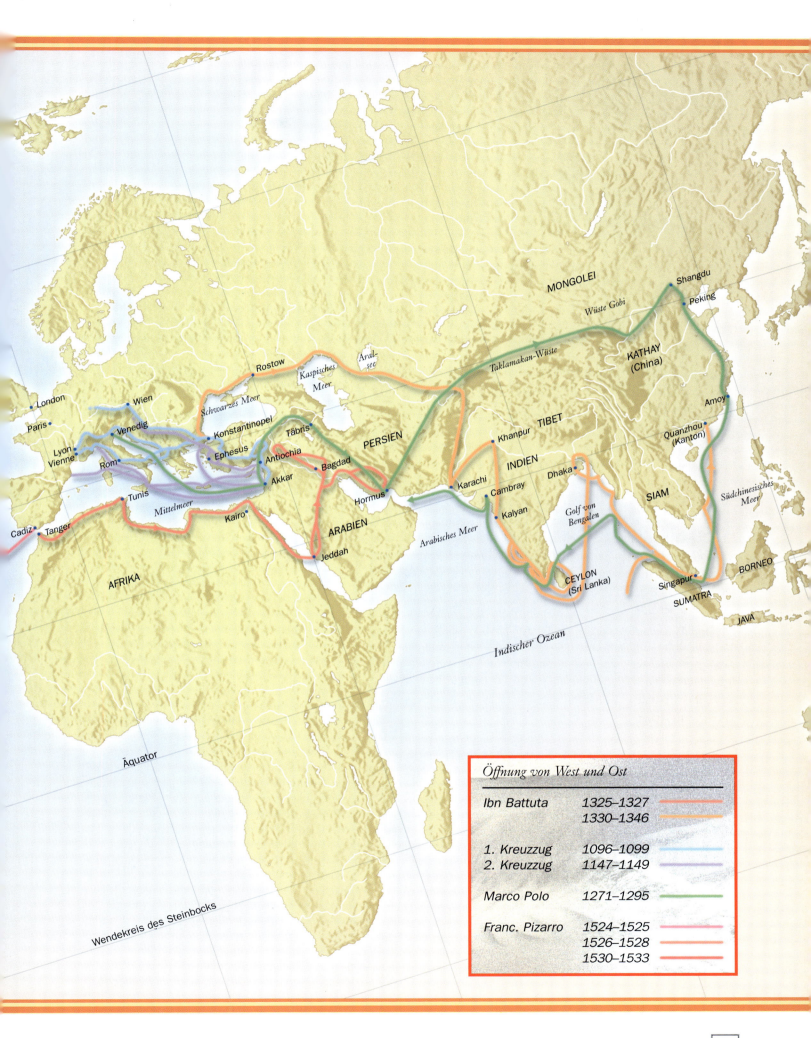

REISEN VOR 1600

IBN BATTUTA

1304 bis 1369

Rechts: *Die Reiseberichte des weit gereisten Ibn Battuta bieten einen lehrreichen Einblick in die mittelalterliche arabische Welt.*

Von der Größe des islamischen Reiches inspiriert, verließ Ibn Battuta mit 21 Jahren seine Heimat Marokko, um sich auf die für Moslems verpflichtende Pilgerfahrt nach Mekka – die Hadsch – zu begeben. „Ich verließ meine Geburtsstadt Tanger, um zum Heiligen Haus zu pilgern und das Grab des Propheten zu besuchen", erklärte er in seinem Buch *Rihlah*. Außerhalb Nordafrikas faszinierten ihn aber fremde Länder so sehr, dass er eine 26-jährige Expedition in die abgelegensten Winkel des islamischen Reiches begann, eine Reise von 120.000 km.

Ibn Battuta wurde in eine Familie von Richtern hineingeboren und genoss eine erstklassige Bildung. Die Absicht hinter seiner Hadsch war nicht nur die Erfüllung seiner religiösen Pflicht, sondern auch der Gedankenaustausch mit arabischen Gelehrten. Seine Abenteuerlust wuchs aber über die anfangs geplante Hadsch hinaus und er setzte es sich zum Ziel, „die Welt zu bereisen, mit der einzig gültigen Regel, niemals die gleiche Strecke zweimal zu benutzen".

Zuerst reiste er über das Mittelmeer nach Alexandria, wo er die berühmte Bibliothek und den Leuchtturm besuchte, und fuhr dann den Nil hinauf. Er wollte auf dem Roten Meer nach Arabien übersetzen, aber lokale Spannungen hielten ihn davon ab. Er war gezwungen, nach Kairo zurückzukehren und Mekka auf dem Landweg zu erreichen. Unterwegs besichtigte er Syrien.

Nach vollendeter Pilgerfahrt besuchte er Basra im heutigen Irak, dann reiste er auf dem Euphrat nach Bagdad und weiter nach Norden in türkisches Gebiet, bevor er nach Mekka zurückkehrte. Dort verweilte er einige Zeit als Student, bevor ihn erneut die Reiselust überkam. An Bord eines arabischen Handelsschiffes fuhr er über das Rote Meer und weiter die afrikanische Ostküste entlang. Nach zahlreichen Zwischenstopps gelangte er bis Kilwa im heutigen Tansania. Die Reise war nicht ungefährlich, da das Verhältnis zwischen den Moslems und

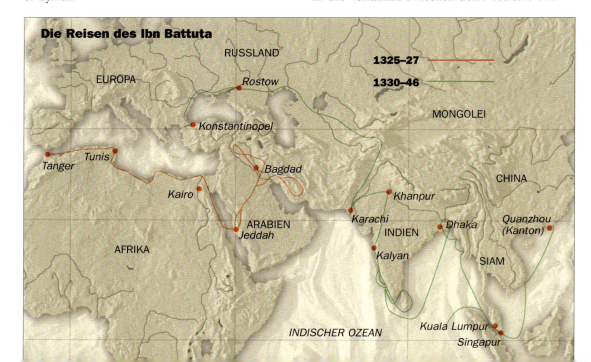

Oben: *Auf seiner langen Reise von Konstantinopel nach Indien reiste Ibn Battuta entlang des Nordufer des Kaspischen Meers durch das heutige Kasachstan.*

den Afrikanern, die von den Moslems regelmäßig versklavt wurden, gespannt war.

Er kehrte ein drittes Mal nach Mekka zurück. (Was die An- oder Abreise vom islamischen Zentrum anging, verwarf er seine Regel, keine Strecke öfter als einmal zu benutzen.) Bald machte er sich auf nach Indien und besichtigte unterwegs weitere Länder. Zunächst zog er zum Schwarzmeerhafen Sinope, dann über den Kaukasus, die gefrorene Wolga entlang und wieder über das Schwarze Meer nach Konstantinopel. Von dort aus durchquerte er die Steppen Russlands nördlich des Kaspischen Meeres und stieß auf die Seidenstraße, bevor er nach Afghanistan und endlich Indien gelangte.

In Delhi ernannte ihn der amtierende Sultan Mohammed bin Tughlak zum Ehrenrichter. Auf des Sultans Geheiß machte sich Ibn Battuta auf den Weg nach China, doch die Expedition scheiterte. Rebellen vereitelten die diplomatische Mission nicht weit von Delhi, und bei seinem zweiten Versuch war Ibn Battuta der einzige Überlebende eines Sturmes, der seine Boote im Indischen Ozean versenkte. Unbehelligt segelte er zu den Malediven und weiter nach nach Sri Lanka, wo er den Reichtum der Insel bewunderte. Schließlich wagte er sich doch noch nach China und erreichte Peking.

Jenseits der islamischen Welt

Obwohl ihn die chinesische Kultur faszinierte, bereitete ihm die Religion der Chinesen Sorgen. Als Moslem fand er das Verehren von Idolen, das im religiösen Leben der Chinesen eine zentrale Rolle spielte, abstoßend. „Wann immer ich hinausging, stieß ich auf so viele Dinge, die mich störten, dass ich die meiste Zeit im Haus verbrachte", erzählte er.

Seine Rückreise nach Marokko vollzog sich langsam, aber auf kürzestem Weg. Unterwegs wurde er Zeuge der Verwüstung durch den Schwarzen Tod und reiste noch ein letztes Mal nach Mekka, bevor er im November 1349 wieder in Marokko ankam. Seine Wanderungen waren damit aber noch nicht vorbei, da der Sultan von Marokko ihn zuerst nach Spanien, dann durch die Sahara nach Timbuktu sandte.

Grundsätzlich zeigte Ibn Battuta reges Interesse sowohl an den Leuten als auch an den Orten, die er bereiste. Als er seinem Schreiber Ibn Juzavy von seinen Reisen berichtete, gestaltete er die Berichte lebhaft und der Schreiber schmückte sie bei der Niederschrift noch zusätzlich aus und fügte eigene Dichtung dazu. Heute vermittelt uns sein Buch tiefe Einblicke ins islamische Mittelalter.

REISEN VOR 1600

DIE KREUZZÜGE

1095 bis 1254

Die Kreuzzüge waren militärische Expeditionen – Heilige Kriege, gekämpft in fernen Ländern –, für die es nötig war, eine große Menschenmenge über weite Strecken zu befördern; eine zuvor noch nie durchgeführte logistische Aufgabe. Ernährung, Transport und Kontrolle über die Massen war keine leichte Aufgabe, wie die Kreuzritter feststellten.

Als sich die europäischen Mächte stritten, versuchte Papst Urban II. das Volk zu einen, indem er zum Kampf gegen den gemeinsamen Feind, den Islam, aufrief. Da Jerusalem in islamischer Hand war, erbaten die Christen des Byzantinischen Reiches Hilfe, und der Papst rief im November 1095 beim Konzil von Auvergne vor 14 Erzbischöfen, 250 Bischöfen und 400 Äbten zum Handeln auf.

Die Nachricht verbreitete sich wie ein Lauffeuer, was sogar den Papst überraschte. Ein Aufgebot an wohlhabenden Baronen meldete sich, wie auch zahllose verarmte Ritter und Bauern, die den Pflug gegen das Schwert eintauschen wollten. Obwohl alle den gleichen Eid leisteten und die Kreuzuniform anlegten, hatten die Soldaten wenig gemeinsam. Das Ausmaß dieses wandernden Menschenzuges war einzigartig. Nachdem sie Europa durchquert hatten – und Tausende unschuldige Leben auslöschten –, nahm die Streitmacht aus Frankreich, Deutschland und Teilen Italiens im Sommer 1099 Jerusalem ein. Danach gründeten sie vor Ort vier christliche Staaten, von denen keiner den islamischen Gegenangriff überlebte. Wie in Europa waren die islamischen Staaten gottestreu, aber untereinander uneinig. Als in ihren Reihen aber starke Führer auftauchten, drehten die Moslems den Spieß um und verbuchten militärische Siege. Der erste christliche Staat, Edessa, fiel am Weihnachtsabend 1144 unter dem Moslemführer Zengi.

In Frankreich ließ der heilige Bernhard von Clairvaux alle seine rhetorischen Künste spielen, um die Masse zu einem zweiten Kreuzzug zu überreden. Der anfängliche Eifer schwand aber, als sie in Syrien und der Türkei auf Widerstand stießen. Zengi wurde abgelöst von Nur ed-Din und schließlich von Saladin, dem berühmtesten Moslemführer der Zeit. Seine Truppen stürmten die Region und holten sich Jerusalem zurück wie auch das meiste, was die Kreuzritter eingenommen hatten, außer dem Hafen von Tyrus.

Zum Dritten Kreuzzug wurde noch im gleichen Jahr geblasen, als Papst Gregor VIII. die Unterstützung von Richard Löwenherz aus England, Philipp II. August aus Frankreich und Friedrich Barbarossa aus dem Heiligen Römischen Reich gewann. Die Christen konnten einige Territorien zurückerobern, nicht aber Jerusalem.

Der schändliche Vierte Kreuzzug trug sich von 1202 bis 1204 zu. Die verarmten Anführer beschlossen, Konstantinopel zu plündern, das

Unten: *Saladin (Salah al-Din al-Ayyubi), der Sultan von Ägypten.*

1003	1088	1096	1154	1215	1231	1245–1247	1253
Leif Eriksson markiert die Küste Neufundlands	In Bologna wird die erste Universität Europas gegründet	Der Erste Kreuzzug ins Heilige Land findet statt	Abu Abdullah Idrisi vervollständigt die Vermessung der Erde	Mongolenarmee erreicht den Gelben Fluss in China	Mongolen fallen in Korea ein	Giovanni del Carpini reist durch Russland und die Mongolei	Wilhelm von Rubruck reist in die mongolische Hauptstadt

Links: *Kreuzritter auf dem Weg ins Heilige Land. Abbildung aus den* Statutes de l'Ordre du Grand Esprit au Droit-Desir *des 15. Jahrhunderts.*

damals eine christliche Stadt war. Die daraus resultierende Schlächterei erzürnte Papst Innozenz III.: „Ihr wart fixiert nicht auf himmlische Reichtümer, sondern auf irdische. Nichts war euch heilig. Ihr habt verheiratete Frauen vergewaltigt, Witwen, sogar Nonnen. Selbst Gottes eigene Heiligtümer habt ihr geplündert."

Im 13. Jahrhundert gab es noch drei weitere Kreuzzüge und ihnen folgten sporadisch kleinere Expeditionen. Nicht alle waren gegen die Moslems gerichtet. Auch Juden, Heiden und Ketzer wurden von rachsüchtigen Kirchentruppen heimgesucht.

Den Rittern wurde nicht Ruhm in diesem Leben versprochen, sondern im nächsten – ein erfolgreicher Ansporn in einer Zeit, als die Lebenserwartung niedrig war und die Leute Angst vor dem hatten, was sie nach dem Tod erwartete. Die Schrecken der Verdammung wurden von der Kanzel gepredigt; die Seelen derer, die sich einem Kreuzzug anschlossen, hätten, so glaubte man, eine größere Chance auf das Himmelreich.

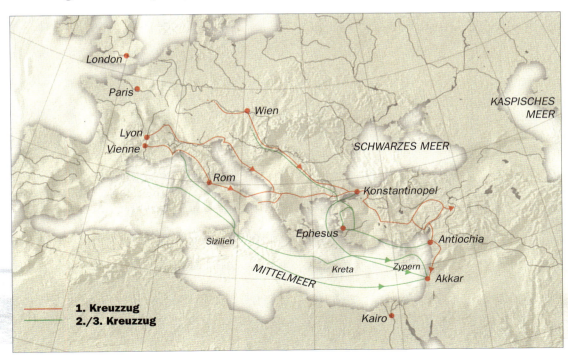

1262

Nicolo und Maffeo Polo unternehmen Reise, die sie zum Großen Khan führt

31

REISEN VOR 1600

Oben: *Blick über Jerusalem mit der Grabeskirche im Vordergrund. Die Christen des 12. Jahrhunderts stießen sich an dem Gedanken, dass die Kirche in „ungläubigen" Händen war. Auch sahen die Kreuzritter in den Heiligen Kriegen eine Chance, ihre Horizonte zu erweitern.*

Die Motivation

Einige Ritter waren Fanatiker und hatten zum Ziel, die Ungläubigen zu entmachten; andere bereiteten sich auf die Wiederkehr Christi vor, welche die Befreiung des Heiligen Landes notwendig machte. Außerdem waren die Christen der Meinung, dass ein moslemisches Jerusalem eine Bedrohung für das Himmelreich darstellte. Viele schlossen sich dem Kreuzzug auch nur in der Hoffnung an, Land und Reichtum für sich selbst zu erwerben.

In Wahrheit war der Großteil der Kreuzritter nicht glücklich. Die Reise wurde meist von Adeligen finanziert und vielen ging unterwegs das Geld aus. Sogar die europäischen Durchzugsländer waren feindselig eingestellt und es war schwierig, die Armee unterwegs zu ernähren. An die Hitze des Nahen Ostens nicht gewöhnt und Krankheiten ausgesetzt, überlebten viele nicht lange. Die Anführer hatten gegen Versorgungsknappheit zu kämpfen und die Bereitstellung von Nahrung und Wasser wurde zur täglichen Krise.

Einige Kreuzritter hofften durch die Befreiung Jerusalems Priesterkönig Johannes, einen mythischen christlichen König, als Alliierten zu gewinnen. Von Priesterkönig Johannes hieß es, er sei ein wohlhabender König mit Ländereien im äußersten Asien (ein dem widersprechender Mythos platziert sein Königreich in Zentralafrika). Ein gefälschter Brief an den byzantinischen Kaiser, der in Europa auftauchte, bestärkte den Glauben an diese rätselhafte Gestalt.

Die in Zentralasien dominierenden Mongolen waren eine andere Überlegung. Sie waren real, nicht so abstrus wie Priesterkönig Johannes, aber nicht minder mysteriös. Die unwahrscheinliche Möglichkeit, dass die Mongolen eine Allianz gegen die Moslems eingehen würden, veranlasste Papst Innozenz IV. 1245 dazu, den Franziskaner Giovanni de Plano Carpini (1180–1252) in den unbekannten Osten zu schicken. Dreißig Monate und 24.000 km später kehrte er nach Europa zurück. Alle Hoffnungen auf Unterstützung waren zerstört. Carpinis Buch über die Geschichte der Mongolen vermittelte dem Westen jedoch Einblicke in die mongolische Kultur.

Unbekannte Welt

Sechs Jahre nach Carpini nahm der Franziskaner Wilhelm von Rubruck die Herausforderung

an, diesmal auf Geheiß König Ludwigs IX. von Frankreich. Wilhelm und seine kleine Armee verließen am 7. Mai 1253 Konstantinopel und begaben sich auf eine beschwerliche Reise durch die russische Steppe. „Hunger, Durst, Kälte und Übermüdung nahmen kein Ende", schrieb er danach. Rubruck hatte sogar eine Audienz beim Großen Khan und blieb sechs Monate lang in der Mongolei, bevor er die mühsame Rückreise wagte. Mit sich führte er einen Brief an den französischen König, der nichts über die Möglichkeit einer christlich-mongolische Allianz gegen die Moslems aussagte.

Dennoch war Rubrucks Mühsal nicht umsonst gewesen. Er vermittelte tiefe Einblicke in das Leben der Mongolen und verschaffte dem Westen erstmals Zutritt zum Schwarzen Meer. Auch tat er viel, um den Mythos vom Priesterkönig Johannes zu vertreiben. Die Gerüchte starben aber nicht aus. Noch im 19. Jahrhundert war die Suche nach dem Königreich des Priesterkönigs Johannes Anlass für eine Expedition nach Afrika.

Es wäre leicht, die Episode der Kreuzzüge als krankhaften Fanatismus abzutun; dennoch ergaben sich aus den Kreuzzügen für beide Seiten auch Vorteile, vor allem durch den aufblühenden Handel. 1344 wurde das vom Papst erlassene Handelsembargo mit allen Moslems aufgehoben und Venedig und Genua wurden bedeutende Handelszentren.

Wie alle Kriege kurbelten die Kreuzzüge auch die Kriegstechnologie an, da sie einen Ansporn bildeten, bessere Waffen, Rüstungen und Befestigungen herzustellen. Schließlich arbeiteten Europäer und Araber gemeinsam an technischen Neuerungen wie der Konstruktion von Windmühlen, Kompassen, Schießpulver und Chronometern. Wertvolle Erfahrungen in der Durchführung umfangreicher Expeditionen, oft nach Übersee, ebneten den Weg für das Zeitalter der Entdeckungen und die Europäer lernten von den Arabern eine Menge über Navigation.

Europa stand kurz vor der Renaissance und sein Wissen über fremde Völker und Nationen blühte.

Links: *Da sie Verbündete benötigten, stützten sich die Kreuzritter auf Legenden eines in Asien herrschenden christlichen Königs. Priesterkönig Johannes blieb aber ein Mysterium. Titelseite von Ho Preste João das Indias; erschienen 1540 in Lissabon.*

REISEN VOR 1600

MARCO POLO
1254 bis 1324

Über Jahrhunderte feierte man Marco Polo als den Mann, der als erster Europäer ausgiebige Asienreisen unternommen hat. Er inspirierte Tausende, es ihm gleichzutun. Doch haben moderne Gelehrte berechtigte Zweifel an der Authenzität der Schilderungen über sein Leben in China unter dem mongolischen Kaiser Kublai Khan. Es ist gut möglich, dass Marco Polo ein Betrüger mit blühender Fantasie war, der nie über die Grenzen Persiens hinauskam, und dass er nur ein einfacher Händler war und nicht ein geachteter Botschafter.

Polo wurde in Venedig geboren, einem Stadtstaat, der vom Rat wie eine Republik regiert wurde. Sein Vater Nicolò und sein Onkel Maffeo waren Händler, die ihren Auslandsgeschäften so hingegeben waren, dass sie Venedig verließen, als Marco ein Säugling war, und erst 14 Jahre später zurückkehrten. Seine Brüder arbeiteten im Nahen Osten, bis sie sich einer Karawane nach China anschlossen, das unter der Herrschaft des Mongolenreiches unter Kublai Khan (1215–1294) stand, einem Enkel des großen Dschingis Khan (1167–1227).

Dem Buddhismus zugeneigt, war Kublai Khan erstaunlich aufgeschlossen für andere Religionen. Er bat die Polo-Brüder als Gesandte des Papstes zu agieren und wollte 100 europäische Gelehrte zu einer Debatte über die Vorteile des Christentums gegenüber dem Buddhismus laden. Außerdem wünschte er sich Lampenöl aus der heiligen Grabstätte in Jerusalem. Es war in jedem Fall eine aufregende Aufgabe.

Zurück in Venedig luden die Polo-Brüder den jugendlichen Marco zu diesem Abenteuer ein. Im Jahre 1271 reisten sie nach Jerusalem und besorgten das Lampenöl. Während sie im Heiligen Land waren, wurde ein neuer Papst geweiht, Gregor X., der zufällig ein Bekannter war. Der Papst machte die Polos tatsächlich zu seinen Gesandten und belud sie mit Geschenken für den Khan. Anstatt der 100 Gelehrten schickte er aber zwei Mönche. Diese schreckten vor den Gefahren der Reise zurück und kehrten bald um, doch die Polos harrten aus.

Von Palästina aus zogen sie auf dem Landweg nach Hormus am Persischen Golf und durch die iranische Wüste weiter ins heutige Afghanistan. Dort legten sie eine einjährige Pause ein, da Marco sich von einer Krankheit erholen musste – wahrscheinlich Malaria. Dann zogen sie weiter über den Pamir, ein Stück weit entlang der Seidenstraße und durch die Wüste Gobi, einen Landstrich, den noch kein Europäer gesehen hatte. Die langsame Reise in den

Rechts: Über Marco Polo machte men sich lustig wegen seiner wilden Berichte; dennoch fanden spätere Besucher Chinas das Land ebenso vor, wie er es beschrieben hatte.

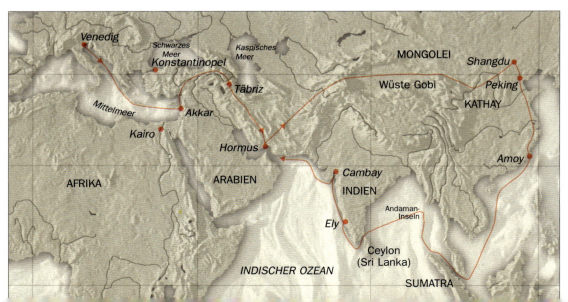

Osten brachte sie schließlich an den Gelben Fluss, wo sie um 1274 von Untertanen des Khan empfangen und in seinen Palast in Shangdu gebracht wurden.

Diener des Khan

Marco war wohl ein stattlicher Mann mit einem Talent für Sprachen. Wahrscheinlich geriet er an den Hof des Khan, als dieser für hohe politische Ämter Ausländer den Chinesen vorzog. Die genauen Hintergründe bleiben unbekannt. Es wird aber angenommen, dass er für den Khan mit Salz handelte und in dessen Auftrag Burma, Vietnam und Indien bereiste. Sein Vater und sein Onkel scheinen als Militärberater gedient zu haben.

Marco war ein weit gereister Diplomat, als die Polos beschlossen, wegen der Unbeständigkeit des Mongolenreiches und des hohen Alters des Khan die Heimreise anzutreten. Sie durften eine mongolische Prinzessin nach Westen begleiten, die den persischen Herrscher heiraten sollte. Diese Reise wurde mit 14 Schiffen angetreten, die 1292 die Segel setzten.

Die Route führte die Polos um die Halbinsel Malakha nach Sumatra, Sri Lanka und um die Spitze Indiens zum Golf von Oman. Dort gingen sie von Bord und zogen weiter nach Persien. Als sie ihre Geschäfte abgeschlossen hatten, reisten sie weiter nach Europa und stießen unterwegs auf moslemische Banditen. 1295 erreichten sie Venedig, kaum wiedererkennbar als die Reisenden, die 24 Jahre zuvor aufgebrochen waren. Obwohl viel von ihren Reichtümern unterwegs gestohlen worden war, erstaunten die Polos die Passanten, als sie aus ihrer zerlumpten Kleidung Edelsteine zogen.

Die von Marco Polo über seine Abenteuer erzählten Geschichten faszinierten das Volk, erreichten aber erst ein größeres Publikum, als er als venezianischer Schiffskapitän arbeitete. Als solcher wurde er nämlich von den Genuesern 1298 gefangen genommen, und in der Gefangenschaft traf er den Schriftsteller Rusticello von Pisa. Dieser veröffentlichte Marcos Erlebnisse. Unter dem Titel *Il Milione* (Die Million), im Französischen als *Divisament du Monde* (Beschreibung der Welt) und im Englischen als *Travels of Marco Polo* (Reisen des Marco Polo) fanden sie widersprüchliche Aufnahme.

Links: *Nicolò, Maffeo und Marco Polo verlassen Venedig. 24 Jahre lang kehrten sie nicht heim.*

Unten: *Vor Kublai Khan kniend überreicht Nicolo Polo den Brief des Papstes. Maffeo und der junge Marco sehen zu. Eine frei erfundene, westliche Illustration.*

REISEN VOR 1600

Rechts: *Marco Polo, der von Kublai Khan als Botschafter angestellt war, behauptete, die Armee mehrere Male in Aktion gesehen zu haben. Diese indische Illustration aus dem 16. Jahrhundert zeigt Kublai Khans Armee, wie sie das chinesische Fort O-Chou stürmt und eine Brücke auf dem Jangtse Kiang überquert.*

Oben: *Kublai Khan, in einer Darstellung eines chinesischen Künstlers des 20. Jahrhunderts.*

Fremder Osten

Viel von dem, was Marco Polo beschrieb, klang obskur und unwahrscheinlich. Zum Beispiel setzte Kublai Khan Papiergeld in Umlauf, für den Außenstehenden klang das aber lächerlich. Außerdem hatte bis dato noch niemand von Japan gehört, den Inseln, die der Khan zweimal – vergeblich – zu erobern versuchte. Auch war man skeptisch gegenüber den „schwarzen Steinen" zur Herstellung von Feuer, die uns heute als Kohle vertraut sind.

Außerdem wirft das Buch sehr viele Fragen auf. Wie konnte Marco Polo China bereisen, ohne auf die Chinesische Mauer zu stoßen? Warum erwähnte er nicht die bizarre Sitte des Füßeabbindens der Frauen? Verdiente die traditionelle Teezeremonie wirklich keine Erwähnung? Diese erschreckenden Lücken führten Historiker zu der Überzeugung, dass Marco Polos Reisen nur ein Mythos waren.

Weitere Zweifel wirft die Tatsache auf, dass es keine zeitgenössischen Belege für Marcos Stellung am Hofe des Khan gibt, obwohl Fremde normalerweise in den Quellen erwähnt wurden. Skeptiker sind der Meinung, dass der Inhalt von Rusticellos Buch Abschriften von bereits existierenden arabischen und persischen Texten sind – was auch den übermäßigen Gebrauch von arabischen und persischen Fremdwörtern in Marco Polos Erzählungen erklärt.

Sollte das wahr sein, so reiste Marco Polo wahrscheinlich nie weiter als bis zum Schwarzen Meer und nach Konstantinopel, wo seine Familie Geschäftsbeziehungen pflegte.

Seine Schriften sind fehlerhaft. Es gibt kaum greifbare, für Geografen interessante Informationen. Daten, Distanzen, Klimabeschreibungen und andere Details wurden ausgelassen und durch überschwängliche Textpassagen ersetzt. Polo wiederholte vergnügt Gerüchte, ohne die Fakten jemals überprüft zu haben, und seine Erzählungen über den mythischen Priesterkönig Johannes lösten zahlreiche Expeditionen ins Herz Asiens aus. Sein Werk wird außerdem als humor- und einfallslos angesehen.

Aber auch Rusticello ist mitverantwortlich für einige Schwächen des Buches, da er es romantisch ausschmückte. Da es vor der Erfindung der Druckkunst geschrieben wurde, konnte es bei jeder Kopie beliebig verändert werden. Die mit der Kopie beauftragten Mönche fühlten sich verpflichtet, alles zu löschen, was ihnen ketzerisch vorkam.

Ein Vermächtnis

Zu Marcos Verteidigung muss erwähnt werden, dass es damals wohl möglich gewesen ist, China zu bereisen, ohne auf die Chinesische Mauer zu stoßen. Auch kann Marco Polo am Hof des Khan unter einem mongolischen Namen bekannt und so außerhalb Chinas nicht erkennbar gewesen sein. Wie auch immer die Wahrheit aussah, Polos Werke wurden für Jahrhunderte zur Inspiration für alle europäischen Reisenden. Sie enthielten reichlich Informationen über fremde Kulturen, um Europa über das Leben in Asien aufzuklären.

Nachdem er aus der Haft entlassen wurde, heiratete Marco Polo und zeugte drei Töchter. In seiner Heimat brachte man ihm wegen seiner kühnen Berichte Zweifel entgegen. Auf seinem Totenbett drängte ihn ein Mönch zu gestehen, dass seine Geschichten falsch waren, worauf Polo antwortete: „Ich beschrieb kaum die Hälfte von dem, was ich sah."

Links: *Marco Polo war vom Prunk am Hofe des Khan beeindruckt. Diese Buchillustration von Friedrich Justin Bertuch zeigt das „Elefantenschloss", auf dem Kublai in den Krieg zog.*

REISEN VON 1600

FRANCISCO PIZARRO

1474 bis 1541

Für die Inka in Peru war Gold „der Schweiß der Sonne". Für die spanischen Conquistadores war es Rechtfertigung für brutale Eroberungen und Kolonialisierung. Die Jagd nach Gold gab Anlass für einige der blutigsten Expeditionen überhaupt und ging der Auslöschung des Inkavolkes voran.

Der Mann, der für das meiste Blutvergießen verantwortlich war, war der Spanier Francisco Pizarro, unehelicher Sohn eines Armeeoffiziers und eines Bauernmädchens. Pizarro verdiente sich seine ersten Sporen auf einigen Expeditionen mit dem charismatischen Núñez de Balboa (1475–1519), der Panama entdeckte und seine Männer vom Atlantik zum Pazifik führte, den er mit allen umliegenden Ländern für Spanien beanspruchte. Die Reise durch Panama wurde zum Härtetest. Die Gegend war von dichtem Dschungel bewachsen, das Klima war feucht und heiß. Auf der Rückkehr riskierten die Männer den Hungertod, da sie mit Schätzen aus Indianerdörfern beladen waren anstatt mit Lebensmitteln. Pizarro gab vor, sich in Panama ansiedeln zu wollen, um Rinder zu züchten. Tatsächlich interessierten ihn die noch unentdeckten Goldvorkommen in Südamerika. Nach zwei vergeblichen Versuchen, Südamerika einzunehmen, leitete er 1530 eine dritte, besser organisierte Expedition; mit dem Segen von Karl V., dem Kaiser des Heiligen Römischen Reichs Deutscher Nation.

Als starke Winde ihre Schiffe zum Kentern brachten, mussten Pizarros Männer auf dem Landweg weiterziehen, wo sie von Seuchen, den Tücken des Wetters und Angriffen von Indianerstämmen geplagt wurden. Als sie ihr Ziel, die Inkastadt Tumbes, erreichten, fanden sie diese wegen eines Bürgerkrieges in Trümmern vor. Die Inkas waren in Aufruhr, nachdem ihr König und sein Thronfolger wahrscheinlich an einer von den Spaniern eingeschleppten Pockenepidemie gestorben waren. In der Inkastadt Cajamarca überlistete Pizarro den Stammeskönig Atahualpa, den er zu Friedensgesprächen einlud. Als der König aber unbewaffnet eintraf, ließ er ihn festnehmen und sein Gefolge töten.

Atahualpa wird betrogen

Um seine Freiheit wiederzugewinnen, bot Atahualpa an, seine Gefängniszelle einmal mit Gold und zweimal mit Silber füllen zu lassen. Pizarro behandelte ihn wie einen König, bis das Lösegeld abgeliefert war. Dann folterte er ihn im Sommer 1533 in der Öffentlichkeit zu Tode.

Pizarros nächstes Ziel war Cuzco, doch dazwischen lagen die hohen, unwirtlichen Anden. Der Schlüssel zu seinem Erfolg war das von einheimischen Inkas errichtete Straßennetz, das 4800 km umfasste. 1200 km weit kämpften sich Pizarro, seine 100 Ritter und 30 Fußsoldaten durch das Dickicht. Viermal stießen sie auf feindliche Inkas, gewannen aber dank ihrer besseren Waffen und Strategien. Nach der Einnahme Cuzcos gründete Pizarro eine neue Stadt am Fluss Rimac, die er „Stadt der Könige" nannte. Heute kennt man sie als Lima.

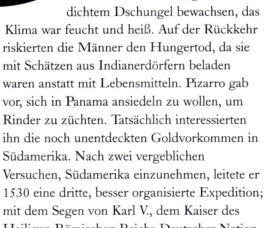

Oben: *Abenteurer oder brutaler Kolonialist? Francisco Pizarro hüllt sich zwar in Gold und Ruhm, dennoch ist an seiner Eroberung Perus und des Inkareiches nichts Ehrenhaftes.*

Pizarros Expeditionen
1524–1525
1526–1528
1530–1533

Bei seinen Abenteuern in Südamerika wurde Pizarro von seinen vier Halbbrüdern und Diego Almagro (1474–1538) unterstützt. Als die Eroberung von Peru komplett schien, führte Almagro auf der Suche nach neuen Goldvorkommen eine Truppe weiter nach Chile. Die Mission war jedoch erfolglos und ist vorwiegend für die Grausamkeit gegenüber den Inkas bekannt. Als Almagro nach Cuzco zurückkehrte, fand er die Stadt von Manco Cápac, dem neuen Inkaführer, belagert. Der Spanier besiegte den Inka und brachte die Stadt unter seine Herrschaft, was Pizarro erzürnte. Nun standen die Spanier vor einem Bürgerkrieg, aus dem Pizarro als Sieger hervorging. Auf sein Geheiß wurde Almagro 1538 exekutiert. Drei Jahre später wurde Pizarro selbst aus Rache von Almagros Sohn getötet.

Zum Zeitpunkt seines Todes hatte Pizarro bereits die meisten Kunstgegenstände aus Gold zum leichteren Transport einschmelzen lassen. Die antiken Schätze der Inkakultur, die bis heute erhalten sind, waren damals bereits als Grabbeigaben „in Sicherheit". Nach der Ausrottung der Inkas gab es niemanden mehr, der in den Goldminen schürfte oder neue Goldvorkommen fand – ein Beispiel für die Kontraproduktivität der Kolonisation und ein Faktor, der zur Einschiffung afrikanischer Sklaven führte.

Obwohl er Mut auf seinen Expeditionen in unbekanntes Terrain bewies, wurde Pizarro hauptsächlich für seine Grausamkeit bekannt - ein unehrenhafter Mann, der ausschließlich von Gier getrieben wurde.

Unten: *Nachdem er den Inkakönig überlistet hatte, ließ er ihn gefangen nehmen und sein Gefolge töten. Eine Illustration von Theodore de Bry, erschienen 1596 in Frankfurt.*

REISEN VOR 1600

JESUITISCHE MISSIONARE

ab 1540

Gegenüber: *Die kleine Gouache auf Pergament aus dem 18. Jahrhundert zeigt, wie der heilige Franz Xaver medizinisch betreut wird.*

Während des 16. Jahrhunderts nahm sich die katholische Kirche der neu entdeckten Länder und ihrer Einwohner an. Die Gesellschaft Jesu, bekannter als „die Jesuiten", war für die Organisation von Missionen verantwortlich wie auch für Erziehung und Krankenpflege. Voraussetzung war natürlich die Bekehrung zum römischen Katholizismus.

Begründer des Ordens war Ignatius von Loyola (1491–1556), der aus der spanischen Oberschicht stammte und später heilig gesprochen wurde. In seiner Jugend war er Soldat. Er wurde 1521 bei der Verteidigung des Forts von Pamplona verwundet und entwickelte während seiner Genesung einen starken Glauben. Gemeinsam mit anderen Christen suchte er nach neuen Wegen, Gott zu dienen. Das Ergebnis war die Gesellschaft Jesu mit dem Motto: *Ad majorem Dei gloriam* – „Zum größeren Ruhme Gottes".

Oben: *Ignatius von Loyola gründete eine christliche Bewegung, die bedeutende Auswirkungen auf Südamerika und den Fernen Osten hatte. Im Amazonasgebiet retteten die Jesuiten viele Indianer vor der Sklaverei.*

Der Orden wurde im Jahre 1540 von Papst Paul III. bestätigt. Der Begriff „Jesuit" galt damals als Beleidigung, Loyola gebrauchte ihn nie in Bezug auf seine Bewegung. Er wurde aber bald von frommen Mitgliedern der Einfachheit halber übernommen.

Die Jesuitenlehre galt unter Katholiken als Bewegung der Gegenreformation, gegen die damals in Europa mächtig werdenden Protestanten. Als Loyola starb, gehörten 1000 Gläubige der Gemeinschaft an; ein Jahrhundert später waren es bereits 15.000.

Ihre größte Aufgabe sahen die Jesuiten in der Bekehrung der Moslems. Die Drohungen der Türken hinderten sie aber an Reisen ins Heilige Land, also mussten sie sich anderswo umsehen. Südamerika bot sich an und 1549 erreichten die ersten Jesuiten Brasilien. Angesichts enormer geografischer Barrieren kämpften sie sich durch Wasserfälle und dichten Dschungel, um mit den Einheimischen in Verbindung zu treten. Sie fingen bei den Guarani an.

Zum Entsetzen der Jesuiten wurden die Indianer von Sklavenhändlern, den so genannten *bandeirantes*, gejagt, die Arbeitskräfte für die von den Spaniern und Portugiesen errichteten Goldminen und Plantagen zu gewinnen suchten. Ab 1608 halfen die Jesuiten Einheimischen, sich als selbstständige Gemeinschaften unter dem Protektorat der Kirche zu etablieren. Manchmal gelang es nicht einmal der Autorität der Kirche, Schutz vor Sklavenhändlern zu bieten, aber die Einheimischen lernten europäische Techniken sowie modernere Ackerbau- und Verteidigungsmethoden. Die Ruinen der damals erbauten Kirchen zieren noch heute den Kontinent.

Die Jesuiten unternahmen einige interessante Expeditionen. 1629 brachten Pater Montoya und Pater Macedo 12.000 verfolgte Indianer entlang des Paranáflusses in Sicherheit. 1686 paddelte Pater Samuel Fritz den Amazonas hunderte Kilometer hinauf, um neue Siedlungen zu gründen. Grundsätzlich dürften die Jesuiten die Lebensbedingungen der Indianer verbessert haben, wenngleich diese dafür mit dem Verlust ihrer eigenen Religion bezahlten.

Südamerika war aber nicht das einzige Ziel der Jesuitenpriester. Sie bereisten auch Afrika, China, Indien, Nordamerika und Japan. Die Patres, die nach Kanada gingen, veröffentlichten dort die Zeitung *Jesuit Relations*, die Informationen über die regionalen Eingeborenenstämme enthielten. In Rom wurden alle eingehenden Berichte von Missionaren aus aller Welt gesam-

1271–1295	1292	1325–1348	1365	1370	1381	1385	1403–1433
Marco Polo reist ins Mongolenreich und nach China	Mongolen versuchen eine Invasion in Java	Ibn Battuta reist durch Afrika, den Mittleren Osten und Asien	Kreuzritter aus Zypern nehmen das ägyptische Alexandria ein	Deutsche Ritter erobern Litauen	Bauernaufstand in England	Gründung der Universität Heidelberg	Zheng Ho reist von China an die ostafrikanische Küste

melt, archiviert und als wertvolle Information für kommende Generationen aufgehoben.

Franz Xaver

Einer der bedeutendsten Jesuiten war der heilige Franz Xaver (1506–1552), einer von Loyolas ersten Anhängern. Ebenfalls Baske, war Franz Xaver ein Pragmatiker, der neben den christlichen Ritualen auch die der Einheimischen tolerierte, sodass beide Kulturen überleben konnten.

Sein erster Stopp war Goa in Indien, wo er Perlenfischern die Lehre der katholischen Kirche in ihrer eigenen Sprache anbot. Dann zog er weiter nach Malaysia und zu den Gewürzinseln, bevor er nach Japan kam. Dieses Gebiet war den Europäern unbekannt, aber Franz Xaver war voller Enthusiasmus. Die Japaner waren seinen Aufzeichnungen zufolge das freundlichste bisher entdeckte Volk.

Xaver starb in China an Fieber, bevor er seinen Plan, ganz Japan zu bekehren, vollenden konnte. Er hinterließ detaillierte Aufzeichnungen über die Orte, die er besuchte, und die Leute, die er traf, was für die Kartographen und Ethnographen späterer Generationen sehr hilfreich war. Auch er wurde heilig gesprochen.

Die Jesuiten stießen zunehmend auf Feindseligkeit, nicht zuletzt innerhalb der Kirche selbst. Sich dem zunehmenden Druck der Herrscher beugend, unterdrückte Papst Clemens XIV. 1773 die Jesuiten, die die kolonialen Ambitionen der Europäer vereitelten. Als Folge davon wurden sie aus Europa und einigen neu entdeckten Ländern vertrieben und waren gezwungen, jene Gemeinden, für deren Erhaltung sie so hart gearbeitet hatten, zu verlassen. Nur Friedrich II. von Preußen und Katharina II. von Russland ignorierten die Anordnung des Papstes. 1814 wurden die Jesuiten von Papst Pius VII. wieder zugelassen.

REISEN VOR 1600

WILLEM BARENTS

1550 bis 1597

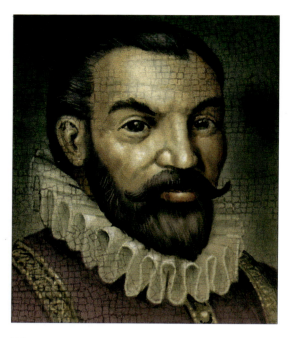

Rechts: *Der Entdecker Willem Barents wurde geehrt, da für ihn die Sicherheit seiner Leute wichtiger war als der Ausgang der Expedition.*

„Und gerade, als er fertig getrunken hatte, drehten sich seine Augen nach innen und er verstarb sogleich, ohne uns die Möglichkeit zu geben, mit ihm zu sprechen". Dies waren die letzten Momente von Willem Barents, dem Entdecker von Spitzbergen und dem ersten Überlebenden eines arktischen Winters.

Die Geschichte von Barents, der auf der Heimreise nach Holland starb, wurde von seinem Begleiter Gerrit de Veer aufgezeichnet, der 1598 die „wahre und perfekte Beschreibung" der kühnen Männer veröffentlichte, die gegen die Elemente des unbekannten Landes kämpften. Sie beinhaltete geografische und astronomische Informationen und Ausarbeitungen über die eisigen Gewässer, die man sich in europäischen Klimazonen kaum vorstellen konnte. Es waren de Veers Worte, die Historikern Aufschluss über Barents Expeditionen gaben. Spätere Missionen im gleichen Gebiet stützten seine Aussagen.

Willem Barents war ein Seemann, der zweimal versuchte – und zweimal scheiterte – eine Nordostpassage für den Handel zwischen Europa und dem Orient zu finden, ohne in den südlichen Meeren auf die Spanier und Portugiesen zu stoßen. Er wurde durch puren Zufall zum herausragenden Expeditionsführer, als sein Schiff 1596 in Nowaja Semlja auf Eis aufsetzte. In der Erwartung, auf offenes Meer zu stoßen, das von der Mitternachtssonne des Nordpols erwärmt wurde, hatte er versucht, mit dem Schiff durch das Eis zu brechen. Weder er noch sein Offizier Jakob van Heemskerck und die 15 Mann der Crew hatten eine andere Wahl als vor Ort den Winter abzuwarten.

Im Hinterkopf hatten alle den Gedanken an Sir Hugh Willoughby, den Abenteurer, der 1554 an genau der Stelle gestorben war, an der sie jetzt festsaßen. Willoughby und seine erfrorenen Männer wurden später von russischen Fischern gefunden. Dennoch schmiedeten die Holländer einen Überlebensplan. Sein Kern war die Errichtung einer Holzhütte von 11 mal 7 Metern Größe, die sie aus angetriebenen Balken ihres gestrandeten Schiffes bauten. Sie tauften sie *Het Behouden Huys* – das Rettende Haus. Mit dem in seinem Inneren ständig brennenden Feuer bot es wertvollen Schutz, obwohl die Männer oft morgens mit Frost auf ihren Decken aufwachten. In Weinfässern, die sie vom Schiff holten, bauten sie türkische Bäder, die sie auch regelmäßig benutzten, um sich aufzuwärmen, und die zum Handel bestimmten Güter waren nun essentiell für ihr eigenes Überleben.

Zum Essen fingen sie Füchse und manchmal auch Eisbären. Trotzdem machte ihnen die Lebensmittelknappheit zu schaffen, und in jenem Winter starben zwei Männer, wahrscheinlich in Ermangelung frischer Nahrung an Skorbut. Barents selbst starb mit ziemlicher Sicherheit im nächsten Frühling an Skorbut.

Als das Tauwetter einsetzte, war ihr Schiff

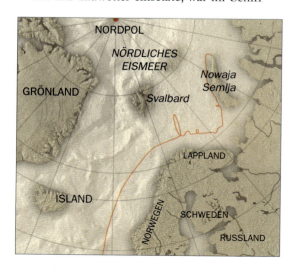

42

nicht mehr seetüchtig. Sie waren gezwungen, in offenen Booten in See zu stechen, um einen Pfad durch die Eisberge zu erkunden, und mussten hunderte von Kilometern rudern, bevor sie in Sicherheit waren. Barents starb am siebten Tag der Reise, kurz vor dem Tod eines weiteren Mannschaftsmitgliedes. Die anderen schlugen sich noch weitere 73 Tage durch, bevor sie eine Festlandsiedlung erreichten.

Fund in Nowaja Semlja

Das Wrack des Rettenden Hauses wurde 273 Jahre später vom norwegischen Jäger Elling Carlsen gefunden. Im Inneren fand er Gebrauchsgegenstände der Mannschaft, die er einem englischen Händler verkaufte. Im folgenden Jahr, 1872, wurden die Gegenstände in Amsterdam ausgestellt. Viel ist im Zusammenhang mit Barents' Expedition noch unbekannt, und unbekannt ist auch der Ort seines Grabes. Erst Jahrhunderte später knüpften andere an den Erfolg seiner Mission an. Tatsächlich war das Überleben so vieler Männer nach solchen Entbehrungen ein Triumph.

Am Ende des 16. Jahrhunderts kam die spanische Vorherrschaft über den Atlantik zum Erliegen und südlichere Handelsrouten wurden auch den Nordeuropäern zugänglich. Der Bedarf an einer Nordost- oder Nordwestverbindung schwand also. Auch sah man ein, dass die Seetüchtigkeit der Schiffe im 16. und 17. Jahrhundert für arktische Routen nicht ausreichte.

De Veers Schilderungen stießen auf Enthusiasmus, obwohl er sie nicht mit Geschichten über Drachen, Gold und mit anderen Mythen ausschmückte, wie das in damaligen Reiseberichten üblich war. Seine Karten zeigten das Klima und die Merkmale der bereisten Länder.

Oben: *Willem Barents' Schiff im arktischen Eis.*

Unten: *Die Abbildung des Rettenden Hauses zeigt das ständig am Brennen gehaltene Feuer und das türkische Bad in einem Fass.*

REISEN VOR 1600
Sir WALTER RAILEIGH

1554 bis 1618

Rechts: *Die Beziehung zwischen Sir Walter Raleigh und Königin Elizabeth I. verschlechterte sich so, dass er vom Favoriten zum Gefangenen wurde. Sir Walter Raleigh und sein Sohn, hier dargestellt 1588 von einem unbekannten Künstler.*

Was das Entdecken anging, überließ Sir Walter Raleigh den anderen die Arbeit. Sein Gefolge musste in seinem Namen Schiffe steuern, Flaggen hissen und Karten zeichnen. Nicht dass er eine andere Wahl gehabt hätte. Sein Geist sehnte sich zwar nach Abenteuern, er war aber ein Liebling von Königin Elizabeth I., die ihm verbot, Risiken einzugehen. (Man sagt, er habe sich bei der Königin eingeschmeichelt, als er einmal eine Pfütze mit seinem Mantel bedeckte, damit ihre Füße nicht nass würden.)

Raleigh wurde in Devon geboren und wuchs zu einem talentierten Mann heran. Als Gelehrter studierte er an der Universität von Oxford, als Soldat kämpfte er für den französischen Protestantismus, bei Hof war er Dichter, Politiker, Philosoph und Gelehrter. 1578 überredete er die Königin, ihn gemeinsam mit seinem Halbbruder Humphrey Gilbert, ebenfalls einer ihrer Lieblinge am Hof, nach Amerika segeln zu lassen. Gilbert ertrank aber auf der Rückfahrt über den Atlantik, und die Königin stutzte Raleigh die Flügel.

Raleigh musste sich danach mit dem Verwalten der amerikanischen Provinz zufrieden geben, anstatt selbst hinüberzufahren. Die Kolonisten verließen Plymouth 1584, beanspruchten einen Teil des heutigen North Carolina für die englische Krone und kehrten nach Hause zurück. Raleigh war es erlaubt, das Stück Land nach seiner jungfräulichen Königin zu benennen: Virginia.

Später verlegte sich Raleigh auf Schmeicheleien, um die Königin erneut zur Finanzierung einer Expedition nach Amerika zu bewegen. Am 9. April 1585 erreichte sie nach nur drei Monaten Fahrt Roanoke Island. Die Beziehung zwischen den Siedlern und den einheimischen Indianern verschlechterte sich bald. Da die Siedler nicht fähig waren, sich selbst zu ernähren, litten sie bald jede Art von Mangel. Als sie Mitte 1586 von Sir Francis Drake besucht wurden, brauchte man sie nicht zweimal zur Heimkehr aufzufordern.

Eine neue Kolonie

Unbehelligt organisierte Raleigh eine weitere Expedition, die ohne ihn vonstatten gehen musste. Unter der Leitung von John White schifften sich 14 Familien und 78 unverheiratete

1410	1416	1419	1469	1482–1484	1488	1488	1497
Chinesen bauen das größte hölzerne Segelschiff der Welt; 142 m lang mit 12 Decks	Chinesische Flotte segelt nach Jemen	Heinrich der Seefahrer gründet in Portugal eine Navigationsschule	Portugiesische Entdecker überqueren den Äquator	Diogo Cão erkundet als erster Europäer den Fluss Kongo	Bartholomeu Dias umrundet das Kap der Guten Hoffnung	Portugiesen gründen eine Siedlung an der mauretanischen Küste	John Cabot erreicht Neufundland

Männer nach Roanoke Island ein. Die Tochter des Anführers gebar Virginia Dare, das erste englische Kind, das auf amerikanischem Boden zur Welt kam. White kehrte im August 1587 nach England zurück, um die Versorgung der neuen Kolonie zu sichern. Durch den Krieg mit Spanien verzögerte sich seine Rückkehr nach Roanoke Island um drei Jahre, und als er endlich dorthin zurückkam, fand er kein Lebenszeichen der Zurückgebliebenen. Nur das Wort *Croatoan* war in einen Baumstamm geritzt. Croatoan war der Name einer Insel, aber White erreichte sie nicht. Das Schicksal der Kolonisten ist unbekannt, man nimmt aber an, dass einige in Indianerstämme eingeheiratet haben.

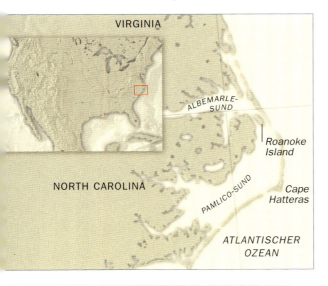

Auf Raleighs Konto gingen damit zwei gescheiterte Expeditionen in die Neue Welt. Seine Schlappe wurde aber gemildert, als man in Amerika die Kartoffel entdeckte. Auf seinem Landgut in Irland baute Raleigh Proben an. Auch die Einführung von Tabak (der damals für ein Heilmittel gehalten wurde) war ein ermutigendes Ereignis.

Raleigh fiel in Ungnade, als er heimlich Bessie Throckmorton, einer von Elizabeths Hofdamen, den Hof machte. Elizabeth war so erzürnt, dass sie die beiden Liebenden in den Tower von London sperrte. Raleighs Freilassung gegen eine ansehnliche Kaution brachte ihm die Freiheit, von der er immer geträumt hatte. 1595 machte er sich auf die Suche nach dem El Dorado in Südamerika. Obwohl er das legendäre Gold nie fand, segelte er den Orinoko hinauf und war überwältigt von der Schönheit der Gegend.

1603 verschlechterte sich Raleighs Lage erneut, als Elizabeth starb. James I. folgte ihr auf den Thron. Der neue König war dem Katholizismus zugeneigt, während Raleigh bekennender Protestant war. Er wurde nun unter der Anklage des Hochverrats in den Tower geworfen.

Dort schmachtete er 13 Jahre lang und brachte seine *Geschichte der Welt* zu Papier. Nach seiner Freilassung überredete er James I. zur Unterstützung einer Expedition nach Guyana. James I. stimmte zu, sofern dadurch die Beziehung zu Spanien nicht gefährdet würde. Doch im Kampf um eine spanische Goldmine wurde Raleighs Sohn getötet. Nach diesem Desaster wusste Raleigh, dass ihn in England der sichere Tod erwartete, doch seine Ehre zwang ihn zur Rückkehr. Wie erwartet verurteilte ihn James I. zum Tode, und er wurde am 29. Oktober 1618 geköpft.

Links: Als Raleigh eine Hofdame heiratete, wurde Königin Elizabeth I. so eifersüchtig, dass sie beide im Tower von London inhaftierte.

Unten: Heute beliebte Touristenattraktion, war der Tower von London zu Raleighs Zeiten ein dunkles Verlies. Hier verbrachte Raleigh 13 Jahre, weil sein Protestantismus dem katholischen König James I. ein Dorn im Auge war.

1497–1499	1498	1500	1502–1507	1507
Vasco da Gama findet den Seeweg nach Indien um das Kap der Guten Hoffnung	Kolumbus erreicht den Orinoko	Pedro Cabral bringt Brasilien in portugiesischen Besitz	Lodovico de Varthema reist in Asien und als erster Europäer nach Mekka	Portugiesen erobern Muskat in Oman

REISEN VOR 1600

JERMAK TIMOFEJEWITSCH

1460 bis 1524

Zur Zeit Iwans des Schrecklichen (1530–1584) endete das russische Reich am Ural. Dahinter lag Sibirien; kalt, endlos, weitgehend unbekannt. Reisen, die vor der Regierungszeit Iwans dorthin unternommen wurden, kosteten hunderte Menschenleben und waren meist erfolglos. Doch als dieser grausame und brutale Herrscher in seinem Plan, nach Westen zu expandieren, gescheitert war, schienen die Weiten des Ostens verheißungsvoll. Auslöser für die Expansion war eine Gruppe von Kosaken, die 1582 mit 5000 Pelzen von Bibern, Füchsen und Bären nach Moskau kamen. Eindeutig gab es hinter dem Ural Reichtümer zu ernten; und es lag an Jermak Timofejewitsch, sie im Namen des Zaren zu entdecken.

Jermak war ein Verbrecher, wegen Piraterie auf der Wolga von der Regierung verfolgt. Er war auch ein Kosake, Angehöriger eines selbstständigen Stammes, der erst im 16. Jahrhundert unter die Gerichtsbarkeit des Zaren fiel. Auf der Flucht vor der Gerichtsbarkeit des Zaren landete Jermak auf den weiten Ländereien der reichen Stroganows.

Damals litt die Familie Stroganow gerade unter den Tataren, die von jenseits des Ural unter der Führung des alten und halb blinden Kuchum, eines angeblichen Nachkommens von Dschingis Khan und selbst ernannten Herrschers Sibiriens, in ihre Gebiete eindrang. Die Tataren waren der einzige sibirische Stamm, der gut genug organisiert war, um aufsässig zu werden. Andere Gemeinschaften in dieser 7.680.000 km² großen Region waren isoliert und leistungsunfähig. Mit der Erlaubnis des Zaren für die Expedition nach Sibirien beauftragte die Familie Stroganow im Sommer 1579 Jermak mit dem Unternehmen. Indem sie ihm Männer und Musketen zur Verfügung stellten, unterstützten sie eine Expedition, die ihnen

Unten: Ölgemälde von Wassilij Iwan Surikow über die Eroberung Sibiriens durch Jermak.

nicht nur finanzielle Vorteile versprach, sondern sie gleichzeitig von dem problematischen Kosaken Jermak befreite.

Über die Berge

Die Berge des Ural waren zwar unbekannt, doch nicht allzu hoch und stellten für Jermak und seine 840 Männer kein Hindernis dar. Meist bauten sie ihre eigenen Boote und fuhren diverse Flüsse entlang. Zum Schrecken von Kuchum machten sie rasche Fortschritte. In der Absicht, seine Truppe zu stoppen, blockierte er den Fluss Tobol und plante einen Hinterhalt. Jermak war intelligent genug, seine Männer aus den Booten zu entfernen, und ersetzte sie durch Strohfiguren in Kosakenuniformen. Als Kuchums Truppe zuschlagen wollte, griffen die Kosaken sie von hinten an und vernichteten seine Streitmacht.

Doch Jermak hatte nicht immer Glück, und in späteren Kämpfen wurde seine Truppe erheblich dezimiert. Da er aber letztlich die besseren Waffen hatte, trug er meist den Sieg davon. Acht Wochen nachdem er die Stroganows verlassen hatte, marschierte er in Sibir, Kuchums Hauptstadt, ein, plünderte alle Speicher und ließ sich hier für den Winter nieder. Die Nahrung war knapp, aber er wurde von lokalen Stämmen versorgt, die Kuchum wegen seiner Versuche, sie zum Islam zu bekehren, ablehnten.

Im Frühling segelte Jermak den Fluss Ob entlang ins arktische Meer und war entzückt über die neuen Aussichten. Seine Männer aber, die bereits einen sibirischen Winter mit Temperaturen unter denen am Nordpol hinter sich hatten, wollten nach Hause. Er sah sich gefangen, unfähig, vorzustoßen oder sich zurückzuziehen. Also wagte er einen riskanten Versuch:

Er schickte seinen treuen Assistenten Iwan Koltzo zum Zaren persönlich, mit Geschenken und einem Brief, in dem er um Vergebung bat, aber auch um eine neue Armee zur Fortsetzung seiner Mission. Iwan der Schreckliche war übellaunig, charakterlos und irrational, und außerdem war auch Iwan Koltzo ein gesuchter Mann. Die Chancen, dass er Koltzo zum Tode verurteilte und für Jermak das Gleiche anordnete, waren hoch. Doch die Geste stimmte den Zaren milde und er stellte Geld und Männer zur Verfügung … und gewährte Amnestie.

Trotz der neuen Mittel konnten die Tataren nicht endgültig besiegt werden. Jermak fand im August 1584 bei einem Überfall von Kuchums Armee am Irtysch sein Ende. Er vergaß das Kettenhemd, das er trug, sprang in den Fluss, um dem Feind zu entkommen, und ertrank. Die Tataren ermordeten Kuchum wenig später.

Trotz Jermaks Erfolg war die Mission noch nicht beendet. Kosaken und russische Truppen drangen weiter in Sibirien ein. Die Eroberung Sibiriens fand immer mehr Unterstützung, da sibirische Felle immer beliebter wurden. 1628 war der Fluss Lena, der Sibirien teilt, in russischer Hand. 1639 erreichten die Russen das Meer von Ochotsk an der Pazifikküste. Die Gewinner der Expedition waren die Siedler, die neue Ländereien erwarben, und die russische Regierung, die dort Steuern kassierte. Die Verlierer waren die Eingeborenen, die während der 50-jährigen Osterweiterung von den Kosaken wahllos abgeschlachtet wurden.

Links: Theoretisch wurde Iwan IV. der Schreckliche im Alter von drei Jahren Zar. 1547 trat er tatsächlich sein Amt an. Seine Regierungszeit war von Brutalität und Terror geprägt: In einem seiner berühmten Wutanfälle tötete er seinen eigenen Sohn. Ölbild von Viktor Michailowitsch, 1897.

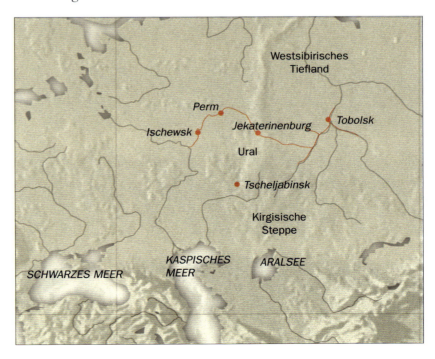

KAPITEL DREI
ASIEN *ab* 1600

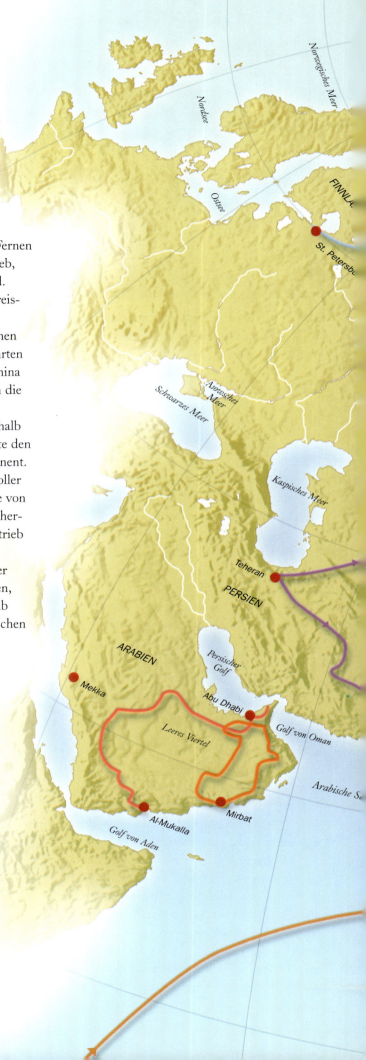

Im 17. Jahrhundert nahm das Wissen der Europäer über den Fernen Osten zu. Als Marco Polo über seine Reisen nach China schrieb, bestand kein Interesse am Handel mit einem so weit entfernten Land. Erst im 16. Jahrhundert, als die Portugiesen auf dem Meer dorthin reisten, wurden direkte Geschäftsbeziehungen mit China spruchreif.

Indiens Kultur war weitgehend vom Hinduismus geprägt. Im frühen 16. Jahrhundert marschierten die islamischen Moguln ein und bekehrten die Bevölkerung zwangsweise. Langsam wurden auch Indien und China von europäischen Seemächten für den Handel geöffnet. 1600 begann die englische East India Company mit dem Import von Gewürzen und machte den Portugiesen und Holländern ihre Position streitig. Innerhalb von 150 Jahren hatte die Company ein Monopol in Indien und ebnete den Weg für die britische Vormachtstellung auf dem asiatischen Subkontinent.

Das Innere Arabiens blieb bis ins 20. Jahrhundert ein geheimnisvoller und unentdeckter Landstrich. Auch Tibet vereitelte jegliche Versuche von Ausländern, das Land zu bereisen. Japan wurde bis 1639 von Feudalherren beherrscht; dann wies es alle Fremden aus dem Land aus und betrieb weitere 200 Jahre lang seine Isolationspolitik.

Asien ist der größte Kontinent der Welt und umfasst ein Drittel der gesamten Landfläche. Fast alle Klimaformen der Erde – weite Ebenen, unwirtliche Wüsten, breite Flüsse und eisige Gebirge – sind innerhalb seiner Grenzen zu finden. Wer die entlegensten Winkel Asiens erforschen wollte, musste auf besondere Anstrengung und Mühsal gefasst sein.

Reisen in Asien		
Matteo Ricci	1577–1610	
Vitus Bering	1725–1730	
Große Nordmeerexpedition		
Nain Singh	1864–1866	
Kishen Singh	1878–1882	
Nikolai Przewalski	1870–1888	
Francis Younghusband	ab 1887	
Sven Hedin	1894–1906	
Alexandra David-Néel	1911–1913	
	1917–1923	
	1937	
Wilfred Thesiger	1946–1947	
	1947–1948	

ASIEN AB 1600

MATTEO RICCI

1552 bis 1610

Als in China stationierter Jesuit wurde Matteo Ricci von drei Charaktereigenschaften geprägt: einer tief religiösen Natur, größtem Respekt vor den Chinesen und einem hervorragenden Intellekt, der jeden, den er traf, erstaunte. Obwohl er nicht der erste nach China gereiste Europäer war, war er sicherlich der einflussreichste.

Ricci kam in Italien als Sohn eines Apothekers und einer tiefgläubigen Mutter zur Welt. Er wurde von Hauslehrern unterrichtet, bevor er zum Jusstudium nach Rom kam. Die Philosophie der Jesuiten sagte ihm zu und 1571 trat er der stetig wachsenden Gesellschaft Jesu bei. Sechs Jahre später, nach ausgiebigem Studium der Mathematik und Astronomie, begannen seine Reisen. Zuerst ging er nach Portugal, um von dort nach Indien überzusetzen. Sein Ziel war die portugiesische Provinz Goa an der Malabarküste; wegen einer Krankheit musste er aber länger in Europa bleiben. Als er sich ausreichend erholt hatte, wurde er nach China

Rechts: *Matteo Ricci in Peking; gekleidet in die Gewänder eines Gelehrten, mit einer Landkarte von China in den Händen. Kupferstich eines unbekannten Künstlers.*

gesandt, in eine Küstenregion, wo man Fremden mit großem Misstrauen begegnete. China hatte bereits im 16. Jahrhundert eine beachtliche Bevölkerung, und die Möglichkeit zur Bekehrung solcher Massen zum Christentum lockte viele Missionare. Doch trotz zahlreicher Versuche, China zu kolonisieren, wurden die Jesuiten aufgehalten, bevor sie im Land Fuß fassen konnten. Langsam sahen sie ein, dass es unmöglich war, einem so großen Land ihren Willen aufzuzwingen. Die Jesuiten lernten also die chinesische Sprache, und Ricci erlernte sogar die Schrift.

Er vertrieb sich die Zeit in der portugiesischen Provinz Macau, gemeinsam mit seinem Kollegen Michele Ruggieri, bis er 1583 die Erlaubnis bekam, sich in Chaoch'ing, der Hauptstadt der Provinz Kwangtung, niederzulassen. In seinem Buch *Geschichte der Einführung des Christentums in China* erklärte er die Vorgangsweise der Jesuiten: „[Wir] versuchten, ihre Sprache, Literatur und Etikette zu erlernen und ihre Herzen zu gewinnen, um sie so in eine Richtung zu führen, in die sie ansonsten nicht gehen könnten."

Um das Interesse der Chinesen zu wecken, füllten Ricci und Ruggieri ihre Mission mit Gegenständen aus Europa. Da waren Prismen, Glockenspiele und eine Auswahl an Büchern. Am faszinierendsten für die Einheimischen war eine Weltkarte, die Länder außerhalb Chinas zeigten, von deren Existenz sie nicht einmal geträumt hatten. Lokale Behörden baten um eine Kopie dieser Karte und das Ergebnis war ein 3,60 m x 1,80 m großes Seidentuch, das Asien und das europäische Vorgebirge zeigte. Das Tuch wurde bekannt unter dem Namen

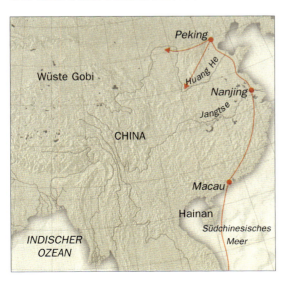

Links: *Die Chinesische Mauer bei Mu-Tian-Yu.*

Karte der Zehntausend Länder. Die Chinesen schickten das Tuch nach Rom, um den Europäern die Geografie des Orients zu verdeutlichen. 1589 zog Ricci nach Shaochou, wo er sich mit dem konfuzianischen Gelehrten Chu T'ai-su anfreundete; durch ihn lernte er viele hohe Beamte kennen. Ricci trug die Gewänder eines Gelehrten, was ihn als einen großen Denker der Zeit auszeichnete. Sein Ziel war es, in der Hauptstadt Peking zu arbeiten. Kaiser Wali vereitelte aber bis 1601 seine Pläne. Schließlich veranlasste ihn aber der Ruf von Riccis Können dazu, seine Meinung zu ändern. Zu dieser Zeit wurde Ricci vom spanischen Jesuiten Diego Pantoja begleitet.

Kulturaustausch

In Peking setzten sich beide für wissenschaftliche Belange ein, und die Stadt half ihnen beim Interpretieren und Übersetzen. Vor seinem Tod in Peking schrieb Ricci zahlreiche Bücher in chinesischer Sprache. Obwohl er immer noch die Botschaft des Katholizismus verbreitete und auch Ähnlichkeiten zwischen christlicher und chinesischer Literatur suchte, respektierte er die Wichtigkeit alter chinesischer Traditionen. Auch begann er, seine chinesischen Genossen, die gerne seine Meinung einholten, in Mathematik zu unterrichten.

Ricci lehrte den Westen chinesische Lebensart. Er schrieb: „... trotz ihrer Armee, die problemlos die umliegenden Länder vernichten könnte, denken weder der König noch die Bevölkerung daran, aus Aggression einen Krieg anzuzetteln. Sie sind zufrieden mit dem, was sie haben, und wollen nicht erobern. In diesem Sinne sind sie anders als die Europäer, die oft unzufrieden mit ihrer Regierung sind oder neidisch auf das, was andere genießen."

ASIEN AB 1600

VITUS BERING
1681 bis 1741

Rechts: *Vitus Bering wurde vom Zaren ausgesandt, um die Möglichkeiten zu einer Besiedelung Sibiriens zu erkunden.*

Rechts: *Das Bild von Gottfried Schalken zeigt Zar Peter den Großen. Der Zar wollte das russische Reich auf Nordamerika ausweiten, in dem er den schmalen Streifen zwischen Alaska und Sibirien überquerte.*

Vitus Jonassen Bering ist als der Seemann bekannt, der Alaska entdeckte. Der gebürtige Däne stand im Dienst Peters des Großen (1672–1725), den die Frage beschäftigte, ob Asien durch eine Landbrücke mit Nordamerika verbunden sei. Der russische Zar war bereits durch den Besitz von sibirischen Fellen zu Wohlstand gekommen, und die Aussicht auf Kolonien in Nordamerika war verlockend.

Peter schuf eine mächtige Schiffsflotte nach europäischem Vorbild, die er dazu benutzte, die nördlichen und östlichen Regionen Sibiriens zu erkunden. Da er nun aber sein Augenmerk auf Nordamerika legte, beauftragte er Bering mit der Erforschung der fernöstlichen Landregionen. Peter der Große legte seine Ziele offen dar: „Jetzt, da wir unser Vaterland vor Feinden geschützt haben, ist es Zeit, ihm durch Kunst und Wissenschaft Ruhm zu erbringen. In unserer Suche nach einer Landverbindung werden wir erfolgreicher sein als die Dänen oder Engländer."

Bering war ein guter Mann für diese Aufgabe. Er erlernte als Kind das Segeln und trat 1703 der russischen Marine bei, wo er bald zum Kapitän befördert wurde. Er heiratete eine Russin und hatte Kinder. Als er die Herausforderung annahm, besaß Bering keinerlei Vorstellung von dem, was ihn erwarten würde.

Die Expedition, die er leitete, begann in St. Petersburg und führte ihn zunächst zum sibirischen Hafen Ochotsk. Dort baute er Schiffe, die ihn weiter zur Halbinsel Kamtschatka brachten. Zu diesem Zeitpunkt waren sie bereits zwei Jahre unterwegs.

Inzwischen war der ehrgeizige Zar Peter gestorben, doch seine Frau und Thronfolgerin

Katharina I. finanzierte die Expedition auch weiterhin.

Als er die sibirische Küste entlangfuhr, stieß Bering auf ein Stück Land, das er St.-Lorenz-Insel nannte. Danach durchquerte er eine enge Passage. Hätte das Wetter es gut mit ihm gemeint, hätte Bering erkannt, dass auf beiden Seiten seines Schiffes Land in Sicht war, doch unglücklicherweise war es neblig. Sie kamen bis zu den Diomede Islands, einer Kette, die bereits entdeckt war, aber am äußersten Ende russischer Landkarten lag. Nun galt es, herauszufinden, ob es eine Landbrücke zwischen Asien und Nordamerika gab.

Einer seiner Offiziere, Aleksej Tschirikow, drängte ihn zum Weitersegeln, doch der Rest seiner Mannschaft war besorgt bei dem Gedanken, den Winter in dieser unwirtlichen Region zu verbringen; also wendete Bering schließlich am 16. August 1728 sein Schiff.

Erfolgreichere Zeiten

Bering überlebte die Rückreise und traf 1730 in St. Petersburg ein. Russland urteilte aber scharf über ihn, da er ohne Beweise für oder gegen eine Landbrücke zurückkehrte. Dieser Kritik ausgesetzt, schlug Bering eine zweite Expedition vor, die 10.000 Männer und 13 Schiffe umfassen sollte. Es war die größte Expedition, die die Welt je gesehen hatte, mit vier Untergruppen, die alle verschiedene Teile Sibiriens erkunden sollten. Diesmal brauchte Bering nicht weniger als acht Jahre, um das sibirische Ochotsk zu erreichen, beladen mit der Ausrüstung seiner Beobachter und Wissenschaftler.

Am 4. Juni 1741 segelte er von Kamtschatka aus nach Alaska. Der deutsche Biologe Georg Steller hatte die Ehre, als erster Europäer den Boden Alaskas zu betreten. Bering kehrte allerdings um, anstatt den Winter in diesem unerforschten Gebiet zu verbringen. Auf den Commander Islands wurden sie schließlich von Schneestürmen geplagt, wo Bering und 29 seiner Leute einen langsamen Kältetod starben. Als sie schwach und wehrlos wurden, fielen sie den wilden Tieren der Arktis zum Opfer. Füchse bissen ihre erfrorenen Ohren und Nasen ab, als sie schlafen wollten. Die Tiere quälten Bering so sehr, dass er bettelte, man möge ihn vor seinem Tod bis zum Hals im Boden vergraben. Eine kleine Gruppe überlebte bis zum Einsetzen des Tauwetters und baute Flöße, die sie nach Kamtschatka zurückbrachten.

Obwohl die Expedition Bering das Leben kostete, wurde er nachher heftig kritisiert. Steller beklagte, dass Bering von niemandem Rat einholen wollte. Dennoch brachte Bering Alaska unter russische Kontrolle, was so blieb, bis die Vereinigten Staaten 1867 das Land kauften.

Bering war nicht der Erste, der die Straße durchquerte, die heute seinen Namen trägt. Semjon Iwanow Deschnew (1605–1672) wagte diese Reise bereits Jahrzehnte zuvor, was aber bedeutungslos war für ein Russland, das an einer Expansion über Sibirien hinaus nicht interessiert war.

Oben: *Ausschnitt einer für Vitus Bering angefertigten Karte von Sibirien. Dargestellt sind Angehörige tibetischer Stämme.*

ASIEN AB 1600

NAIN *und* KISHEN SINGH

1830 bis 1882

1850 bis 1921

Großbritannien hatte im 19. Jahrhundert in Indien Fuß gefasst. Während der großen trigonometrischen Vermessung, die 1802 begann, arbeitete eine Generation von Kartographen und Vermessern auf dem indischen Subkontinent. Unter ihnen war George Everest (1790–1860), ein Generalvermesser, der tief in den Himalaja bis zu den höchsten Gipfeln der Welt vordrang, von denen einer bis heute seinen Namen trägt. Die sensibelste und mühsamste Arbeit leistete aber eine kleine Gruppe, die diskret und anonym arbeitete, in einem Gebiet, das den Briten feindlich gesinnt war.

In der zweiten Hälfte des Jahrhunderts war die Aufgabe der geografischen Erfassung Indiens abgeschlossen, doch nur wenig war über Tibet und Nepal bekannt. Die Grenzen Tibets waren für Europäer seit 1792 geschlossen. Die Wissenslücken waren so groß, dass man nicht einmal die Hauptstadt Lhasa genau lokalisieren konnte.

Zu dieser Zeit ließ sich die strategische Bedeutung Tibets nicht abschätzen. England war seit dem Krimkrieg mit Russland (1853–1856) über die russischen Machenschaften in Sorge. Auch China gegenüber, das die Oberhoheit in Tibet innehatte, war England misstrauisch. Dieses gegenseitige Misstrauen zwischen China, Russland und England wurde als „das große Spiel" bezeichnet.

Obwohl die Engländer bereit waren, bei ihren Erkundungen Risiken in Kauf zu nehmen, stießen sie bei ihrem Versuch, Tibet zu infiltrieren, auf Widerstand. Die Entdecker William Moorcroft, Andrew Dalgleish und George Hayward fanden in den tibetischen Bergen den Tod, ermordet entweder von Soldaten oder von lokalen Banditen. Kapitän Thomas George Montgomerie, ein bengalischer Ingenieur, fand eine Lösung. Er rief ein Programm zum Training von Indern ins Leben, die sich als buddhistische Mönche oder Händler ausgeben sollten, um ungehindert die Grenze passieren zu können. Diese Männer waren Spione, doch ihre Absicht war nicht politische Sabotage, sondern die geografische Erfassung Tibets. Dennoch drohte ihnen im Falle einer Entdeckung Folter oder Tod.

Montgomeries Plan

Montgomerie erklärte: „Ich bemerkte, dass Inder zwischen Ladakh und Yerkand im chinesischen Turkestan frei passieren konnten, und da dachte ich, man könnte auf diese Weise einige Entdeckungen machen. Wenn man einen ausreichend schlauen Mann fände, könnte dieser leicht einige kleine Instrumente unter seine Handelsware mischen, die der Geografie nützliche Dienste erweisen würden."

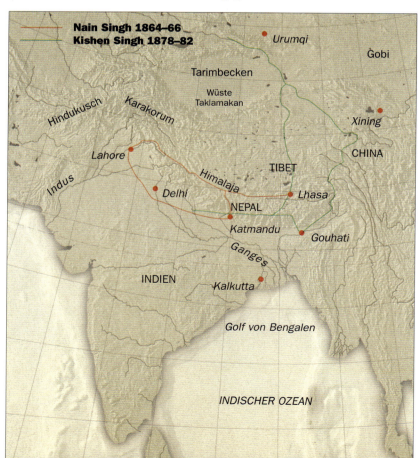

Die Instrumente waren tatsächlich meisterhaft klein und getarnt als harmlose Objekte wie buddhistische Rosenkränze und Gebetsmühlen; Dinge, die jeder Pilger bei sich trug. Die Schrittlänge jedes Mannes wurde ausgemessen und die Anzahl der Schritte festgehalten, indem bei jedem hundertsten Schritt eine Perle um den Rosenkranz geschoben wurde. Ein Rosenkranz machte also genau 10.000 Schritte aus. Daher mussten die Männer auf ihren Missionen viel wandern. Erst später erkannten sie, dass ihr Rosenkranz aus 100 Perlen bestand und nicht wie üblich aus 108.

„Ich beobachtete den häufigen Gebrauch der Rosenkränze und Gebetsmühlen unter den Tibetern, also empfahl ich meinen Spionen, beides bei sich zu tragen. So fielen sie nicht auf und außerdem stellten diese Ritualgegenstände hervorragende geografische Instrumente dar", sagte Montgomerie.

Thermometer versteckten sie in ausgehöhlten Wanderstäben. Sextanten zur Breitenmessung fanden in den doppelten Böden der Reisekoffer Platz. Das für den Sextanten benötigte Quecksilber versteckten sie in Wachscontainern, während in die Kleidung der Spione zusätzliche Taschen eingenäht waren. Die benötigten Instrumente wurden in Werkstätten im britisch verwalteten Indien hergestellt und die Spione wurden zwei Jahre lang ausgebildet. Danach hatten sie ein hervorragendes Gedächtnis, eine gute Kondition und ein geografisches Auge.

Der bekannteste dieser Spione war Nain Singh, dessen Schrittlänge 83 cm betrug. 1205 seiner Schritte waren also ein Kilometer.

Singhs erste Mission führte ihn nach Lhasa. Er brach im Januar 1865 von Dehra Dun auf und schloss sich einer Karawane von Händlern an, um unbemerkt die Grenze zu passieren. Dann durchstreifte er das „Dach der Welt" und kehrte erst Januar 1866 nach Lhasa zurück. Als er dort eintraf, mussten seine Nerven eine harte Probe bestehen. Er wurde zu einer Audienz beim Dalai Lama geladen. Lehnte er ab, würde seine Deckung auffliegen. Das monatelange Training war aber hilfreich gewesen, und niemand vermutete, dass der demütige Mann eigentlich ein britischer Spion war.

Um die Höhe des Tibetischen Plateaus zu errechnen, tauchte Singh sein Thermometer dort oben in kochendes Wasser und verglich die Anzeige mit der von kochendem Wasser auf Meereshöhe. Durch Beobachtung der Sterne und die Aufzeichnung der Position der Sonne konnte Nain Singh erstmals die genaue Position von Lhasa ausmachen. Nachdem er die Stadt im April verlassen hatte, begab er sich auf eine 1280 km lange Reise entlang des Brahmaputraflusses, der an Tibet grenzte. Erst dann kehrte er nach Dehra Dun zurück. Er hatte 3,160.000 Schritte getan, von denen jeder genau aufgezeichnet war.

Gegenüber: Nain Singh wurde zum britischen Spion, da er auf Grund seiner regelmäßigen Schrittfolge Distanzen genau abmessen konnte.

Unten: Der Palast von Lhasa, wo Singhs Nerven auf die Probe gestellt wurden.

ASIEN AB 1600

Rechts: Blick auf das Lhasa-Tal vom Ganden-Kloster in Tibet aus.

Gerüchte

1873 stießen Nain Singh und sein Cousin Kishen Singh (1850–1921) ins chinesische Turkestan vor und erreichten die Wüste Taklamakan. Im folgenden Jahr trennten sie sich, und Kishen erkundete die Pamirregion. Nain kehrte um, um sich einer weiteren Expedition nach Lhasa anzuschließen, die dann weiter ins entfernte Peking zog. Damals sah der britische General, der Nain Singh überwachte, dass Nain lange Märsche schwer fielen, und meinte, „er schafft noch eine große Anstrengung, wenn er weiß, dass es seine letzte ist und er danach eine Position oder Pension erhält".

Nains Augen begannen sich zu verschlechtern, da er wohl zu viele Instrumente gegen die Sonne abgelesen hatte. Dennoch verließ Singh 1874 als Händler getarnt Indien und ließ sein Gepäck von Schafen tragen. Er kam nur mühsam voran und erreichte am 18. November Lhasa. Zu dieser Zeit kursierte das Gerücht über einen britischen Spion in der Gegend. Als er erkannte, dass er in akuter Gefahr schwebte, schickte Singh seine Aufzeichnungen mit zwei Dienern zurück nach Indien. Zwei Tage nach seiner Ankunft bereitete er seine Flucht vor, indem er vorgab, auf Pilgerfahrt zu gehen.

In Tibet wurde er dennoch für zwei Monate aufgehalten und kam erst 1875 zurück nach Indien. Es war in der Tat seine letzte Reise gewesen, doch er bildete weiter Rekruten aus. Als Dank erhielt er von der Regierung ein Stück Land und Vergünstigungen und 1877 für „großartige Reisen nach Tibet, die das allgemeine Wissen über Asien beachtlich gesteigert haben, und für die genaue Lokalisierung Lhasas" die Goldmedaille der *Royal Geographical Society*.

Singhs Arbeit geht weiter

Kishen Singhs Karriere setzte sich noch fort. 1878 verließ er Indien und reiste vier Jahre lang durch Lhasa und Westchina. Er wurde in China und Tibet zweimal verhaftet, ausgeraubt und nach Indien zurückgeschickt. Zu dieser Zeit hatte er bereits 4800 km zurückgelegt und erstaunliche Daten über Länder außerhalb der chinesischen Grenzen gesammelt. Trotz dieses

Triumphes fand Kishen Singh kein glückliches Ende. Als er nach Hause kam, erfuhr er, dass sein Sohn gestorben und seine Familie, die die Hoffnung auf seine Rückkehr aufgegeben hatte, weggezogen war.

Ebenso traurig ist die Geschichte von Kintup (1849–1914), einem weiteren britischen Spion. Er sollte 500 Baumstämme in den Yarlung-Zangbo-Fluss werfen, um zu beweisen, dass dieser mit dem Brahmaputra in Indien verbunden war. Seine Probleme fingen an, als ein mit

1580er Jahre	1583	1600	1602	1603	1609	1610	1619
Jermak Timofejewitsch erkundet die Gegend hinter dem Ural	Matteo Ricci reist nach China und lehrt dort	Gründung der englischen East India Company	Gründung der holländischen East India Company	Perser erobern Bagdad	Holländer gründen einen Handelsstützpunkt bei Hirado, Japan	Matteo Ricci wird nach Peking geladen	Holländer gründen Handelsstützpunkt Batavia auf der Insel Java

der Beobachtung der Stämme flussabwärts beauftragter britischer Offizier ihn in die Sklaverei verkaufte. Er konnte erst im März 1882 fliehen, 18 Monate nachdem er Indien verlassen hatte. Er fand in einem Kloster Zuflucht, was aber seine Freiheit erheblich einschränkte. Als er im Sommer die Erlaubnis für eine Pilgerfahrt bekam, sammelte er einen Monat lang Baumstämme. Drei Monate später gab er vor, er wolle nach Lhasa pilgern, während er in Wirklichkeit einen Brief mit Details über die Wiederholung des Experimentes überbringen wollte.

Danach stieß er 10 Stämme pro Tag in den Fluss. Er selbst reiste den Fluss hinunter, bevor er zurück nach Indien fuhr. Als er im August 1844 nach Hause kam, erfuhr er, dass sein Brief verloren gegangen war und niemand die Baumstämme auf dem Brahmaputra beobachtet hatte. All seine Bemühungen waren umsonst und erst Jahre später wurde der Beweis für die Verbindung der beiden Flüsse erbracht.

1624	1624	1628	1638	1639	1639	1661	1690
Holländer gründen Handelsstützpunkt in Formosa (Taiwan)	Spanische Händler müssen Japan verlassen	Russische Kolonisten erreichen den Lenafluss in Sibirien	Japan wird für Ausländer gesperrt	Briten kolonisieren Madras in Indien	Russen erreichen das Meer von Ochotsk an der sibirischen Pazifikküste	Briten gründen eine Kolonie in Bombay	Briten gründen eine Kolonie in Kalkutta

ASIEN AB 1600

NIKOLAI PRZEWALSKI

1839 bis 1888

Rechts: *Als sich die europäischen Mächte um den Einfluss in China und Tibet stritten, kämpfte Nikolai Przewalski auf russischer Seite und versuchte Lhasa zu erreichen.*

Unten: *1881 entdeckte Przewalski eine Herde wilder Pferde in der Mongolei. Das Przewalskipferd ist eine primitive Zuchtform, die in freier Wildbahn nicht mehr existiert und nur noch in Zoos bewundert werden kann.*

Nikolai Michailowitsch Pzewalski war ein russischer Soldat, der sich durch einige der einsamsten Länder der Welt kämpfte. Zu seinen Ehren wurde die letzte überlebende Wildpferdspezies, die er in der mongolischen Wildnis entdeckte, nach ihm benannt.

Sein Ziel war Lhasa, da er der erste Europäer seit Jahrzehnten sein wollte, der den Palast des Dalai Lama zu Gesicht bekam, welcher sich würfelförmig den grauen Bergen anpasste. Natürlich standen die europäischen Mächte darüber im Wettstreit, wer die Heilige Stadt als Erster erreichen würde, und Przewalski, der von der Regierung unterstützt wurde, hoffte, dass er triumphieren würde. Dennoch kam er auch nach vier Versuchen nie näher als 240 km an den Palast heran.

Dass er so lange überlebte, war für viele ein Rätsel. In seinen Tagebüchern ist ständig von Wasserknappheit die Rede: „Unsere Lage war aussichtslos. Nur ein paar Schluck Wasser waren übrig, von dem wir gerade genug in den Mund nahmen, um unsere ausgetrockneten Zungen zu befeuchten; unsere Körper brannten vor Durst, unsere Wahrnehmung war getrübt und wir waren kurz vor dem Zusammenbruch." Zu dieser Zeit wurden er und seine Kameraden durch die Entdeckung einer Quelle gerettet.

Przewalski wusste, dass bereits einige Europäer in Lhasa gewesen waren. Einer war Thomas Manning, der sich als chinesischer Arzt ausgab, um über die tibetische Grenze zu gelangen. Er erreichte Lhasa im Dezember 1811 und war, abgesehen vom Palast, enttäuscht von der Stadt. Sie war „durchsetzt von Staub und Schmutz ... übel und düster", so Manning, der nach einem Jahr von den Tibetern verstoßen wurde. Den französischen Missionaren Evarist Huc und Joseph Gabet gelang die Einreise nach Lhasa gemeinsam mit einer Karawane aus Peking. Nach knapp zwei Monaten flogen sie aber auf. Danach verfassten sie einen sehr unwahrscheinlichen Bericht, den sie *Reisen durch die Tatarei, China und Tibet* nannten. Przewalski war fasziniert von dem Buch, das sich jedoch als äußerst unwissenschaftlich herausstellte.

Bei seiner ersten Expedition 1870 verließen Przewalski und drei seiner Kameraden das sibirische Irkutsk, um von dort nach Lhasa zu ziehen. Sie wurden aber bald wieder zur Umkehr gezwungen, da sie auf die Entbehrungen der Wüste Gobi nicht vorbereitet waren. Die zweite Expedition begannen sie in der chinesischen Provinz Xinxiang, und die Route verlangte ihnen nicht weniger ab. Diesmal mussten sie die Tien-Shan-Berge und die Wüste

Taklamakan bezwingen. Przewalski konnte Lop Nur und die Ausläufer der Astin-Tagh-Berge erreichen, bevor er umkehren musste.

Tod im Himalaja

1879 kehrte er erneut in die Region zurück. Diesmal war er nur 270 km von Lhasa entfernt, als er auf eine Gruppe feindlicher Tibeter stieß, die auf Grund eines Gerüchtes annahmen, er wolle den Dalai Lama entführen. Nicht einmal der starke, kämpferische Przewalski konnte sich dieser Gruppe stellen. Er wich aus und setzte seine vierte und letzte Expedition 1883 über die Tien-Shan-Berge fort. Sein Traum endete tragisch, als er in der majestätischen Umgebung des Issyk-Kul, des größten Bergsees der Welt im heutigen Kirgisistan, verseuchtes Wasser trank und an Typhus starb. Er wurde am Ufer in einer Höhe von 1590 m über dem Meeresspiegel begraben.

Unter den Einheimischen galt Przewalski als entschlossener und tatkräftiger Mann – umso mehr, als er drohte, einige Diener der mongolischen Karawane zu erschießen, die sich weigerten, unter so beschwerlichen Bedingungen weiterzuziehen. Es kursierte sogar das Gerücht, er sei ein Heiliger, auf dem Weg, den Dalai Lama zu sehen. Einmal erschoss er einen aggressiven chinesischen Hund, der seinen eigenen Hund angegriffen hatte, mit den Worten: „Heute erlaubst du ihm das Töten deines Hundes, morgen tötet er vielleicht dich."

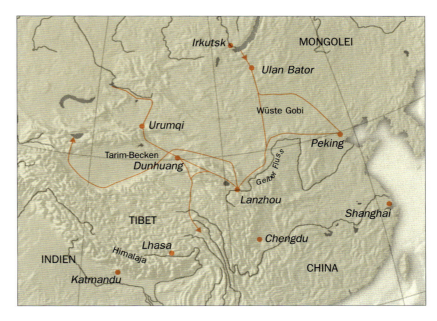

Unten: *Der bei europäischen Entdeckern beliebte Gelbe Fluss ist eine von Chinas Hauptadern ins Herz Tibets.*

ASIEN AB 1600

FRANCIS YOUNGHUSBAND

1863 bis 1942

Obwohl Francis Younghusband ein hervorragender Geograf und tief religiöser Mann war, erinnert man sich an ihn in erster Linie als einen Kommandanten, der für ein Blutbad als Folge einer schlecht durchdachten britischen Kampagne verantwortlich war. In Britisch-Indien an den Ausläufern des Hindukusch geboren, war er einer von drei Söhnen, die alle ihrem Vater in die Armee folgten. Er ging in England zur Schule und studierte an der Königlichen Militärakademie in Sandhurst.

1887 erwarb er sich auf einigen Expeditionen erste Sporen, als er versuchte, von Peking auf dem Landweg nach Indien zurückzureisen. Er legte mehr als 1900 km durch Salzsümpfe und Geröllhalden der Wüste Gobi zurück, was kein Europäer zuvor getan hatte. Er streifte die Taklamakan-Berge entlang der Seidenstraße, bevor er in Indien ankam.

Trotz des unwirtlichen Klimas machte er wertvolle geografische Aufzeichnungen, die später die Landkarten der Region verbesserten. Als er sich Britisch-Indien näherte, lag vor ihm das Karakorum, die beachtliche Bergbarriere zwischen China und dem heutigen Pakistan. Zwischen den Pamirbergen und dem Himalaja gelegen, beheimatet das Gebirgsmassiv den K2, den zweithöchsten Berg der Welt. Er überquerte den Gebirgszug über den 5700 m hohen Mustagh-Pass, bevor er, sieben Monate nachdem er von China aufgebrochen war, nach Rawalpindi gelangte. Niemand zuvor hatte so eine Reise gewagt. Danach fuhr er nach London, um seine Funde zu präsentieren, wurde im Alter von 24 Jahren zum jüngsten Mitglied der *Royal Geographical Society* und erhielt eine Goldmedaille für seine „Reise von Peking nach Kaschmir und besonders für seine Streckenvermessungen und topographischen Aufzeichnungen".

Bewachtes Reich

Geografie war aber nicht Younghusbands Hauptaufgabe. Er war eigentlich auf einer Aufklärungsmission, um die Wahrscheinlichkeit einer russischen Invasion in Britisch-Indien zu beurteilen. Da er sich in militärischen Belangen gut auskannte, führte er 1892 eine zweite Expedition durch und zog in die Pamirregion im heutigen Afghanistan. Dort stieß er auf russische Truppen, die das Gebiet für annektiert erklärten. Die Spannung zwischen England und Russland eskalierte.

Der Dalai Lama weigerte sich, für eines der beiden Länder Partei zu ergreifen. Die Angst vor Russland wuchs, bis 1904 eine Armee nach Lhasa entsandt wurde, um Tibet den Willen der Briten aufzuzwingen. Younghusband war nun bereits ein Veteran der Gebirgszüge nördlich von Indien und führte die 1200 Truppen an. Seine Gruppe umfasste Soldaten aus England und Indien sowie Ghurka und 10.000 Lastenträger. Allein die Strategie der Operation war erstaunlich.

Die Männer hatten einige kleinere Gemetzel hinter sich, als es auf der tibetischen Hochebene zum Showdown kam. Den Briten standen 1500 Tibeter gegenüber, bewaffnet mit Musketen und Schwertern. Jeder trug ein Bild des Dalai Lama, von dem sie glaubten, es würde sie vor Verletzungen schützen. Als die Briten ihre Feuerwaffen einsetzten, starben die Tibeter in Scharen. Das Blutbad endete, als die britischen

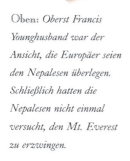

Oben: *Oberst Francis Younghusband war der Ansicht, die Europäer seien den Nepalesen überlegen. Schließlich hatten die Nepalesen nicht einmal versucht, den Mt. Everest zu erzwingen.*

Rechts: *Das indische Schreibset von 1904 zeigt Oberst Younghusband zu Pferd, begleitet von einem Offizier und einem Übersetzer.*

Schützen Mitleid mit ihren Opfern bekamen. Zu diesem Zeitpunkt hatte die Schlacht bereits 700 Tote gefordert. Younghusband war selbst alles andere als glücklich über diese Schlachterei. Heute befindet sich auf dem tibetischen Khari-La-Pass ein Kriegsdenkmal. Schließlich schickten sich die Tibeter ins Unvermeidliche und genehmigten Younghusband die Einreise nach Lhasa. Er handelte mit dem geistlichen Führer ein hartes Abkommen aus, das es Tibet unmöglich machte, sich mit anderen Ländern zu verbünden, und holte für England günstige Handelsbedingungen heraus.

Es folgte ein internationaler Aufschrei, als die wahren Hintergründe dieser so genannten „diplomatischen Mission" aufflogen: militärische Annektierung. Da das Tibetische Hochland mit seinen unzugänglichen Bergpässen aber für die Briten unmöglich zu verteidigen war, zogen sie sich nach nur zwei Jahren wieder zurück und das Gemetzel erwies sich im Nachhinein als völlig sinnlos.

Dennoch war Younghusband von Tibet fasziniert und entwickelte eine Liebe für das Himalajagebiet. 1921 erlaubte ein tibetisches Zugeständnis einzelnen Gruppen den Versuch, den Mt. Everest zu besteigen. Younghusband gründete eine Organisation zur Vorbereitung von Expeditionen zum Gipfel. Er ging von einer „kontinuierlichen Anstrengung über einige Jahre hinweg" aus. 1924 behauptete er, dass Engländer bessere Bergsteiger seien als die einheimischen, nepalesischen Sherpas. Obwohl die Sherpas an die Höhenluft gewöhnt waren, hatten sie den Everest noch nicht bezwungen. „Sie haben nicht einmal die Absicht; ihnen fehlt der Geist", behauptete er. Tatsächlich gelang dem Sherpa Tenzing Norgay gemeinsam mit Sir Edmung Hillary 1953 die erste erfolgreiche Besteigung des Everest.

Oben: *Westseite des Mt. Everest. Die ersten Männer am Gipfel waren ein Nepalese und ein Engländer.*

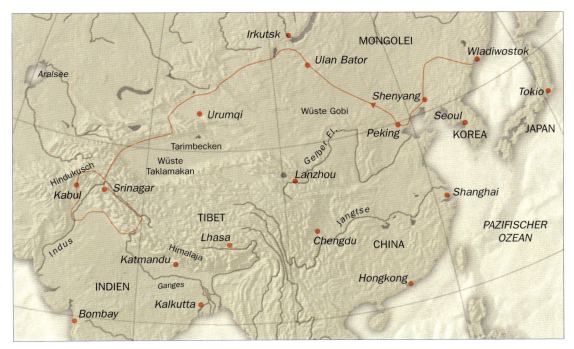

ASIEN AB 1600

SVEN HEDIN

1865 bis 1952

Im Alter von 15 Jahren war Sven Hedin Zeuge der eindrucksvollen Rückkehr des Abenteurers Nils Nordenskiöld nach Schweden. (Seite 142/143). Die Nation brach in Jubel aus, ein Eindruck, der sich im Geist des Jugendlichen festgesetzt hat. Zu diesem Zeitpunkt beschloss Hedin, dass auch er einmal ein gefeierter Volksheld wie Nordenskiöld werden würde.

Sein Weg zum Ruhm war nicht leicht. Hedin erkundete die Wüsten Zentralasiens mit ihrem unberechenbaren Wetter und ihrer ungezähmten Wildnis. Mit Hilfe seiner Zeichenkünste vervollständigte er die damaligen Landkarten und malte Landschaftsbilder, die die Schönheit wie auch Trostlosigkeit und Isolation Zentralasiens festhalten. Seine Zeichnungen waren so genau, dass sie noch im 20. Jahrhundert für die geografische Zuordnung von Satellitenbildern herangezogen wurden. Wenn man bedenkt, dass Hedin seit jungen Jahren auf einem Auge blind war, waren seine Leistungen phänomenal.

In Stockholm als Sohn eines bekannten Stadtarchitekten geboren, besuchte Hedin die Universität, bevor er in Baku, einer Stadt am Kaspischen Meer, Lehrer wurde. Er nahm die Möglichkeit wahr, auf Pferderücken die Gegend zu erforschen, und beherrschte mehrere Sprachen, als er durch den Mittleren Osten reiste. Danach schrieb er das bekannte Reisebuch *Eine Reise durch Persien und Mesopotamien*.

Nach einigen weiteren Jahren an den Universitäten von Schweden und Deutschland, wo er Geografie und Geologie studierte, wurde er 1890 eingeladen, am Hof des persischen Schah in Teheran als Dolmetscher zu arbeiten.

Danach finanzierte ihm die Regierung eine Expedition nach Zentralasien. Nachdem er entlang der Seidenstraße die Städte Taschkent und Sarmarkand besucht hatte, begab er sich auf eine mühsame Winterreise durch das Hochland von Pamir nach Kashi, der west-

1715
Italienischer Jesuit Ippolito Desideri besucht Lhasa

1723
Russen nehmen von Persien aus Baku am Kaspischen Meer ein.

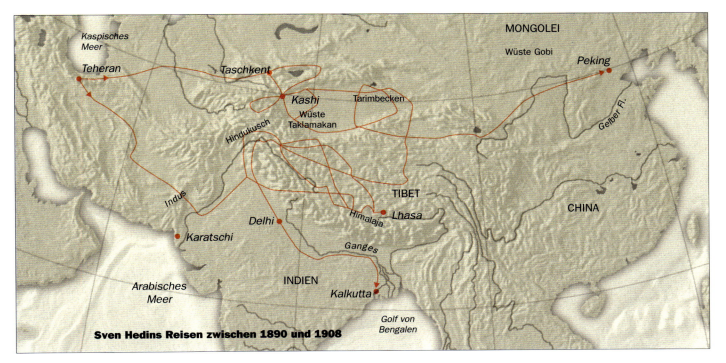

Sven Hedins Reisen zwischen 1890 und 1908

lichsten Stadt Chinas. Zu dieser Zeit war diese Route schon oft bereist worden, doch Hedin konnte wertvolle Erfahrungen sammeln; und als sich zwei Jahre später die Möglichkeit der Erforschung ähnlicher Gebiete ergab, sagte er freudig zu.

1894 verließ er gemeinsam mit drei einheimischen Trägern das russische Turkestan. Die Reise durch das Pamirgebirge war beschwerlich, doch Hedin meisterte sie fehlerlos, was ihm den Respekt seiner Begleiter einbrachte. Sein nächstes Ziel war die Durchquerung der Wüste Taklamakan, ein Unterfangen, das ihn fast das Leben kostete. Die Gruppe ignorierte die Einheimischen, die sagten, die Wüste sei von bösen Geistern heimgesucht. Als seine Männer aber erst ihr Vieh und dann einander verloren, überdachten sie die Warnungen noch einmal.

Hedin, der nur noch einen Träger und erschreckend wenig Nahrung hatte, hoffte, sie würden sich dem Fluss Khotans nähern. Die Sandstürme beeinträchtigten ihren Orientierungssinn gewaltig, und selbst der Versuch, das Blut eines geschlachteten Schafes zu trinken, scheiterte, da das Blut in der Hitze sofort gerann. Hedins Begleiter brach schließlich im Delirium zusammen und Hedin selbst machte noch ein paar Schritte, bevor er zum Flussbett gelangte – es war trocken. Glücklicherweise fand er noch eine Lache, die die Dürre überstanden hatte, und konnte sich und seinen Träger retten. Ein Träger einer anderen Gruppe konnte sich selbst retten, als er einem Kamel folgte, das auf Wassersuche war. Die Expedition forderte zwei Menschenleben und eine unbekannte Anzahl an Tieren.

1895, als er seine Kräfte wiedererlangt hatte, machte sich Hedin auf den Weg zum Tarim-He-Becken und dokumentierte Reste der antiken Stadt Lop Nur und ihrer Gewässer, die die Chinesen „Wandernde Seen" nannten. Er nahm zu Recht an, dass sich verschiebender Sand die Seen bewegte. Nach mehr als 2000 km reiste er weiter nach Peking.

1899 reiste er nach Tibet und hoffte, Lhasa zu erreichen. Er scheiterte wie so viele andere auch. Die Reise war aber nicht vergebens, da er die antike Stadt Lou-lan entdeckte. 1906 erforschte er im Himalaja den Ursprung der indischen Flüsse Indus und Brahmaputra.

Obwohl er nach seinem Triumph nach Schweden zurückkehrte und dort zum Ritter geschlagen wurde, zog es ihn 1935 nach Asien zurück, um die Seidenstraße zu vermessen. Hedin war ein bewundernswerter Entdecker, der viel erreicht hat und zahlreiche beliebte Bücher schrieb. Im Alter, während des Zweiten Weltkriegs, sympathisierte er allerdings mit den Nazis, was seinen sonst makellosen Ruf schädigte.

Gegenüber: Sven Hedin auf Expedition in Tibet. Hedin hatte keine Bedenken, die Kleidung und Bräuche der Völker anzunehmen, durch deren Länder er reiste.

1728	1741	1770	1784	1794	1802	1825	1828
Vitus Bering entdeckt die Beringstraße zwischen Sibirien und Alaska	Bering segelt von der sibirischen Halbinsel Kamtschatka aus nach Alaska	Briten gründen ein Handelszentrum in Basra, Irak	US-Handelsschiffe beginnen Handel mit China	Briten erobern die Seychellen von den Franzosen	Briten vermessen Indien	William Moorcroft geht nach ausgiebigen Reisen in Buchara verloren	Russische Truppen nehmen Teheran ein

ASIEN AB 1600
ALEXANDRA DAVID-NÉEL

1868 bis 1969

Der Grund für Alexandra David-Néels gefährliche Reise war die Suche nach religiöser Erfüllung. Die Französin war die erste Europäerin, die nach Lhasa gelangte, nach einer erstaunlichen Reise, auf der sie Hunger, Angriffen, Krankheiten und Unterkühlung ausgesetzt war. Von einigen wird sie wegen ihrer Leistung gelobt, von anderen kritisiert, da ihre Aufzeichnungen unzulängliches geografisches Material enthielten.

David-Néel wurde in Paris geboren, wuchs aber in Brüssel auf. Sie war ein wildes Kind, also schickte ihr calvinistischer Vater sie in ein Kloster, wo er hoffte, man würde ihr Temperament zügeln. Als Jugendliche war sie fasziniert von Mystik und studierte Theosophie und Spiritistik in London. Eine Erbschaft finanzierte 1891 ihre erste Reise, die sie bis nach Indien, Sri Lanka und zum Himalaja führte. Sie kehrte nach Paris zurück und fand unter dem Pseudonym „Mademoiselle Myrial", dem Namen einer Romanfigur des Autors Victor Hugo, Arbeit als Sängerin.

Rechts: *In einer Welt, die sich abenteuerlustigen Männern öffnete, waren Frauen großteils ausgeschlossen. Dennoch war Alexandra David-Néel von fernen Ländern angezogen und reiste in Gebiete, die noch kein europäischer Entdecker zuvor betreten hatte.*

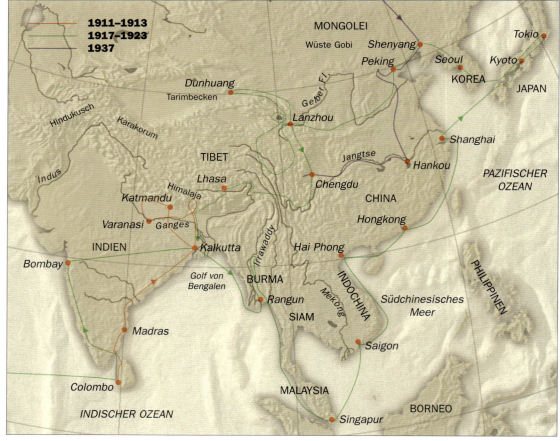

Oben: *Die Kraft der Länder, die sie bereiste, machte einen bleibenden Eindruck auf David-Néel und vertiefte ihren ausgeprägten Sinn für Mystik.*

1900 traf sie den französischen Bahnarbeiter Philippe Néel, und als sie vier Jahre später heirateten, schlossen sie eine der unorthodoxesten Ehen der Geschichte. Da sie sich vom Eheleben nicht einschränken lassen wollte, bereiste sie auf Kosten ihres Mannes die Welt und kehrte nie wieder zu ihm zurück. Trotz dieser Trennung blieben sie in Kontakt und schrieben sich regelmäßig liebevolle Briefe. Als Philippe 1941 starb, sagte David-Néel, sie habe ihren besten Freund verloren.

14 Jahre unterwegs

Nachdem sie sich 1911 von ihrem Mann getrennt hatte, zog David-Néel nach Sikkim, wo sie den Dalai Lama traf und in einer Höhle in Einsamkeit lebte. Auch traf sie den 15 Jahre alten Aphur Yongden, den sie adoptierte und der Lama wurde. 1916 wurde sie vom hochrangigen Panchen Lama nach Tibet eingeladen. Die Briten waren beunruhigt über eine Französin, die in diesem wichtigen Pufferstaat umherwanderte, und vertrieben sie aus ihrer Höhle in Sikkim.

In Begleitung von Yongden besuchte sie Japan und China, bevor sie heimlich nach Tibet zurückkehrte, wo sie in einem grenznahen buddhistischen Kloster Zuflucht fand. Dort übersetzte sie Manuskripte über tibetische Mystik ins Französische und Englische. Da viele der Originalmanuskripte später zerstört wurden, waren ihre Übersetzungen für die Nachwelt von unschätzbarem Wert.

1921 machte sie sich erneut auf den Weg nach Lhasa. Die Reise dauerte drei Jahre und verlief meist außerhalb Tibets, was die Tücken der Gegend verdeutlicht. Die Gefahren bestanden in wilden Tieren, Räubern und misstrauischen Regierungsbeamten. Die Einwohner einer Region, die sie mit ihrem Sohn durchquerte, waren angeblich Kannibalen. Um sich vor der bitteren Kälte zu schützen, praktizierte sie Tumo-Atmung, eine Technik, die Yogis hilft, sich warm zu halten. Auch beherrschte sie die Kunst des Lung-gom-pass, eine Art Trance, die es ermöglicht, sich schnell und anstrengungsfrei zu bewegen. Berühmt war auch ihre Ernährung: Suppen aus heißem Wasser und Kuchen aus Schuhleder. Sie verkleidete sich als Bauer, indem sie Haut und Haare mit Tinte färbte und sich in Lumpen kleidete. Damals sprach sie fließend Tibetisch, weckte also keinen Argwohn.

Im Februar 1924 erreichten sie endlich Lhasa, wo sie sich zwei Monate aufhielten und sogar den Palast des Dalai Lama besuchten, der zu dieser Zeit wegen einer Zeremonie geöffnet war. David-Néel war gleichzeitig fasziniert und frustriert – wegen ihrer Verkleidung als Bauer konnte sie viele Orte nicht besuchen.

Im Mai 1925 kam sie nach Frankreich zurück. Sie war bereits eine angesehene Schriftstellerin und die Berichte über ihre Eskapaden in Tibet lasen sich hervorragend. Die Regierung finanzierte eine weitere Reise nach China, wo sie den Buddhismus studierte. Sie kehrte im Zweiten Weltkrieg wieder nach Hause zurück und lebte in Südfrankreich. 1955 starb Yogden nach jahrelangem Alkoholmissbrauch.

David-Néels Reisen waren persönlicher und spiritueller Natur, doch ihre Bücher verschaffen dem westlichen Leser einen Einblick in eine bis heute mysteriöse Welt.

ASIEN AB 1600

FREYA STARK
1893 bis 1993

Die wunderbar talentierte Schriftstellerin Dame Freya Stark brachte Lesern aus aller Welt den Geist Arabiens näher. Im Gegensatz zu anderen Reisejournalisten der späteren Generation, die ihre Beobachtungen vom Fenster des Reisebusses oder von Luxushotels aus machen, lebte Stark tatsächlich einige Jahre mit den Arabern und bereiste selbst die entferntesten Winkel der Halbinsel.

Es überrascht nicht, dass diese ungewöhnliche Frau auch einen ungewöhnlichen Start ins Leben hatte. Sie wurde in Paris geboren und begleitete von klein auf ihre Kunst studierenden Eltern auf Reisen nach England und Italien. Als Mädchen arbeitete sie in der Teppichfabrik eines Freundes und wurde bei einem Unfall schwer verletzt. Als talentierte Linguistin ging sie nach London und studierte Literatur. Beim Ausbruch des Ersten Weltkrieges arbeitete sie zunächst als Verlegerin, später als Krankenschwester, die sich um italienische Verwundete kümmerte.

Als Kind war sie fasziniert von den Geschichten aus Tausendundeiner Nacht, und nach dem Ende des Ersten Weltkriegs beschloss sie, sich selbst einen Eindruck von den mysteriösen Bräuchen Arabiens zu verschaffen. Sie belegte an der Schule für Orientalische und Arabische Studien in London einen Arabischkurs. Als sie die Sprache beherrschte, arbeitete sie auf Einladung des Irakischen Premierministers als Journalist für die *Baghdad Times*. Bereits zu Beginn ihres Aufenthaltes lehnte sie die für Europäer errichteten Unterkünfte ab und zog es vor, unter den Einheimischen zu leben – zur damaligen Zeit ein sehr ungewöhnlicher Zug.

Arabische Gesellschaft

Bald sehnte sie sich danach, mehr als nur Bagdad zu erkunden. Auf Strecken, die Jahrhunderte zuvor von Kreuzrittern befahren wurden, drang sie tief in den Nahen Osten ein, in Gebiete des heutigen Syrien, Iran, Kuwait und Jemen. Als erste europäische Frau auf arabischem Boden feierte sie viele Triumphe. Ihr Heim war entweder ein Beduinenzelt oder eine Hütte am Straßenrand. Auch lernte sie die lokalen Sitten und Bräuche und sprach fließend Arabisch.

Sie begann sich für die Verbrecher zu interessieren, die den Kreuzrittern Haschisch verkauft hatten, und erforschte deren Geschichte. Im Namen der *Royal Geographical Society* dokumentierte sie 1931 die Region, in der sie vorherrschend waren, und entdeckte dabei ein unbekanntes Schloss. 1937 begleitete sie Dr. Gertrude Caton-Thompson und Elinor Gardner zur ersten archäologischen Ausgrabung in den Jemen, wo man auf den Mondtempel von Hureida aus dem 5. Jahrhundert v. Chr. stieß. Manchmal arbeitete sie auch mit Doreen und Harold Ingrams zusammen, die sich für gesellschaftliche Rechte im Jemen einsetzten.

1942 erhielt sie von der *Royal Geographical Society* eine Auszeichnung für „ihre Reisen in den Osten und deren Dokumentation". Obwohl sie den Großteil ihres Lebens allein verbrachte, heiratete sie 1947 den Historiker Steward

Gegenüber: *Freya Stark 1957 bei der Arbeit an einem Buch in ihrem damaligen Heim in Asola in Italien.*

Rechts: *Da sie der Kontakt mit arabischen Randregionen nicht zufrieden stellte, drang Freya Stark tief in die Wüste ein, wo sie die Einsamkeit der Beduinen teilte.*

Perowne, doch die Ehe hielt nur vier Jahre. Ein Jahr später unternahm sie eine Reise, die sie als weit schwieriger empfand als alles, was sie zuvor unternommen hatte. Sie überquerte mit dem Schiff den Atlantik und wurde nicht nur seekrank, sondern bekam auch eine Blinddarmentzündung. Dieses Leid lehrte sie, alles, was ihr danach zustieß, mit stoischer Gelassenheit hinzunehmen.

Nach einigen weiteren Expeditionen in den Nahen Osten wandte sie ihre Aufmerksamkeit der Türkei zu. Als sie des Reisens müde wurde, zog sie sich nach Zypern zurück; doch nicht einmal im fortgeschrittenen Alter waren ihre Abenteuer vorüber: Sie überquerte den Himalaja, den sie als „die letzten irdischen Stufen vor der Unendlichkeit" bezeichnete.

Insgesamt schrieb sie über 30 Bücher, eine vierbändige Autobiographie sowie jede Menge Briefe und Artikel. Obwohl sie lange Zeit in Armut lebte und unter widrigen Umständen reiste, wurde sie 100 Jahre alt.

ASIEN AB 1600

WILFRED THESIGER

ab 1910

Die leerste Wüste der Welt liegt in Arabien, wo sich auf einer Fläche von mehr als 400.000 km² Sanddüne an Sanddüne schmiegt. Regen ist ein seltener Gast und oft steigen die Temperaturen bis über 40 °C. Die Araber nennen diese Gegend *Rub'al Khali* oder „Leere Zone".

Wilfred Thesiger durchquerte sie als Einziger nicht nur einmal, sondern sogar zweimal. Hunger, extremer Durst und die ständige Gefahr eines Hinterhaltes machten diesem Mann nichts aus. Er war Kartograph, Mediziner, Jäger und Schriftsteller. Seine Liebe für die arabische Wüste und ihre Bewohner waren sein Hauptmotiv, die Region zu erforschen. „Südarabien erreichte ich gerade noch rechtzeitig. Andere werden kommen, Land und Leute zu studieren, doch sie werden es mit Autos tun und mit der Außenwelt schnurlos in Kontakt bleiben. Ihre Funde werden die meinigen übertreffen, doch sie werden nichts wissen vom Geist des Landes und dem Gemüt der Leute."

Thesiger wuchs in einer behüteten Gemeinschaft auf. Er wurde in Addis Abeba in Äthiopien geboren, wo sein Vater britischer Botschafter war. Sein Vater verstand sich mit dem zukünftigen Herrscher Haile Selassie so gut, dass er gelegentlich sogar auf dessen kleinen Sohn Asfa Wossen aufpasste. Auch später blieben die beiden Familien in Verbindung.

Thesiger kehrte im Alter von 24 Jahren nach Afrika zurück, nachdem er an der Eton-Universität in England studiert hatte. Mit seinem Entdeckergeist setzte er sich nun zum Ziel, den Verlauf des Flusses Awasch zu erkunden. Unterwegs war er den gefürchteten Danakil ausgesetzt, die die Hoden ihrer Opfer an ihren Gürteln trugen und den Europäern feindlich gesinnt waren. Natürlich stieß er auch auf die Krieger. „Der Gedanke, dass in dieser Gegend drei frühere Expeditionen ausgelöscht wurden, und dass wir auf niemandes Hilfe zählen konnten, da unsere Koordinaten unbekannt waren, stimmte mich durchaus zufrieden", schrieb er später.

Die leere Zone

Er und seine Männer waren glücklich, mit dem Leben davonzukommen. Später, als sudanesischer Regierungsbeamter, widmete er sich der Erkundung der Tibestiberge und der Großwildjagd. Im Zweiten Weltkrieg kämpfte Thesiger in Afrika und dem Nahen Osten als Pilot.

Oben: *Wilfred Thesiger 1948 in Arabergewändern in der Arabischen Wüste.*

1863	1854	1860	1862	1866–1868	1867	1870s	1872
Schliemann beginnt seine archäologische Suche nach Troja	US-Kanonenboote zwingen Japan zum Handel	Russland gründet die Hafenstadt Wladiwostok	Frankreich annektiert Südvietnam	Marie-Joseph Garnier leitet Mekongexpedition in Kambodscha	Ferdinand von Richthofen reist den Jangtse-Fluss entlang	Nikolai Przewalski erkundet Zentralasien	Ney Elias kehrt auf dem Landweg von China nach Europa zurück

Danach bekam er eine Stelle bei der Anti-Heuschreckeneinheit und nutzte die Gelegenheit zur Erkundung der leeren Zone, wo er Austrocknung, Ruhr, Sandstürmen und feindlichen Attacken ausgesetzt war. Dennoch nahm Thesiger in den späten 40er Jahren diese Herausforderung an. Zu dieser Zeit hatte er den Lebensstil der Beduinen angenommen. Er war von deren Kameradschaftsgeist beeindruckt und teilte ihren Drang zu wandern. Seine Aufgabe war allerdings das Erstellen einer Karte, da er wusste, dass vom Inneren dieser mächtigen Staubschüssel noch nichts bekannt war. Er meinte, dass „die Wüste jeden verändert".

Ab 1951 lebte Thesiger bei den Sumpfbewohnern des südlichen Irak, deren Siedlungen er nur mit primitiven Kanus erreichte. Obwohl er nicht einschlägig ausgebildet war, leistete er medizinische Notdienste, die zweifellos einige Menschenleben retteten. Zu dieser Zeit traf er Frank Steele, den Vizekonsul in Basra. Gemeinsam reisten sie in einer Kamelkarawane zum Lake Rudolf nach Afrika und schliefen unter freiem Himmel. Es war atemberaubend: „Wenige Dinge beeindruckten mich mehr. Ich sah den See vor mir liegen, von der Äthiopischen Grenze bis zu seinem Ende 240 km entfernt. Wir waren zu Fuß von weit her gekommen und wussten, dass wir viel erreicht hatten."

Thesiger lebte bis zu seinem Ruhestand im Alter von 88 Jahren in Afrika. Sein bekanntestes Buch ist *Afrikanischer Sand*, ein Muss für jeden Wüstenbesucher. Wie auch Freya Stark hatte Thesiger höchsten Respekt vor den Afrikanern und Arabern, vor allem vor den Bedu (oder Beduinen, wie sie meist fälschlich genannt werden). Den Einfluss westlicher Technologie auf die Wüstenkultur hat er immer bedauert. „Ich weiß, dass die von mir erstellten Karten vielen Materialisten einen Besuch ermöglicht haben, um ein Volk zu betrügen, deren Geist einstmals die Wüste wie eine Flamme erleuchtet hat."

Oben: *„Kein Mann verlässt die Wüste unverändert", schrieb Thesiger, nachdem er mehrere Jahre unter den Beduinen der Arabischen Wüste gelebt hatte.*

1875	1885	1889	1891	1900	1906–1908	1906–1942	1908
Nain Singh kehrt nach seiner Tibetexpedition nach Indien zurück	Anglo-russischer Disput über Afghanistan führt zur Erkundung der Region	Deutschland arbeitet an der Bahnverbindung Berlin-Bagdad	Alexandra David-Néel besucht den Himalaja	Wilhelm Filchner bereist den Pamir	Sven Hedin bereist Tibet	Sir Marc Stein macht archäologische Grabungen in Zentralasien	In Persien (Iran) wird Öl entdeckt

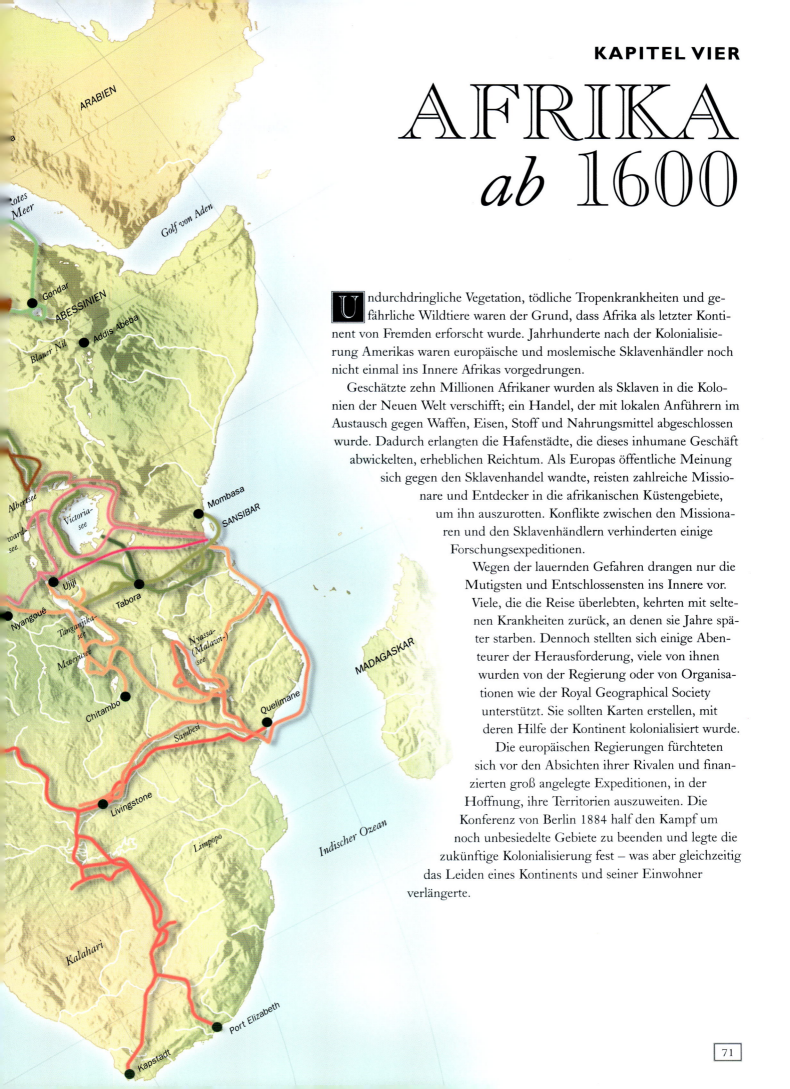

KAPITEL VIER
AFRIKA ab 1600

Undurchdringliche Vegetation, tödliche Tropenkrankheiten und gefährliche Wildtiere waren der Grund, dass Afrika als letzter Kontinent von Fremden erforscht wurde. Jahrhunderte nach der Kolonialisierung Amerikas waren europäische und moslemische Sklavenhändler noch nicht einmal ins Innere Afrikas vorgedrungen.

Geschätzte zehn Millionen Afrikaner wurden als Sklaven in die Kolonien der Neuen Welt verschifft; ein Handel, der mit lokalen Anführern im Austausch gegen Waffen, Eisen, Stoff und Nahrungsmittel abgeschlossen wurde. Dadurch erlangten die Hafenstädte, die dieses inhumane Geschäft abwickelten, erheblichen Reichtum. Als Europas öffentliche Meinung sich gegen den Sklavenhandel wandte, reisten zahlreiche Missionare und Entdecker in die afrikanischen Küstengebiete, um ihn auszurotten. Konflikte zwischen den Missionaren und den Sklavenhändlern verhinderten einige Forschungsexpeditionen.

Wegen der lauernden Gefahren drangen nur die Mutigsten und Entschlossensten ins Innere vor. Viele, die die Reise überlebten, kehrten mit seltenen Krankheiten zurück, an denen sie Jahre später starben. Dennoch stellten sich einige Abenteurer der Herausforderung, viele von ihnen wurden von der Regierung oder von Organisationen wie der Royal Geographical Society unterstützt. Sie sollten Karten erstellen, mit deren Hilfe der Kontinent kolonialisiert wurde.

Die europäischen Regierungen fürchteten sich vor den Absichten ihrer Rivalen und finanzierten groß angelegte Expeditionen, in der Hoffnung, ihre Territorien auszuweiten. Die Konferenz von Berlin 1884 half den Kampf um noch unbesiedelte Gebiete zu beenden und legte die zukünftige Kolonialisierung fest – was aber gleichzeitig das Leiden eines Kontinents und seiner Einwohner verlängerte.

AFRIKA AB 1600

JAMES BRUCE

1730 bis 1794

1770 behauptete James Bruce, die Quellen des Nil entdeckt zu haben. Er war aber nicht der Erste, der diese Behauptung aufstellte – Jesuiten unter der Führung von Pater Pedro Paez taten dies bereits 1615. Bruce bezeichnete die Jesuiten aber als Lügner. Die Quellen des Nil zu finden war ein jahrhundertealter europäischer Traum, und oft gab es Streit darüber, wer sie nun tatsächlich entdeckte. Doch war es Bruce, der als Lügner entlarvt wurde, als er nach seiner Rückkehr nach England seine Reiseberichte veröffentlichte. Das meiste seiner Erzählungen war wohl korrekt, doch sein bombastisch ausgeschmückter Stil erweckte Misstrauen. Ironischerweise war es aber seine Fantasie, die ihn im Herzen Afrikas am Leben gehalten hatte.

Bruce wurde in Schottland geboren und wuchs in England auf. Nachdem er geheiratet hatte, beteiligte er sich am Weingeschäft der Familie seiner Frau, doch nach deren Tod tröstete er sich mit Reisen nach Spanien und Portugal, wo er unter anderem Arabisch lernte. 1758 erbte er nach dem Tod seines Vaters eine Summe, die ihm erlaubte, auf Entdeckungsfahrt zu gehen. Er arbeitete als britischer Konsul in Algier, bevor er bei archäologischen Ausgrabungen in Griechenland und Syrien half.

Oben: Der schroffe Charakter von James Bruce machte ihn zwar bei seinen Leuten nicht beliebt, half ihm aber in der abessinischen Wüste zu überleben.

Danach erkundete er den Nil. Seine Reise führte ihn von Kairo aus über das Rote Meer nach Äthiopien. Räuber, die Bruce auflauerten, wurden durch sein feuerrotes Haar und sein Geschrei abgeschreckt. Bruce hielt sich mehrere Monate in Gondar, der Hauptstadt des heutigen Äthiopien, auf und führte ein allen Berichten zufolge üppiges und exzessives Leben. Als er erfuhr, dass es Sitte des Häuptlings war, einem Gast die Dienste einer Schwester oder Tochter anzubieten, nutzte er diesen Brauch aus. Er beeindruckte den Herrscher positiv, als er die drohende Gefahr einer Pockenepidemie für die Hauptstadt abwendete, indem er sein spärliches Wissen über Medizin zur Gänze zum Einsatz brachte. Sein Impfprogramm rettete dem Sohn des Häuptlings das Leben. Die Folge davon war eine anhaltende sexuelle Beziehung zur Frau des Herrschers, Ozoro Esther.

Gefährliches Land

Als Bruce mehr und mehr in interne Streitigkeiten verwickelt wurde, beobachtete er, wie Krieger die Hoden ihrer besiegten Feinde wie Rosenblätter vor dem Häuptling auflegten. Während ihm die sexuelle Freizügigkeit in Gondar durchaus gefiel, schreckte ihn die Grausamkeit andererseits eher ab. Blutvergießen, meist auf Anordnung des Führers, stand bei geringsten Anlässen auf der Tagesordnung.

Bruce freute sich, mit seinem ursprünglichen Plan, der Erforschung des Nil, fortzufahren. Am 4. November 1770 berichtete er: „Unter uns sahen wir den Nil, der auf eigenartige Weise geschrumpft schien und dessen Wasser kaum ausreichte, um eine Mühle zu betreiben. Ich konnte meinen Blick kaum abwenden von diesem Fluss, um den sich so viele Mythen und Geheimnisse rankten."

Als Zeichen der Selbstgefälligkeit, die er fühlte, fuhr er fort: „Obgleich ich nur ein einfacher Brite war, triumphierte ich im Geiste über Könige und ganze Armeen."

1415	1416	1421	1433	1433	1433	1445	1445
Portugiesen nehmen Ceuta an der Mittelmeerküste Marokkos ein	Portugiesen erreichen Kap Bojador an der nordafrikanischen Atlantikküste	Chinesische Schiffe schaffen Kontakt zur arabischen Welt	Chinesen reisen zum letzten Mal nach Ostafrika	Chinesischer Kaiser verbietet weitere Seefahrten über den Ozean	Timbuktu wird von Wüstennomaden eingenommen	Portugiesen erreichen Kap Verde an der afrikanischen Westküste	Afrikanische Sklaven werden zum ersten Mal nach Portugal verkauft

Links: *Als Bruce auf den Blauen Nil stieß, schien er ihm auf eigenartige Weise geschrumpft. Der Wasserstand war kaum hoch genug, um eine Mühle anzutreiben.*

Er kehrte für ein Jahr nach Gondar zurück, bevor er nach Hause fuhr. Seine Abenteuer waren zahlreich, doch das Spektakel eines königlichen Hochzeitsmahles stellte alle anderen Erfahrungen in den Schatten. Es war Brauch, lebendigen Tieren Fleisch abzuschneiden und roh zu servieren, so dass die Muskeln noch zuckten, als sie gegessen wurden. Frauen überließen ihren Männern die saftigsten Stücke. Die arme Kuh starb langsam vor den Augen der Feiernden, deren Gedanken vom Essen zum Sex übergingen, und die Orgie setzte sich fort.

Bruce ließ Sex und Grausamkeit zurück und begab sich auf eine 20-tägige Reise durch die Wüste nach Kairo. Obwohl man ihn in Frankreich als Helden feierte, nannte man ihn in England einen Lügner. Er setzte sich in Schottland zur Ruhe, heiratete ein zweites Mal, wurde aber bald darauf erneut zum Witwer. Bruce selbst kam bei einem Sturz von einer Treppe ums Leben, konnte jedoch zuvor *Reisen zum Ursprung des Nil in fünf Bänden* veröffentlichen. Trotz des anfänglichen Spottes wurde sein Werk später als großartiges Reiseepos gefeiert.

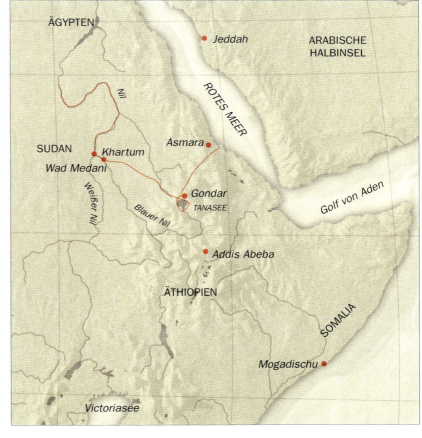

1469	1498	1561	1595	1613	1626	1652	1688
Portugiesische Entdecker überqueren den Äquator	Vasco da Gama umsegelt Afrika auf dem Weg nach Indien	Portugiesen reisen den Sambesi entlang	Holländer errichten Handelsstützpunkt in Neuguinea	Der Jesuit Pedro Paez erreicht die Quelle des Blauen Nil	Französische Siedler kolonisieren Madagaskar	Holländer gründen Kapstadt in Südafrika	Französische Hugenotten erreichen Südafrika

AFRIKA AB 1600

MUNGO PARK
1771 bis 1806

Rechts: *Der junge Mungo Park träumte von der Erkundung Afrikas.*

Unten: *Vom Rand der Sahara zum Atlantischen Ozean fließt der Niger durch Wüstenlandschaften, Savanne und Regenwald. Die Entdecker des 18. Jahrhunderts waren für die Gefahren, die er birgt, nicht ausgestattet.*

Mungo Park war fasziniert vom afrikanischen Fluss Niger und er starb letztlich an der Erforschung seines Deltas. Der Fluss wie auch der Kontinent übten auf ihn eine magische Anziehungskraft aus. Park meinte einmal: „Ich würde es vorziehen, gegen die Wildnis Afrikas zu kämpfen, als ein sicheres, aber langweiliges Leben auf schottischen Hügeln zu fristen."

Sein Vater war Bauer, doch Park hatte andere Ambitionen. Er studierte an der Universität von Edinburgh Medizin und arbeitete dann als Schiffsarzt für die East India Company. Später erfuhr er über den wissenschaftlichen Bericht einer Sumatrareise von der *African Association* – einem Verband, der die Erkundung und Entdeckung Afrikas förderte. Park wurde beauftragt, den mysteriösen Niger zu erforschen. Niemand wusste, wo er entsprang oder wo er ins Meer mündete.

Park landete im Juli 1795 an der Westküste Afrikas und fuhr den zuvor dokumentierten Fluss Gambia hinauf. Danach reiste er zu Pferd weiter in unbekanntes Gebiet, um den Niger zu suchen. In der Nähe eines freundlichen Stammes wurde er krank und verbrachte einige Monate bei den Eingeborenen, bis er sich erholt hatte.

Dennoch waren die meisten Stämme, auf die er traf, feindlich und bekriegten sich gegenseitig. Weiße Gesichter waren nicht willkommen. Park wurde von einer Gruppe radikaler Moslems gefangen genommen, die drohten, ihm die Augen auszustechen oder die Hände abzuhacken. Obwohl er entkommen konnte, wurde er noch Jahre später von Albträumen geplagt.

Am 20 Juli 1796 erreichte er den Niger. „Ich erblickte mit unendlicher Freude das Objekt meiner Mission – den lange erträumten, mysteriösen Niger. Er war so breit wie die Themse und floss langsam ostwärts."

Er triumphierte, hatte aber keinen Proviant mehr bei sich; also musste er seine Reise nach weiteren sechs Tagen abbrechen. Als er langsam nach Gambia zurückreiste – wo man ihn bereits für tot hielt –, war er in größter Gefahr, zu verhungern oder in einen feindlichen Hinterhalt zu geraten.

Memoiren für die Masse

Zu Hause feierte man ihn als Helden. Sein Buch *Reisen ins Innere Afrikas* war ein großer Erfolg, da er faszinierende Berichte über das Leben bei den Einheimischen während seiner 30-monatigen Odyssee verfasst hatte. Park war hingerissen von den einheimischen Frauen. Einmal durfte er sogar zu maurischen Frauen in ihre Zelte. „Alle Frauen waren erstaunlich korpulent, was hier als Schönheitsideal gilt. Sie waren sehr neugierig und untersuchten genau mein Haar und meine Haut. Sie sahen mich wohl als ihnen unterlegen an, denn sie verzogen beim Anblick meiner weißen Haut die Brauen und schienen zu erschaudern."

Eines Tages erschien eine Gruppe Frauen vor seinem Zelt mit der Absicht, festzustellen, ob alle Christen routinemäßig beschnitten seien. Park jedoch entkam der Peinlichkeit, indem er daraus einen Witz machte. Wann immer er bei freundlichen Stämmen wohnte, wurde er von den Frauen bekocht. Einige komponierten sogar ein Lied für ihn, das in der Regel so begann:

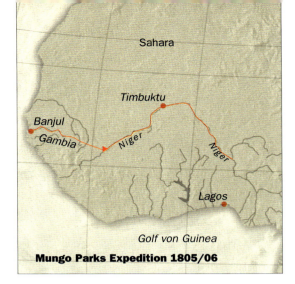

Mungo Parks Expedition 1805/06

„Wie arm ist doch der weiße Mann, der keine Mutter hat!"

Park heiratete und erwarb ein Grundstück in Schottland, doch wie die meisten Entdecker fand er es schwierig, sich niederzulassen. 1805 bereitete er eine weitere Expedition zum Niger vor, mit mehr Geld, mehr Vorräten und größerem Gefolge. Diesmal wütete eine Seuche und seine Gruppe wurde auf ein Viertel dezimiert, bevor sie den Niger erreichte.

Am 17. November 1805 schrieb er einem englischen Gönner: „Ich habe die Absicht, in der Mitte des Flusses zu bleiben und den Wind bestmöglich zu nutzen, bis ich die Quelle des Flusses erreiche." Am selben Tag schrieb er auch seiner Frau und versprach, bald zurückzukommen. Er wurde jedoch nie wieder gesehen.

Freunde und Verwandte glaubten an eine Gefangenschaft in Afrika. Sein eigener Sohn verschwand 20 Jahre später auf tragische Weise in demselben Gebiet, als er ihn suchte. In Wahrheit, so der einzig Überlebende, der erst später ausfindig gemacht wurde, sei Park von einem Stamm angegriffen worden und ertrank auf der Flucht. Man trauerte um einen der ersten Entdecker, und seine Aufzeichnungen wurden postum veröffentlicht.

Unten: *Proviant und Trinkwasser waren oft knapp. Auf dieser Illustration aus einer Publikation von Isaac Taylor aus dem Jahr 1824 teilt Mungo Park kostbares Wasser mit seinem Vieh.*

AFRIKA AB 1600

JOHANN BURCKHARDT

1784 bis 1820

Im frühen 19. Jahrhundert wurden viele europäische Entdecker nach Afrika gesandt, um den Niger zu erkunden, der für die Ausbeutung Afrikas bedeutend war. Johann Burckhardt war einer von ihnen, doch wegen seiner Liebe zum Nahen Osten erreichte er nie sein eigentliches Ziel.

Obwohl Burckhardt gebürtiger Schweizer war, studierte er in Deutschland und England. Während seines Englandaufenthaltes trat er der *African Association* bei in der Absicht, an einer Expedition teilzunehmen. Der Gründer des Verbandes, Sir Joseph Banks (1743–1820), ein Veteran, der einmal James Cooks Begleiter gewesen war, beauftragte Burckhardt mit der Erforschung des Niger. Da die Region in arabischer Hand war, schlug Banks vor, der junge Schweizer solle Arabisch lernen. Mit einer für Entdecker typischen Entschlossenheit gab sich Burckhardt große Mühe, die Sprache fließend zu beherrschen. Er tauchte für vier Jahre in das Studium der arabischen Sprache und Kultur ein, bevor er die Expedition wagte. Burckhardt besuchte Syrien und brach 1812 nach Kairo auf, wo er zum Islam konvertierte.

Er fühlte jedoch, dass sein Verständnis der arabischen Welt Lücken aufwies, und verzögerte seine Weiterreise nochmals, um sein kulturelles und linguistisches Verständnis zu verbessern. In dieser Zeit beschäftigte er sich hauptsächlich mit der heiligen Stadt des Islam.

Burckhardt schloss sich in Kairo einer Karawane an um die Sahara zu durchqueren, auf einer Route, von der er annahm, sie würde ihn zur antiken Stadt Petra führen. Seine Ahnung war korrekt und auf einmal stand er vor der 20 m weiten Khazneh, der Schatzgrube. Hinter ihm lagen die Überreste von Petra, einer 300 v. Chr. von den nomadischen Nabatäern gegründeten Handelsstadt.

106 n. Chr. übernahmen die Römer die Stadt und hinterließen architektonische Spuren in Gestalt von Tempeln und Gräbern. Petra verfiel, als Seerouten für den Handel beliebter wurden. Im siebten Jahrhundert übernahmen Moslems die Stadt, und Tempel wurden durch Moscheen ersetzt. Zur Zeit von Burckhardts Ankunft hatten Wind, Regen und Wüstensand der Stadt zwei Jahrtausende lang zugesetzt, der Fund war aber dennoch phänomenal. Seit Jahrhunderten galt Petra als verschollen.

Abu Simbel

Burckhardt kehrte nach Kairo zurück, wo sich seine eigentliche Absicht, den Niger zu erkunden, erneut verzögerte, diesmal deshalb, weil keine Karawane in die richtige Richtung zog. Da er keine Zeit vergeuden wollte, brach er 1813 mit einem Esel auf und zog südwärts, den Nil hinauf, um die Wüstenregion südlich von Assuan zu erforschen. Dort machte er einen weiteren historischen Fund: Er war der erste Europäer, der den Tempel von Ramses II. bei Abu Simbel zu Gesicht bekam, der von den alten Ägyptern etwa 30 Jahrhunderte zuvor erbaut worden war.

Seine Liebe zum Islam brachte ihm das Vertrauen und die Freundschaft der Moslems ein, und mit Hilfe des ägyptischen Vizekönigs erreichte er ein weiteres Ziel. Burckhardt sehnte sich danach, das islamische Heiligtum Mekka zu besuchen, welches aber ausschließlich Moslems zugänglich war. Er respektierte den Islam zu sehr, um sich zu tarnen. Glücklicherweise ernannte ihn der Vizekönig jedoch zum Mos-

Oben: *Johann Burkhardt sehnte sich danach, den Niger zu erkunden, doch seine jahrelangen Vorbereitungen führten dazu, dass er diese Reise nie unternahm.*

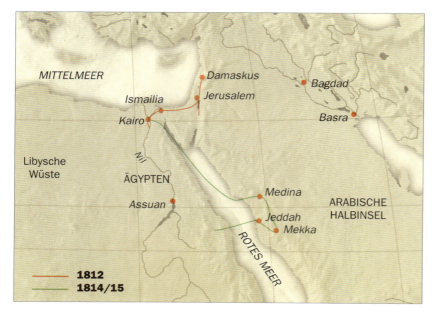

Links: *Burkhardt war der erste Europäer, der den Tempel von Ramses II. bei Abu Simbel zu Gesicht bekam. Dieser Stich aus dem 19. Jahrhundert zeigt den Tempel an seinem ursprünglichen Ort. Die Errichtung des Assuan-Staudammes gegen Ende des 20. Jahrhunderts zwang Archäologen, den Tempel auf eine höher gelegene Ebene umzusiedeln.*

lem und so konnte er die Kaaba und das Grab Mohammeds recht offen besichtigen. Als er 1816 nach Ägypten zurückkehrte, veröffentlichte er Bücher über seine Erfahrungen. Er war immer noch entschlossen, seinen Auftrag der *African Association* auszuführen und den Niger zu erkunden, infizierte sich jedoch an der Ruhr und starb in Kairo.

Burckhardt ist für die Präzision seiner Vorbereitungen ebenso bekannt wie für seine Expeditionen, und seine Studien des Islam machten ihn zu einem ebenso großen Fachmann in Sachen des Koran wie jeden anderen Gelehrten. Seine Werke erreichten wegen ihrer analytischen Natur nie besondere Popularität, waren aber für künftige Generationen von Reisenden in praktischen Belangen unglaublich hilfreich.

Unten: *Nachdem er zum Islam konvertiert war, war es Burkhardt erlaubt, das Europäern üblicherweise verbotene Mekka zu besuchen.*

AFRIKA AB 1600

Sir HUGH CLAPPERTON und RICHARD LANDER

1788 bis 1827

1804 bis 1834

Ein weiterer Entdecker des 19. Jahrhunderts, Hugh Clapperton, reiste Tausende Meilen, doch sein Leben endete, bevor er seinen 40. Geburtstag feiern konnte. Die Herausforderung, den afrikanischen Kontinent zu erforschen, fiel dann seinem Diener Richard Lander zu, der viele Verdienste in eigener Sache aufzuweisen hatte, jedoch ebenfalls in jungen Jahren starb.

Als eines von 21 Kindern war Hugh Clapperton ein reiselustiger Schotte, der im Alter von 13 Jahren der Royal Navy beitrat, wo er bis zum Kapitän avancierte. 1821 wurde er vom British Colonial Office auserwählt, eine Expedition durch das unbekannte afrikanische Innere, von Tripolis bis zum Nordufer des Tschad zu unternehmen. Die Reise führte durch die Sahara und hatte das Ziel, festzustellen, ob der Niger durch Bornu im heutigen Nigeria fließt.

Clapperton wurde vom Expeditionsführer Dr. Walter Oudney sowie dem Armeekommandanten Dixon Denham (1786–1828) begleitet.

Rechts: Hugh Clapperton war einer der ersten Europäer, die den Tschadsee erreichten. Er bewies entgegen der allgemeinen Annahme, dass der Niger kein Zuläufer des Nil ist.

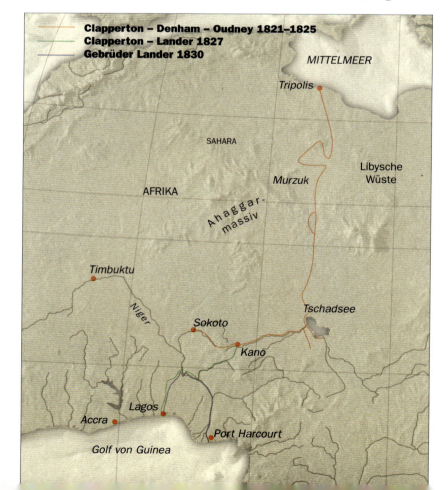

Ihre Beziehung ging bald in Brüche, als sowohl Oudney als auch Denham den Führerposten für sich beanspruchten. Clapperton hielt zu Oudney, während Denham oft eigene Exkurse organisierte. Trotz ihrer Streitigkeiten erreichten sie im Februar 1823 gemeinsam als erste Europäer den Tschadsee um festzustellen, dass der Niger in Richtung Süden weiterfloss. Hiermit widerlegten sie die Theorie, dass der Niger und der Nil den gleichen Ursprung hatten.

Clapperton und Oudney beschlossen, nach Westen weiterzuziehen, doch Oudney starb unterwegs an einer Tropenkrankheit. Clapperton zog weiter in der Hoffnung, auf die Quellen des Nil zu stoßen. Seine Pläne scheiterten bei Sokoto, wo ein Häuptling und skrupelloser Sklavenhändler Reisegruppen am Durchzug hinderte. Obwohl sich Clapperton stark gegen den Sklavenhandel aussprach, blieb er hier lange genug, um lokale Bräuche zu beobachten.

Als er 1825 nach England zurückkehrte, veranlasste Clapperton die Veröffentlichung seiner Reisenotizen, bevor er abermals nach Afrika aufbrach. Dies erwies sich als vorteilhaft, da

Dixon Denham in seinen 1826 veröffentlichten Tagebüchern behauptete, er habe die wagemutige Nord-Süd-Reise alleine unternommen. (Auch Denham starb im Alter von nur 42 Jahren.)

Diesmal reiste Clapperton mit seinem Diener Richard Lemon Lander, dem Sohn eines Gast-

wirts aus Cornwall. Als Diener reicher Herren war dieser bereits in der Karibik und in Südafrika gewesen, bevor er Clapperton begleitete. Mit Clapperton drang Lander ins abenteuerliche Innere Westafrikas vor; er hatte sein Jagdhorn mitgenommen und spielte darauf oft den beliebten und passenden Schlager *Over the Hills and Far Away*. Er kehrte allein zurück, da Clapperton – noch von der letzten Afrikareise geschwächt – bei Sokoto starb. Trauernd um den Verlust seiner Herrn und Freundes kam Lander nach Hause und veröffentlichte Clappertons Notizen.

Den Niger entlang

Auch Lander sehnte sich danach, nach Afrika zurückzukehren, da seine geografischen Arbeiten noch nicht vollendet waren. Unterstützt von der Regierung wurde er 1830 gemeinsam mit seinem Bruder John beauftragt, den Verlauf des Niger zu dokumentieren.

Sie begannen dort, wo Mungo Park Jahrzehnte zuvor ums Leben gekommen war: bei Bussa. Beide Männer waren im türkischen Stil gekleidet und trugen Hüte mit enormen Krempen, was sie vor den Einheimischen lächerlich machte. Als sie die Gegend des Flussdeltas erforschten, wurde ihre Arbeit abrupt beendet, als sie von Männern des Ibo-Stammes gefangen genommen wurden. Schließlich zahlte ein Sklavenhändler das verlangte Lösegeld. Zuvor musste Richard Lander aber auf einem 40 Mann starken Sklavenschiff rudern, um britische Hilfe zu finden, während sein Bruder als Geisel in den Klauen des Sklavenhändlers zurückblieb. Als die Brüder endlich nach England zurückkehren konnten, veröffentlichten sie drei Bände mit dem Titel *Tagebuch einer Expedition zur Erforschung des Laufs und der Mündung des Niger*. Lander erhielt 1823 eine Auszeichnung der *Royal Geographical Society*. Im Begleitschreiben stand: „Für wichtige Dienste in der Feststellung des Verlaufes und der Mündung des Niger".

Unterstützt von einer Privatfirma fuhr er ein letztes Mal nach Afrika, um am Niger Handelsgeschäfte abzuwickeln. Sein Boot wurde von feindlichen Einheimischen angegriffen, die von Sklavenhändlern Schwerter und Musketen erworben hatten. Die Gruppe kehrte zur Küste zurück und kam bis zur Insel Fernando Po, wo Richard Lander seinen Wunden erlag.

Links: *Nach Clappertons Tod in Westafrika wurde sein Freund Richard Lander zum erfolgreichen Entdecker und gewann eine Auszeichnung für seine Reise zur Mündung des Niger.*

Unten: *Obwohl die Nachfrage der Europäer nach westafrikanischen Sklaven groß war, waren es die Emire des nördlichen Niger, die vom Verkauf von Sklaven aus benachbarten Stämmen am meisten profitierten. Nach einer langen Reise zur Küste wurden die Sklaven verschifft.*

AFRIKA AB 1600

DAVID LIVINGSTONE

1813 bis 1873

Rechts: *David Livingstone, 1870. Livingstone erkundete weitere Teile Afrikas als jeder andere Entdecker, velor aber nie sein eigentliches Ziel aus den Augen, nämlich die Sklaverei zu beenden und Afrika zu christianisieren.*

Gegenüber: *Livingstone war der erste Weiße, der die Sambesifälle zu Gesicht bekam, die er nach der Königin Victoria benannte.*

Unten: *Livingstones Dampfer* Ma-Robert *am Sambesi. Aus Leben und Entdeckungen von David Livingstone, 1878.*

Als einer der berühmtesten Entdecker der Geschichte reiste David Livingstone etwa 47.000 km innerhalb Afrikas und war der erste weiße Mann, der den Kontinent von West bis Ost durchquerte. Dennoch verlor er nie seine eigentliche Absicht aus den Augen: den christlichen Glauben zu verbreiten. Für die meisten ist aber sein Treffen mit dem Entdecker Stanley am einprägsamsten.

David Livingstone war eines von fünf Kindern und wuchs in Blantyre, Schottland, in ärmlichen Verhältnissen auf. Wie viele andere Kinder musste er ab seinem 10. Lebensjahr vierzehn Stunden am Tag bei der lokalen Mühle arbeiten. Livingstone war entschlossen, ein besseres Leben zu beginnen, und kaufte von seinen ersten Wochenlöhnen eine lateinische Grammatik, aus der er spätabends lernte. Durch harte Arbeit und Entschlossenheit sparte er genug Geld, um Medizin und Theologie zu studieren. 1838 nahm er Kontakt mit der Londoner Missionsgemeinde auf. 1841 wohnte er einer medizinischen Mission in Südafrika bei, die vom Schotten Robert Moffat geleitet wurde.

Bei seiner Ankunft traf er Moffats Tochter Mary, und seine Vorsätze, für immer Junggeselle zu bleiben und sein Leben einzig der Religion zu widmen, gerieten ins Wanken. Auf der Suche nach möglichen Standorten für seine christlichen Zentren reiste er oft in den Norden. Einmal wurde er von einem Löwen angegriffen, und er erinnerte sich später, wie die Wildkatze seinen rechten Oberarmknochen zersplitterte und ihm mit der Kralle weitere Wunden zufügte. Sein Arm war von diesem Zeitpunkt an taub.

Er kehrte nach Kuruman zurück, wo er gesund gepflegt wurde. 1845 heiratete er Mary, die wenig später Kinder bekam. Auf seinen späteren Expeditionen wurde Livingstone von seiner Frau begleitet. 1849 durchquerten sie als erste Europäer die Kalahari und sahen den See Ngami. Diese Leistung brachte ihm einen Preis von der *Royal Geographical Society* ein, mit dem er sich einen Chronometer kaufte. Zwei Jahre später waren sie die ersten Weißen, die den

Sambesi zu Gesicht bekamen. Livingstone beeindruckte die *Royal Geographical Society* mit seinen genauen geografischen Daten.

Persönliche Tragödie

Seine Expeditionen waren körperlich extrem anstrengend. Seine einen Monat alte Tochter starb wahrscheinlich an den Entbehrungen der Reise. 1852 brachte Livingstone seine Frau und seine Kinder nach Kapstadt, wo sie ein Schiff nach England nahmen. Als seine Familie fort war, freundete sich Livingstone mit lokalen Stämmen an, für die er großen Respekt hatte. Den Sklavenhandel nannte er „die offene Wunde der Welt" und setzte sich sehr für seine Abschaffung ein. Die Sklaverei war zu diesem Zeitpunkt in den meisten Ländern zwar bereits verboten, wurde aber in der Praxis immer noch durchgeführt. Livingstone war entsetzt vom Anblick der ausgemergelten Körper von Sklaven, die man einfach dort liegen ließ, wo sie zusammenbrachen. Er beabsichtigte die Gründung neuer Handelsstrecken zu Land wie zu Wasser, um den Sklavenhändlern das Geschäft zu verderben.

Im Gegensatz zu anderen Entdeckern behandelte Livingstone die ihn begleitenden Einheimischen wie Kollegen, nicht wie Träger. Nach einer mühsamen Reise vom zentralafrikanischen Linyanti nach Luanda an der Westküste zog er es vor, bei seinen Männern zu bleiben, anstatt an Bord einer britischen Fregatte heimzureisen, obwohl er an Malaria, Fieber, Ruhr und Hunger litt.

Ironischerweise waren es portugiesische Sklavenhändler, die ihm halfen, auch wenn er nicht sicher ein konnte, dass seine Begleiter als freie Männer nach Linyanti zurückkehren konnten. Als er wieder gesund war, erkundete er den Osten und den Indischen Ozean.

Unterwegs entdeckte er die riesigen Wasserfälle entlang des Sambesi, die er nach der britischen Königin Victoria benannte. Es war der einzige englische Name, den er jemals für eine afrikanische Landmarke gewählt hatte.

Die Expedition endete bei seiner Ankunft an der Ostküste am 20. Mai 1856, wo er an Bord eines Schiffes die Heimreise antrat. Die Wiedersehensfreude war groß, doch Livingstone zog es bald wieder nach Afrika.

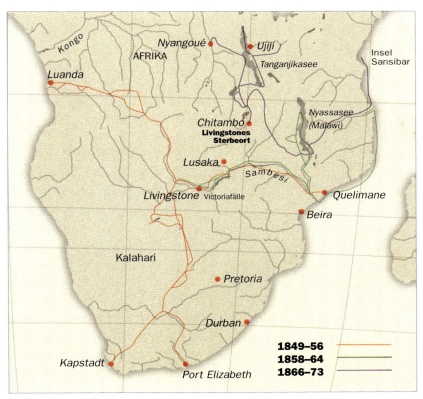

AFRIKA AB 1600

Ende des Glücks

Im März 1858 war er bereits wieder unterwegs, um für die britische Regierung die mineralischen und landwirtschaftlichen Rohstoffe Zentralafrikas aufzuzeichnen. Mit ihm waren sein Bruder Charles, der Künstler Thomas Baines und vier weitere Europäer.

Bis dahin war Livingstone gewohnt, als einziger Europäer zu reisen, und seine unzureichende Führungskraft führte bald zu Konflikten. Die Tatsache, dass ihr Boot nicht wasserdicht war, kam erschwerend hinzu und Livingstones Angewohnheit, Sklaven zu befreien, verärgerte die Portugiesen. Seine ständigen Reibereien mit Sklavenhändlern schadeten seiner persönlichen Sicherheit.

Bald kam es zu einer Tragödie. 1858 kam seine Frau Mary nach Afrika, um ihren Mann wiederzusehen, und starb 1862 im Alter von 41 Jahren an einem Fieber, das sie seit Jahren geplagt hatte. 1863 wurde die Expedition abgebrochen, da sie die Erwartungen nicht erfüllte.

Livingstone kehrte ein letztes Mal nach England zurück. Dort erhielt er von der *Royal Geographical Society* eine private Subvention, um die Ursprünge der Flüsse Nil, Kongo und Sambesi zu erkunden. Dieses Abenteuer wagte

Unten: *Einmal wurde Livingstone von einer Wildkatze angegriffen und schwer verwundet. Seine treuen afrikanischen Träger retteten ihn. Aus einer Buchillustration um 1880.*

1717	1770	1786	1806	1811	1815	1819	1820
Holländer beginnen mit dem Importieren von Sklaven aus Südafrika	James Bruce markiert den Ursprung des Nil	Botaniker Francis Masson reist zum vierten Mal nach Südafrika	Mungo Park stirbt bei Bussa Rapids	William Burchell unternimmt Reisen ins südliche Afrika	Revolte der Eingeborenen Südafrikas wird von den Briten unterdrückt	Zulu-Stämme gründen eigene Provinz in Südafrika	Johann Burckhardt stirbt nach seinem Besuch von Mekka an der Ruhr

82

er 1866 und verschwand für einige Jahre. Der Kontaktverlust führte zu einigen britischen Rettungsmissionen; erfolgreich war aber nur Henry Morton Stanley 1871. Livingstone, der sein Werk noch nicht vollendet hatte, weigerte sich aber, mit Stanley zurückzukehren. Obwohl Livingstone immer als kühl beschrieben wurde, rückte Stanley ihn in ein positives Licht. „Er bekehrte mich, ohne es zu versuchen", schrieb er.

Livingstone war beim Nyasasee und beim Tanganjikasee beschäftigt, bevor er bis zum Dorf Nyangwe am Nualabafluss nach Norden zog. Die Tatsache, dass der Nil in sehr regelmäßigen Perioden über die Ufer ging, verwunderte ihn und er bemühte sich die Ursache dafür herauszufinden. Seine Kraft war trotz seiner Krankheit erstaunlich. „Ich habe Wasser getrunken, das durchsetzt von Schlamm, voll von Insekten, Nashornurin oder Büffeldung war, und davon nicht wenig."

Schmerzhaftes Ende

Opportunistische Afrikaner stahlen sein Eigentum und seine Vorräte und überließen ihn seinem Schicksal. Die Situation verschärfte sich, als seine Instrumente zur Ortsbestimmung versagten. Zum ersten Mal verirrte sich Livingstone im dichten Dschungel.

Von den 60 Männern, die auf diese Expedition aufbrachen, überlebten nur elf.

Am 10. April wusste er, dass ihm der Tod bevorstand. „Ich bin blass, blutleer und schwach, da ich seit 31. März ständig blute. Einer Arterie entspringt ein reichhaltiger Strom, der mir die Kräfte raubt. Oh, wie sehr ersehne ich die Erlaubnis der Höchsten Macht, meine Arbeit beenden zu dürfen."

Drei Wochen später war er tot. Man fand ihn in seiner Hütte kniend betend vor. Seine Freunde vergruben sein Herz unter einem Baum am Tanganjikasee. Unter erheblichen Mühen und Risiken brachten sie seinen Körper dann nach Sansibar, von wo er nach England eingeschifft wurde. Livingstone wurde in der Westminster Abbey begraben.

Die von ihm gegründeten christlichen Missionen schwanden, ebneten aber den Weg für spätere, erfolgreiche Missionare. Obwohl seine Bemühungen, den Sklavenhandel zu beenden, nichts fruchteten, machte er die Bevölkerung wachsam.

Livingstones Beitrag zur afrikanischen Kartographie war enorm und von seinen Aufzeichnungen zehrten Forscher noch Jahrzehnte später.

Gegenüber: „Dr. Livingstone, wie ich annehme?" Das historische Treffen zwischen Livingstone und Stanley in Ujiji am 10. November 1871, nach einer Skizze von Stanley.

Unten: Livingstone schreibt in sein Tagebuch. Eine 1874 veröffentlichte Zeichnung von Henry Morton Stanley.

1822	1822	1822	1828	1830	1834	1843	1849–1851
Sir Hugh Clapperton erkundet den Tschadsee	Alexander Gordon Laing entdeckt die Quelle des Rokelflusses	Gründung Liberias als Staat für freigelassene Sklaven	René Caillié erreicht Timbuktu	John und Richard Lander dokumentieren den Verlauf des Niger	Abschaffung der Sklaverei im britischen Reich	Deutscher Missionar Johann Krapf erkundet den Tanganjikasee	David Livingstone erkundet die Gegend um den Ngamisee

AFRIKA AB 1600

Sir RICHARD BURTON *und* JOHN HANNING SPEKE

1821 bis 1890

1827 bis 1864

Unten: *Richard Burton übernahm oft die lokalen Gewänder, um sich zu verkleiden. Bild aus dem Jahr 1853.*

Ein großes geografisches Rätsel umgab die Victoriafälle. Viel war bekannt über den Nil und die Hochkulturen, die einmal seine Ufer bewohnten. Nun wollte man wissen, wo die mächtigen Wasser des Nil entsprangen. Es war bekannt, dass sein Ursprung im tiefsten Afrika liegen musste, in einem bisher unerforschten Gebiet. Neugier und das Streben nach Aufklärung der afrikanischen Mysterien waren für die Europäer Ansporn genug, sich der Herausforderung zu stellen. Wer als Erster das Rätsel über den Ursprung des Nil lösen könnte, würde mit Ruhm und Ehre überschüttet werden.

Zwei Männer von erstaunlich unterschiedlichem Charakter nahmen die Risiken in Kauf. Sir Richard Burton wurde von seiner Generation für den größten Denker der Zeit gehalten. Er beherrschte 30 Sprachen und war ein angesehener Anthropologe. Sein Partner John Hanning Speke war ordinär, brutal und geneigt, Eingeborene zu erschießen, anstatt mit ihnen zu verhandeln. Ihr gemeinsamer Wunsch nach der Entdeckung der Nilquelle zerstörte sie letztendlich beide.

Sie trafen sich in Indien, wo sie in der Armee dienten, und fuhren 1855 zum ersten Mal gemeinsam nach Afrika; zwei Jahre nachdem Burton, als Araber verkleidet, nach Mekka pilgerte und öffentliches Aufsehen erregte. Ihre erste Mission in Afrika wurde abgebrochen, als sie von Somalis angegriffen wurden, Burton eine Speerwunde erlitt und Speke fliehen musste.

Im nächsten Jahr kehrten sie nach Afrika zurück; Burton hatte inzwischen die Krim besucht. Am 27. Juli 1857 verließen sie das Handelszentrum Bagamoya an der Ostküste mit 130 Männern und 30 Maultieren, die unter anderem mit wissenschaftlichen Instrumenten beladen waren. Sie waren entschlossen, den See zu finden, von dem Einheimische und Missionare sprachen. Keiner wusste, ob ihre Geschenke – Stoffe, Perlen und Seile – ausreichten, um die lokale Bevölkerung zur Kooperation zu überreden, oder ob ihre Munition reichte, Feinde abzuwehren.

Beide wussten, dass sie ziemlich sicher auf Tropenkrankheiten stoßen würden. Wie die meisten Männer der Zeit waren sie Imperialisten, doch während fremde Kulturen Burton faszinierten, verachtete Speke sie. Burton gestand in seinem Tagebuch, dass er der Aufgabe enthusiastisch entgegensah.

Zwei Quellen

Ihr ursprüngliches Ziel war Tabora, ein arabisches Handelszentrum, etwa 960 km von der Küste entfernt. Wie erwartet wurden beide krank, bevor sie Tabora erreichten. Speke litt an einem malarischen Fieber, das ihm den Verstand raubte, und in seinem Fieberwahn sagte er unfreundliche Dinge über Burton. Es wird angenommen, dass Spekes Gehirn durch die

84

Malaria bleibenden Schaden nahm. Inzwischen holte sich Burton eine leichte Lähmung und er konnte ein Jahr lang nicht gehen. Ihre Freundschaft begann zu zerbrechen.

Als sie nach Tabora kamen, wurden sie überrascht. In der Umgebung gab es nicht, wie erwartet, einen See, sondern zwei. Aber welcher war die Quelle des Nil? Sie hielten den Tanganjikasee für wahrscheinlicher und machten sich auf den Weg. Als sie den See erreichten, war Burton schon fast tot. Später schrieb er noch: „Ich entwickelte ein eigenartiges zweites Ich. In der Regel war ich immer zwei Personen gleichzeitig, die einander ständig widersprachen." In der Nacht litten beide an starken Halluzinationen, als sie versuchten, in der Dschungelumgebung zu schlafen.

Spekes Augenlicht ließ nach und er konnte die Seen und Flüsse, die sie besuchten, nicht mehr richtig erkennen. Sie versuchten sich vor der Weiterreise am Ufer des Tanganjikasees zu erholen. Mit Hilfe von zwei Kanus suchten sie dann nach dem Nil. Burton war bereits zu schwach zum Gehen, aber entschlossen, weiterzureisen. Erst als der einheimische Ruderer sich weigerte, in Kannibalengebiet einzudringen, mussten sie umkehren.

Sie kamen nach Tabor zurück, mit der Bestätigung, dass ein Fluss dem See entsprang, konnten jedoch nicht feststellen, ob es der Nil

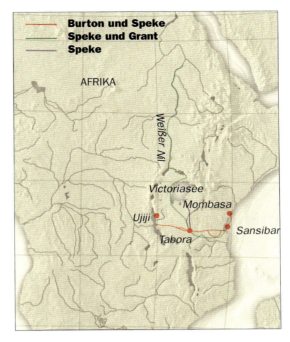

war. Speke brach noch einmal nach Norden zum anderen See auf, während Burton in Tabor blieb und die Versorgung organisierte.

So sah nur Speke das wunderbare Gewässer, das er nach der Britischen Königin „Victoriasee" nannte. Er war sicher, dass der Nil aus ihm entsprang. Zur Feier schoss er ein paar Vögel und kehrte triumphierend zu Burton zurück. Dennoch hatte er keinen überzeugenden Beweis für seine Annahme.

Unten: *Ein von Speke benanntes Sesse-Kanu am Victoriasee. Burton und Speke benutzten die Kanus der Einheimischen, um nach den Quellen des Nil zu suchen.*

AFRIKA AB 1600

Unten: John Hanning Speke (rechts) und James Augustus Grant. Gemeinsam entdeckten sie endlich die Hauptquelle des Nil.

Burtons Niederlage

Burton und Speke versprachen einander, in England nicht ohne die Anwesenheit des anderen über ihre Expedition zu sprechen. Speke kehrte aber 1859 zwei Wochen früher nach Hause, und als ihm der kranke Burton folgte, musste er erfahren, dass Speke bereits den Ruhm für ihre gemeinsame Reise geerntet hatte. Er hatte die *Royal Geographical Society* davon überzeugt, dass die Quelle des Nil höchstwahrscheinlich der Victoriasee sei, und sich Subventionen für eine weitere Expedition gesichert. Spekes Motivation wurde seither genau untersucht. Obwohl er der Erste war, der den Victoriasee entdeckte, hätte nur ein Ignorant ernsthaft behaupten können, dass Burtons Sprach- und Organisationstalent während ihrer Reise belanglos waren.

Dennoch bewirkte Speke, dass Burton keine Geldgeber mehr fand, und trotz seiner Proteste musste er aufgeben. 1860 kehrte Speke in Begleitung von James Augustus Grant (1827–1892) nach Afrika zurück. Sie arbeiteten sich die Küste des Victoriasees entlang, verbrachten einige Zeit bei Einheimischen und fanden einen wichtigen Zufluss des Nil. Da Burton und seine fundierten geografischen Kenntnisse fehlten, waren Spekes Aufzeichnungen aber alles andere als erschöpfend.

Die Nildebatte

Als Speke 1864 nach England zurückkam, empörten seine Behauptungen die *Royal Geographical Society* und man beschloss, den Nilkonflikt in aller Öffentlichkeit zu beenden. Speke, Burton, Livingstone und andere wurden gebeten, Stellung zu beziehen. Doch Speke sollte an dieser Debatte nicht teilnehmen. Am Tag vor der Debatte konfrontierte Burton seinen ehemaligen Kameraden – ihr erstes Treffen seit fünf Jahren. Danach erklärte Burton: „Ich sah ihn um 13.30 Uhr, und um 16.00 Uhr war er tot. Die Gütigen sagen, er erschoss sich selbst; die Gehässigen sagen, ich hätte ihn erschossen."

Trotz Burtons offensichtlichem Motiv ist es wahrscheinlich, dass Speke an Schusswunden starb, die er sich selbst zugefügt hatte. Er hatte wohl gefürchtet, der rhetorisch gewandte und gebildete Burton würde ihn in den Schatten stellen. Zwei gegensätzliche Beschreibungen von Speke verdeutlichen die Zweideutigkeit

seines Charakters. James Grant schrieb: „Kapitän Speke war ehrenhaft und selbstlos und stellte seine eigenen Bedürfnisse immer hinter die der anderen." Burton jedoch schrieb: „Es war extrem schwierig, mit ihm zurechtzukommen … Er nahm nicht nur an, dass er stets richtig handle, sondern auch, dass kein Mensch es besser tun könnte."

Wegen Spekes Tod wurde die Debatte nie abgeschlossen, doch 20 Jahre später gab Burton zu, dass Speke Recht gehabt hatte. Nach dem Nildebakel versäumte es Burton, sich einen Platz im Licht der Öffentlichkeit zu sichern, stattdessen verfiel er dem Alkohol. Seine Karriere setzte sich aber fort. Er heiratete Isabel Arundell, und als er britischer Konsul wurde, bereisten sie gemeinsam die Welt. Sie fuhren nach Fernando Po in Afrika, Brasilien, Damaskus, Triest und fanden dazwischen Zeit für zwei private Aufenthalte in Island und eine Expedition nach Ägypten.

Burton litt auf seinen späteren Reisen an Cholera, Hepatitis und Lungenentzündung und überlebte außerdem einen Hinterhalt in der Wüste. Er starb im gemütlichen Triest und war bis dahin ein bekannter Schriftsteller. Eine seiner berühmten Übersetzungen war das Kamasutra, 1883 veröffentlicht. Zwei Jahre danach veröffentlichte er seine Antwort auf die Geschichten aus Tausendundeiner Nacht. Er war sehr an Sexualität interessiert und studierte fernöstliche Liebeskünste, was der viktorianischen Gesellschaft missfiel. Auch schrieb er ein Buch über Schwertkunst. Nach Burtons Tod verbrannte Isabel die meisten seiner noch unveröffentlichten Werke.

Obwohl er ein erstaunlicher Mann war, wurde Burton nicht in der Westminster Abbey begraben, sondern auf einem kleinen Friedhof in Mortlake, Westlondon. Auf seinen Wunsch ließ Isabel sein Grab in Form eines Beduinenzelts bauen, allerdings mit Fenster, da Burton die Dunkelheit nicht mochte.

Oben: *Dieser Stich aus dem 19. Jahrhundert stellt einen Blick über den Nil dar. Für Jahrzehnte war die Quelle des Flusses ein Mysterium.*

Unten: *Rückseite der Medaille, die an Spekes und Grants Expedition zu den Quellen des Nil erinnert.*

AFRIKA AB 1600
GROSSWILDJÄGER

Für europäische und afrikanische Jäger boten die unberührten Weiten Afrikas Gelegenheit zur ganzjährigen Jagd und die Aussicht darauf, Trophäen der größten Landsäugetiere der Erde zu erwerben.

Als der weiße Mann in Afrika mit dem Jagen begann, war der Süden des Kontinents noch von Wildtieren übersät. Bald wurden die Köpfe und Fänge der Tiere zu beliebten Trophäen und die Reichen gingen einer neuen Freizeitbeschäftigung nach: der Großwildjagd. Viele waren erfahrene Jäger aus Indien, deren Hingabe an diesen Sport dazu beitrug, den Tierbestand auf zwei Kontinenten zu dezimieren.

Die ökologischen Auswirkungen im 20. Jahrhundert konnten die viktorianischen Jäger allerdings nicht erahnen. Man ging davon aus, dass die Wildtierpopulation unerschöpflich sei. Oft waren auch Entdecker auf der Suche nach neuen Routen durch Afrika an der Jagd interessiert. Viele waren stets bewaffnet, nicht nur zu ihrer eigenen Verteidigung, sondern auch um Beute zu machen. Traditionsgemäß wurden Großwildjäger auf Leinwänden oder Fotos in eindrucksvollen Posen mit ihrem Gewehr neben dem erlegten Tier festgehalten.

Wie aus seinen Tagebüchern zu entnehmen ist, war John Hanning Speke ein begeisterter Jäger: „Ich befand mich zwischen dem Nil und dem Asuafluss ... Das Flussbett des Asua schien groß, war aber noch weit entfernt und daher schwer auszumachen. Doch ich ging auch nicht hin, um es mir anzusehen, denn in diesem Moment stellten fünf Büffel, fünf Giraffen, zwei Elen-Antilopen und eine Fülle anderer Antilopen eine zu große Versuchung dar." Genau genommen bereute er, dass die Jagd nicht der einzige Grund war, aus dem er nach

Afrika gekommen war: „Wegen des reichhaltigen Angebotes an Vögeln wünschte ich oft, ich wäre auf einem Jagdausflug anstatt einer Entdeckungsreise."

Kulturschock

Mit der Ankunft der Großwildjäger gelangten die Einheimischen automatisch an Waffen. Selbst Speke bekam die Nachteile eines jungen Königs in Waffenbesitz zu spüren: „Der König lud eines der Gewehre, das ich ihm gegeben hatte, und befahl einem Diener, in den Hof zu gehen und einen Mann zu erschießen." Speke versuchte gar nicht erst, dem König die Heiligkeit eines Menschenlebens zu erklären, doch er und andere Menschen der Ersten Welt waren fraglos mitverantwortlich für die Vielzahl an Toten nach der Einführung von Feuerwaffen in afrikanischen Stammesgesellschaften.

Auch arabische Händler förderten die Jagd – besonders beliebt waren Elefanten und Nashörner. Elfenbein war auf dem Markt immer beliebt und brachte einen guten Preis. Arabische Händler vertrieben die Europäer aus den besten Revieren und ein kalter Krieg brach um die Vormachtstellung in den Jagdgründen aus.

Zwischen 1879 und 1883 unternahm Joseph Thomson zwei Expeditionen ins Land östlich des Tanganjikasees. Als begeisterter Jäger war er entzückt über den großen Reichtum an Wildtieren in diesem Gebiet: „Wohin man sich auch wendet, trifft das Auge auf eine schier unerschöpfliche Menge an Großwild; so selten gejagt, dass es dem Kanonenrohr unerschrocken entgegenblickt."

Die Thomsongazelle ist nach ihrem Jäger benannt, der sie zum ersten Mal auf Reisen durch Gebiete entdeckte, die heute geschützte Nationalparks sind.

Unten: Eine Gruppe weißer Jäger aus dem 19. Jahrhundert posiert stolz hinter ihrer Trophäe.

AFRIKA AB 1600

HEINRICH BARTH

1821 bis 1865

Die hohe Sterblichkeitsrate durch Krankheiten wie die Malaria brachte europäische Expeditionen ins Nilgebiet vorübergehend zum Stillstand. Die bewaldete Küstenregion Westafrikas wurde sogar das „Grab des weißen Mannes" genannt, eine Bezeichnung, die bis in die 1950er Jahre gebräuchlich war. In der Mitte des 19. Jahrhunderts hoffte man Heilmittel für diverse Tropenkrankheiten zu finden. Wie auch heute noch der Fall, forderten die Extremreisen eine schnelle medizinische Entwicklung. Chinin war bis 1854 unbekannt und die Übertragung von Malaria durch Stechmücken verstand man erst weitere 50 Jahre später.

Der deutsche Gelehrte Heinrich Barth kam zwar lebend aus dem Nigergebiet zurück, starb aber, wie so viele andere auch, später dennoch an einer Krankheit, die er sich in Afrika geholt hatte. Barth war ein akademisches Genie auf den Gebieten der Fremdsprachen, Geschichte, Geografie und Archäologie, leugnete aber die Wichtigkeit sozialer Kontakte. Seit seiner Kindheit ein Einzelgänger, schien er unfähig, Freundschaften zu schließen. Vielleicht war er deshalb für die Karriere des Entdeckers so gut geeignet.

Barth entwickelte eine Vorliebe für das Reisen, als ihn sein Vater als Belohnung für ein mit Auszeichnung abgeschlossenes Studium an der Universität von Berlin auf Europareise schickte. Die Tour schloss Nordafrika mit ein und Barth war fasziniert von dem Gedanken, was sich weiter südlich verbarg. Als sein Vertrag als Lektor an der Universität von Berlin ausgelaufen war, nahm er die Möglichkeit wahr, sich einer Expedition ins Innere des Kontinents anzuschließen. Die britische Regierung finanzierte 1850 diese von James Richardson geleitete Mischung aus Entdeckungs- und Handelsreise, an der noch zwei weitere Deutsche, Adolf Overweg und Eduard Vogel, teilnahmen. Sie zogen von Tripolis durch die Sahara bis zur Stadt Kano im heutigen Nigeria.

In den Sanddünen der Sahara fand Barth Überreste einer lang vergangenen Zeit. Als er weiter südlich zog, wurden die berühmten römischen Amphitheater von weniger bekannten Kunstwerken abgelöst. Im Ahaggarmassiv fand Barth erstaunliche Höhlenmalereien, die Giraffen und Flusspferde darstellten. Die ältesten stammten aus der Zeit um 8500 v. Chr., die jüngsten datierten 1000 n. Chr. Dies bewies, dass die Region nicht immer Wüste gewesen war. Die zurückweichende Eiszeit hatte ein gemäßigtes Klima geschaffen, das Jahrtausende anhielt. Als das Gebiet langsam austrocknete, wanderte die Bevölkerung weiter, um sich das Überleben zu sichern. Einige zogen zu den Ufern des Nil und wurden die ersten Ägypter.

Dissens und Tod

Trotz dieser bewegenden Funde war Barths Beziehung zu Richardson schlecht. Overweg schloss sich Barth an und gemeinsam verließen

Rechts: *Barth, zweiter von rechts, und die anderen Teilnehmer der unglücklichen Afrikaexpedition von 1850: James Richardson, links, Adolf Overweg, Zweiter von links, Eduard Vogel, rechts. Overweg schloss sich Barth an, als sich die Gruppe aus Meinungsverschiedenheiten spaltete. Der Rest der Gruppe verschwand.*

sie ihren Führer. Nachdem sie mit dem Stamm der Tuareg eine sichere Route besprochen hatten, einigte sich das Trio, getrennte Wege zu gehen, um sich in Kuka wieder zu treffen. Richardson starb aber an Malaria und kam nie in Kuka an.

Barth reiste über Kano, das ihm sehr zusagte. Er verbrachte dort einen Monat, beobachtete die Einheimischen und malte Bilder, die ihr Alltagsleben beschrieben. Dann zog er nach Kuka und weiter zu den Flüssen Benue und Schari. Sein Glück endete, als am 27. September 1852 Overweg an Malaria starb.

Barth hatte vor, nach Sansibar weiterzuziehen, wurde aber von den Londoner Behörden nach Timbuktu geschickt. Die Reise war mühsam und Banditenbanden stellten eine große Gefahr dar. Dennoch erreichte er am 7. September 1853 sein Ziel. Dort verweilte er acht Monate lang, bevor er nach Kuka zurückkehrte.

Von Stammesangehörigen erfuhr er, dass man ihn vermisst geglaubt hatte und dass ein weiterer Entdecker, Eduard Vogel, losgezogen sei um ihn zu suchen. Barth traf Vogel und die beiden reisten gemeinsam, bis Barth nach Tripolis und von dort nach England weiterfuhr. 1856 erhielt er von der *Royal Geographical Society* eine Goldmedaille für „ausgiebige Erkundungen in Zentralafrika und die gefährliche Reise nach Timbuktu".

In späteren Jahren schrieb Barth mehrere Bücher für die breite Öffentlichkeit, die nach Wissen über den „Schwarzen Kontinent" dürstete. Erst Jahrzehnte nach seinem Tod wurde aber auch Forschern der wahre Wert seiner Pionierarbeit bewusst.

Unten: *Die Große Moschee von Timbuktu, gegründet 1325, ist die älteste Moschee südlich der Sahara.*

AFRIKA AB 1600

HENRY MORTON STANLEY

1840 bis 1904

Es ist unmöglich, den Namen Henry Morton Stanleys auszusprechen, ohne im gleichen Atemzug seine berühmtesten Worte: „Dr. Livingstone, wie ich annehme?" zu zitieren.

Stanley stammelte diesen Satz, als er am 10. November 1871 im afrikanischen Dschungel auf den vermissten Entdecker David Livingstone stieß. Diese Worte wurden so berühmt, dass Stanley bereute, sie je gesprochen zu haben. Auch ist es diese Reise durch Westafrika auf der Suche nach Livingstone, für die er am bekanntesten ist, obwohl er noch viele weitere Expeditionen ins Unbekannte unternommen hatte.

Stanley wurde als John Rowlands geboren und wuchs in Denbigh, Wales, in extrem ärmlichen Verhältnissen auf. Im Alter von fünf Jahren lebte er in *St. Asaph's workhouse*, wo er unterrichtet wurde und eine Liebe zu Büchern entwickelte. Über seine Jugend herrscht Verwirrung, nicht zuletzt da er seine eigenen Memoiren sehr fantasievoll ausschmückte. Sicher ist aber, dass er sich im Alter von 18 Jahren als Angestellter von Henry Hope Stanley, dessen Name er annahm, eine Überfahrt nach Amerika erarbeitete.

Stanley kämpfte im Amerikanischen Bürgerkrieg in der Armee der Konföderierten. Nach seiner Gefangennahme in der Schlacht von Shiloh schrieb er sich in die Unionsarmee ein, wurde aber als untauglich ausgemustert. Überzeugt, dass seine Zukunft in Amerika lag, wählte er die amerikanische Staatsbürgerschaft und arbeitete als Journalist.

Als solcher bereiste er weite Teile Amerikas, Äthiopiens, Asiens und Europas. 1869 sandte ihn der Herausgeber des *New York Herald*, James Gordon, um den schottischen Missionar David Livingstone zu finden, der im Herzen Afrikas auf der Suche nach dem Ursprung des Nil verschollen war.

1871 erreichte Stanley mit seinen 2000 Männern endlich die Küste Afrikas. Sie teilten sich in Gruppen auf, um die Spuren Livingstones zu verfolgen. Schließlich fand Stanley ihn in der arabischen Handelsstadt Ujiji am Ufer des Tanganjikasees. Er berichtete: „Ich wäre am liebsten zu ihm gerannt, aber ich war so schüchtern im Angesicht dieser Aufgabe; ich hätte ihn so gern

Rechts: Trotz vieler erfolgreicher Vorstöße in den Schwarzen Kontinent war Stanley nie ein angesehener Entdecker, da er Journalist war und keiner renommierten geografischen Organisation angehörte.

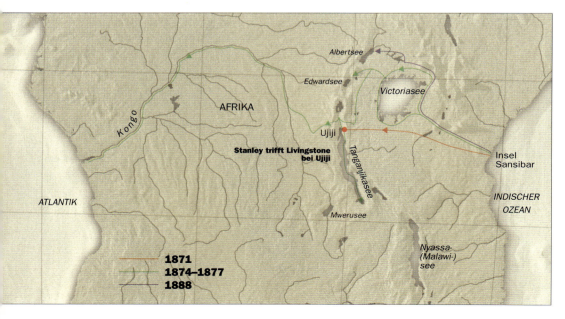

Oben: *Auf der Expedition von 1887–1889 wurde Stanley in der Nähe von Kinshasa am Kongo im Lager von Tippu-Tip unterhalten.*

umarmt, wusste aber nicht, wie er als englischer Gentleman mich empfangen würde, also tat ich, was Feigheit und falscher Stolz von mir verlangten – ich trat bedacht vor ihn, nahm meinen Hut ab und sagte: „Dr. Livingstone, wie ich annehme?"

Wie Stanley angenommen hatte, war Livingstone entschlossen, in Afrika zu bleiben. Dennoch schlossen die beiden eine unerwartete, aber tiefe Freundschaft. Stanley ließ Livingstone in Afrika zurück, der dort bald darauf starb. Als Stanley von seinem Tod erfuhr, reiste er noch einmal ins Herz Afrikas, um geheime Wasserwege aufzuzeichnen. 1874–1877 wurde er zum dritten Europäer, der den afrikanischen Kontinent von der Atlantikküste bis zum Indischen Ozean durchquerte. Die Reise war gut geplant, aber grausam. Etwa 70 % der schwarzen Träger starben als Konsequenz von Stanleys Sturheit.

Seine nächste Mission war die Kolonialisierung des Kongo unter dem Auftrag des belgischen Königs Leopold II. Wieder brachte Stanley alle Expeditionsteilnehmer an ihre Grenzen. Sein Werken im Kongo löste in Europa den Wunsch nach weiteren afrikanischen Kolonien aus.

Bei seiner letzten Afrikareise war er auserwählt, den als verschollen geltenden deutschen Botaniker Eduard Schnitzer, auch als Emin Pascha bekannt, zu finden, der langjährige Verbindungen nach Afrika hatte. Stanley wählte eine langwierige Route, die ihn 1888 letztendlich zu Schnitzer führte. Dieser war am Ufer des Albertsees glücklich bei der Arbeit – ein weiterer Mann, der, hingegeben an seine Arbeit, äußerst unglücklich darüber war, gerettet worden zu sein.

Stanley kehrte nach England zurück und heiratete im Alter von 49 Jahren. Er nahm seine britische Staatsbürgerschaft wieder an, wurde Parlamentsabgeordneter und 1899 zum Ritter geschlagen. Obwohl er als der „König des Kongo" bekannt war, hatte er Schwierigkeiten, sich den anderen Entdeckern gegenüber zu behaupten – wahrscheinlich wegen seiner starren „Gewinnen-um-jeden-Preis"-Haltung und weil er für eine Zeitung arbeitete und nicht für eine anerkannte geografische Organisation.

AFRIKA AB 1600
RÄTSEL *der* SAHARA

Im trockenen Nordafrika nimmt die größte Wüste der Welt mehrere Millionen Quadratkilometer ein. Die Sahara erstreckt sich über 5000 km vom Atlantik zum Roten Meer und rund 1500 Kilometer nach Süden. Zwischen 1000 v. Chr. und 1600 n. Chr. unterhielten afrikanische Königreiche Handelsrouten durch die Sahara. Karawanen transportierten Salz, Leder, Gold und Sklaven. Der Erfolg der Handelsverbindungen hing von der Kooperation der Tuareg ab, perfekt an das Wüstenklima angepassten Nomaden.

Während die Tuareg den Handel von Afrikanern mit Arabern tolerierten, waren sie den Europäern feindlich gesinnt, da sie Angst vor deren Intentionen hatten. Das Zentrum der Tuareg war Timbuktu. In seiner Blütezeit war Timbuktu ein florierendes religiöses Handelszentrum. Als aber Ende des 16. Jahrhunderts die Marokkaner einmarschierten, waren Ruhe und Stabilität in Gefahr. Die Stadt verlor an Bedeutung, Handelsrouten wurden umgeleitet und der mit Timbuktu assoziierte Reichtum schwand.

Im 19. Jahrhundert hatten die Europäer über Timbuktu falsche Vorstellungen. Da kein Europäer je von der gefährlichen Reise dorthin zurückkehrte, glaubte man, Timbuktu sei eine mysteriöse Stadt mit unerschöpflichen Goldreserven. Das Bestreben, die Stadt zu erkunden, war so groß, dass die Pariser Geographische Gesellschaft für den ersten Europäer, der sie betrat, eine 10.000 Franc hohe Prämie ausstellte. Ihr Gewinner war René Auguste Caillié.

Als Kind las Caillié (1799–1838) die Abenteuer von Robinson Crusoe und beschloss, sein Leben dem Reisen zu widmen. Er stammte aus einer armen Familie, nahm aber mit 16 Jahren die Gelegenheit einer Expedition nach Senegal wahr. Caillié verbrachte als Moslem einige Jahre in Afrika, bevor er nach Timbuktu weiterzog. 1827 verließ er als Araber verkleidet die Westküste. Ein Turban schützte seine blasse Haut, und seine Reisenotizen versteckte er in einer Ausgabe des Koran. Er war unbewaffnet.

Obwohl eine Krankheit ihn schwächte, kam er im April 1828 ungehindert nach Timbuktu. Zu diesem Zeitpunkt war die Stadt ein dunkler Schatten ihres ehemaligen Selbst, mit Lehmhäusern, die über die staubige Ebene verteilt waren. Caillié war entsetzt, weder Gold noch architektonische Meisterwerke vorzufinden. Zwei Wochen später verließ er die Stadt mit einer nordwärts ziehenden Karawane. Er war gezwungen, um Wasser und Nahrung zu betteln. In Europa war man zwar skeptisch, zahlte ihm die Belohnung dennoch aus. Er veröffentlichte ein Buch über seine Erlebnisse.

Oben: Inspiriert durch Geschichten von Robinson Crusoe entschloss sich der Franzose René Auguste Caillié, sein Leben dem Abenteuer zu widmen. Er war der erste Europäer, der das sagenhafte Timbuktu erreichte und überlebte, um davon zu berichten.

Gegenüber: Alexander Gordon Laing erreichte Timbuktu vor Caillié, starb aber auf der Rückreise. Für alle Saharareisenden stellten die Tuareg, Nomaden aus dem Wüsteninneren, die größte Gefahr dar.

Eine tödliche Reise

Caillié war nicht wirklich der erste Europäer, der Timbuktu sah, aber der erste, der überlebte, um seine Erlebnisse zu erzählen. Vom in Edinburgh geborenen Gordon Laing (1793–1828) weiß man, dass er die Stadt erreichte. Der britische Offizier hatte die Absicht, den Handel zu forcieren und die Sklaverei abzuschaffen. Bei einem feindlichen Angriff wurden seine drei schwarzen Träger getötet und er selbst schwer verletzt. Dennoch blieb Laing zwei Tage in der Stadt, bevor er die Heimreise antrat. Zweifellos war er von Timbuktu genauso enttäuscht wie Caillié. Sicher werden wir das nie wissen, da er auf dem Rückweg getötet und seine Aufzeichnungen zerstört wurden.

Es ist möglich, dass Robert Adams, ein amerikanischer Segler, der 1810 vor der westafrikanischen Küste kenterte und von Arabern gefangen genommen wurde, sowohl Laing als auch Caillié zuvorgekommen war. Er gab an, mehrere Monate in Timbuktu gewesen zu sein. Seine Beschreibung der grauen, düsteren Stadt deckten sich aber nicht mit den Fabeln, die zu der Zeit in Amerika und Europa kursierten. Obwohl ihm das Afrikanische Komitee Glauben schenkte, hielt man seine 1816 veröffentlichten Abenteuer für pure Erfindung.

Ein weiteres Opfer der unberechenbaren Wüstenbewohner war die holländische Erbin und Entdeckerin Alexandrine Tinne (1835–1869). Unglücklich verliebt, verließ sie ihre Heimat Den Haag und heuerte in Kairo ein Schiff an, das sie selbst, ihre Mutter, ihre Tante sowie einige Wissenschaftler und Diener zu den Quellen des Nil bringen sollte. Als das Schiff nicht mehr steuerbar war, ging sie von Bord und erkundete die Gegend zwischen Nil und Kongo. Sie hatte gehofft, John Hanning Speke zu treffen, musste aber allein nach Kairo zurück, da ihre Mutter, ihre Tante und die meisten Wissenschaftler an Malaria gestorben waren.

1869 wollte sie als erste europäische Frau die Sahara durchqueren, wurde aber auf dem Weg zu einem Tuareglager von ihren Trägern ausgeraubt und getötet.

AFRIKA AB 1600

MARY KINGSLEY

1862 bis 1900

Der Anblick von Mary Kingsley, die sich durch den Dschungel Afrikas kämpfte, musste ein ungewöhnlicher Anblick gewesen sein. Trotz der feuchten Hitze bestand sie darauf, einen engen Rock, eine hochgeschlossene Bluse und ein Flanelljäckchen und einen kleinen Hut zu tragen, wie es die viktorianische Mode verlangte – sie trug sogar einen Sonnenschirm. Obwohl sie ihrem Abenteuer in Afrika sehr enthusiastisch entgegensah, weigerte sie sich, auf ihr wichtig scheinende Elemente der Zivilisation zu verzichten.

Kingsley war eindeutig eine außergewöhnliche Frau. Sie war die Nichte von Charles Kingsley, dem Autor des Buches *The Water Babies*, Kaplan von Königin Victoria und ein engagierter Sozialreformer. Bis zu ihrem 30. Lebensjahr konnte Mary ihr Elternhaus in London kaum verlassen, da sie sich um ihre invalide Mutter kümmern und ihrem Vater, einem Arzt, assistieren musste. Als beide starben, hatte sie endlich die Freiheit, ihr Leben so zu gestalten, wie sie wollte. Sie wollte nach Afrika gehen, in ein Gebiet, dass kein Weißer zuvor gesehen hatte. Sie war an unbekannten zoologischen Proben interessiert wie auch am Alltagsleben der Eingeborenen – ihre Reise nannte sie „eine Suche nach Fisch und

Fetisch". Trotz ihrer religiösen Überzeugung war sie nicht bestrebt, den Glauben der Einheimischen zu ändern.

Dieser Respekt sollte sich als Schlüssel ihres Erfolges herausstellen. Sie unternahm zwei Expeditionen nach Afrika. 1893 reiste sie von Calabar im heutigen Nigeria aus landeinwärts zum Niger und weiter südwärts zum Kongo. Im folgenden Jahr kehrte sie nach England zurück, war aber so rastlos, dass sie wenige Monate später erneut loszog. Diesmal konzentrierte sie sich auf Kamerun und Gabun. Auf Ruderbooten und Kanus fuhr sie Stromschnellen entlang bis tief in dicht bewaldetes Kannibalengebiet hinein.

Sie entdeckte die Vorteile des Händlerdaseins, da sie schnell akzeptiert wurde, wenn sie Fischerhaken, Tabak oder Stoff anzubieten hatte. Um den bohrenden Fragen der Eingeborenen auszuweichen, behauptete Kinglsey, auf der Suche nach ihrem verschollenen Mann zu sein.

Auf ihren Expeditionen begab sie sich oft in große Gefahr. Einmal fiel sie in eine Elefantenfalle, ein riesiges, abgedecktes Loch. Ihre voluminöse Kleidung rettete sie vor schweren Verletzungen. Ein anderes Mal stolperte sie und fiel durch das Strohdach einer Hütte – die Einheimischen, die noch nie zuvor eine weiße Frau gesehen hatten, mussten über diesen vom Himmel gefallenen Gast erschrocken sein!

Trotz großer Gefahr

Unbeeindruckt von den Geschichten über Kannibalen in Gabun betrat sie Dörfer, deren Bewohner angeblich Menschenfleisch aßen. Sie wohnte in einer Häuptlingshütte, umgeben von den Überresten zuvor verspeister Menschen. Wo immer sie auftauchte, erntete sie den Respekt der Eingeborenen, da sie bereit war, an lokalen Bräuchen teilzunehmen. Auch hatte sie Medizin für die Stammesangehörigen bei sich. Ihre Führer waren von ihr beeindruckt und halfen ihr ihre Mission zu beenden.

Ihre zweite Expedition dauerte etwa ein Jahr. Bevor sie nach England zurückkehrte, bestieg sie den Mount Kamerun, mit 4005 m der höchste Berg der Region. Mit sich brachte sie 65 Arten von Süßwasserfischen; 7 davon waren bis dahin unbekannt und tragen seither ihren Namen. In England schrieb sie drei Bücher: *Reisen nach Westafrika*, *Westafrikanische Studien* und *Die Geschichte von Westafrika*, in denen sie das Leben in Gabun beschreibt. 1899 hatte sie eine weitere Reise ins gleiche Gebiet geplant, änderte aber wegen des Burenkrieges in Südafrika ihre Meinung. Sie fuhr stattdessen nach Kapstadt, wo sie sich als Krankenschwester um verwundete Burensoldaten kümmerte.

Mary Kingsley starb im Alter von 38 Jahren an Typhus.

Gegenüber: Viktorianischer Stil im Dschungel – Mary Kingsley sah keine Veranlassung, ihre Standards zu senken, als sie sich zu den afrikanischen Einheimischen begab.

Unten: Auf ihren Reisen nach Afrika stieß Kingsley auf die dichten Mangrovensümpfe, die die Flussufer säumten. Zu dieser Zeit wusste niemand, dass dort die gefährlichen Malariamücken hausten.

AFRIKA AB 1600
Die AKELEYS

*1860
bis
1926*

*1875
bis
1970*

*1878
bis
1966*

Rechts: *Carl und Mary Akeley spezialisierten sich auf das Ausstopfen von Wildtieren.*

Rechts: *Zu Beginn des 20. Jahrhunderts begannen die Übergriffe der weißen Jäger die Gorillabestände Afrikas zu gefährden. Carl Akeley war einer der ersten Naturalisten, die sich für die Rettung der Gorillas einsetzten.*

Mit Anbruch des 20. Jahrhunderts änderte sich der Charakter der Expeditionen, die die westliche Welt nach Afrika führte. Da die meisten geografischen Fragen inzwischen beantwortet waren, begann man nun sich für die faszinierende Tierwelt zu interessieren. Letztendlich kamen viele wertvolle Schutzprojekte zu Stande, anfangs aber bedeutete dies das Sammeln von Proben für den Transport nach Europa. Das Schicksal unzähliger gefangener Tiere war der Seziertisch.

Einer der Pioniere auf dem Gebiet der Taxidermie – dem Präparieren von Tieren – war Carl Akeley. Der talentierte Bildhauer, Fotograf und Entdecker begnügte sich nicht mit Stroh oder Holz als Material zum Ausstopfen der Kadaver. Mit einem scharfen Auge für die natürliche Haltung des Tieres verwendete er Draht, Holz und sogar Knochen, um die Gliedmaßen zu stützen. Sehnen ersetzte er durch Ton. Zuletzt fertigte er einen Gips an, über den er die Tierhaut zog. Akeley gab sich auch große Mühe bei der Gestaltung des gemalten Hintergrundes, und jedes Tier wurde einer bestimmten Umgebung zugeordnet.

Seine Kunstwerke stellten einzigartige Museumsstücke dar. In einer ihm gewidmeten Halle afrikanischer Säugetiere im Naturhistorischen Museum von Amerika stellte er 28 verschiedene originale Dschungelszenen nach. Später wurde hier in einer Szene sogar seine

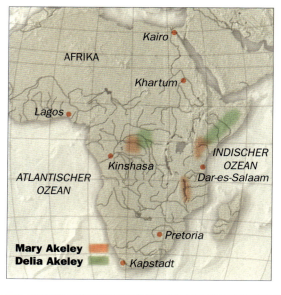

1850	1854	1863–1866	1864	1865	1868	1869	1871
Francis Galton und Charles Andersson landen an der Walvis Bay	William Baikie leitet Expedition an den Niger	Georg Schweinfurth erkundet Afrika vom Roten Meer bis zum Nil	Samuel White Baker tauft den Albertsee	Gerhard Rohlfs reist als erster Europäer von Tripolis nach Lagos	Gustav Nachtigal beginnt Erkundung von Tschad und Sudan	Alexandrine Tinne wird von Tuareg ermordet	Henry Morton Stanley trifft David Livingstone

Grabstätte nachgebildet, nachdem er 1926 bei einer Afrikaexpedition ums Leben kam. Die Akeleyhalle des Museums, die erst ein Jahrzehnt nach seinem Tod fertig gestellt wurde, wurde zum Vorbild vieler ähnlicher Ausstellungsräume in naturhistorischen Museen der ganzen Welt.

Akeley hatte zweimal geheiratet, und beide seiner Frauen sammelten nach seinem frühen Tod weiterhin Proben für das Museum. Seine erste Frau, Delia Denning Akeley, war seine Assistentin, bis sie ihn 1902 heiratete. Gemeinsam reisten sie nach Kenia und sammelten dort 18 Monate lang Ausstellungsstücke für das Field Museum in Chicago. Delia selbst erlegte zwei Elefanten.

1909 fuhren sie ein zweites Mal im Auftrag das Naturhistorischen Museums von Amerika nach Afrika. Diesmal übernahm Delia die Leitung der Expedition, da Carl erkrankte und daher zeitweilig ausfiel. Sie beobachtete das Verhalten von Paviankolonien und begann einen Trend unter weiblichen Entdeckern.

Obwohl sich Akeley und Denia 1923 scheiden ließen, reiste sie weiterhin nach Afrika und sammelte Ausstellungsmaterial. Sie fuhr zwei Wochen lang den Tanafluss in Kenia entlang und studierte die Tierwelt der Umgebung. Danach durchquerte sie die Wüste in Somalia. Nachdem sie den Auftrag des Brooklyn-Kunstmuseums ausgeführt hatte, wollte sie die berüchtigten Pygmäen im belgischen Kongo aufsuchen.

Delia erwartete, auf ein unterernährtes Volk zu stoßen, da sie glaubte, dies sei der Grund für ihre Kleinwüchsigkeit (sogar die Männer waren unter 150 cm groß). Doch sie waren gesund. Sie verweilte mehrere Monate bei ihnen, und diese zeigten ihr, wie sie mit Pfeil und Bogen, Netzen und Speeren jagten.

Eine weitere Kongoreise wurde wegen Schlechtwetters abgesagt. Delia schrieb zwei Bücher und mehrere Zeitungsartikel über ihre Erlebnisse.

Akeleys zweite Frau Mary war auch abenteuerlustig. Als allein stehende Frau hatte sie bereits Reisen in die kanadische Wildnis

unternommen, wo sie einige Indianerstämme studierte und in den kanadischen Rocky Mountains klettern ging. Nach ihrer Hochzeit 1924 waren die Akeleys entschlossen, die Akeleyhalle im Naturhistorischen Museum von Amerika auszuschmücken. Mit diesem Ziel fuhren sie 1926 in den belgischen Kongo. An den Gorillas waren sie besonders interessiert. Bereits 1921 hatte Carl Akeley eine Expedition zum Virungavulkan geleitet und war tief beeindruckt von den Wildtieren. Schon damals bestand die Gefahr der Ausrottung der Gorillas, und Akeley setzte sich für die Gründung einer Schutzzone in Afrika ein.

Nach Akeleys Tod im Kongo setzte Mary ihre Mission fort und erkundete weiterhin Tanganjika und Kenia. Mit ihrer Hilfe entstanden neue, detaillierte Landkarten der Gegend. In ihren Büchern beschrieb sie die in Afrika lauernden Gefahren.

Während ihrer letzten Afrikareise 1952 ging die Zeit der Taxidermie dem Ende zu. 1960 gründete Jane Goodall ihr Lager am Ufer des Tanganjikasees, um das Verhalten von Schimpansen zu studieren. Das Fernsehen brachte damals bereits Afrika in die Wohnzimmer der Leute.

Oben: *Die afrikanischen Eingeborenen hatten immer gejagt, um ihr Überleben zu sichern, doch der auf Elfenbein gierige weiße Mann begann die Jagd aus weniger noblen Gründen.*

Unten: *Carl Akeley war an der natürlichen Umgebung der Tiere interessiert, die er ausstopfte, und sammelte Pflanzenproben als Hintergrund für seine plastischen Darstellungen.*

1873–1875	1885	1887–1889
Verney Lovett Cameron durchquert den Kontinent von Ost nach West	Joseph Thomson führt eine Handelsexpedion nach Sokoto	Louis-Gustave Binger erkundet die Elfenbeinküste

99

AFRIKA AB 1600

SAMUEL WHITE BAKER

1821 bis 1893

Samuel White Baker war wahrscheinlich der exzentrischste Entdecker des 19. Jahrhunderts. Auch war er am weitesten gereist; bereiste er doch, abgesehen von Afrika, auch Länder wie Indien, Syrien, Japan, die USA und Zypern.

Bakers komplexe Persönlichkeit gibt Rätsel auf. Er verachtete den Sklavenhandel, hatte aber auch keinerlei Respekt vor den Afrikanern. Zum Kampf gerüstet, trug er stets eine schottische Jagdausrüstung bei sich, mit der er auf die Einheimischen Eindruck machte. (Dieses Tricks bedienten sich bereits 15 Jahre zuvor Francis Galton und Charles Andersen in Südafrika. Sie schreckten potenzielle Feinde ab, indem sie sich als britische Jäger verkleideten.)

Am erstaunlichsten war, dass er seine Verlobte, Florence, bei einer bulgarischen Sklavenauktion gekauft hatte. Gemeinsam bereisten sie unbekannte Gebiete in Afrika, obwohl sie zu diesem Zeitpunkt noch nicht verheiratet waren. Als sie nach der Rückkehr nach England endlich heirateten, war Königin Victoria so schockiert über den Skandal, dass sie Baker zwar zum Ritter schlug, sich aber weigerte, seine Frau am Hofe zu empfangen.

Im April 1861 machten sich Baker und Florence von Kairo aus auf den Weg, die Quelle das Nil zu suchen, wussten aber nicht vom Fortschritt, den Speke und Grant bereits gemacht hatten. Ein Jahr lang vermaßen sie äthiopische Flüsse, bevor sie über Khartoum zum Handelsstützpunkt Gondokoro weiterzogen. Ihre Pläne, den Ursprung des Nil zu finden, wurden zunichte gemacht, als sie Speke und Grant trafen, die triumphierend vom Victoriasee zurückkamen.

Neue Herausforderung

Diese Neuigkeit zermürbte Baker. „Bleibt mir nicht einmal ein Blatt des Lorbeerkranzes?", fragte er. Speke und Grant meinten, es gäbe noch genug zu erforschen, wie etwa die verschiedenen weiteren Quellen des Nil; denn es gab in der Nachbarschaft noch einen anderen See, der sicher nicht uninteressant war. Sie überreichten ihnen noch hilfreiche Karten, bevor sie heimwärts zogen.

Rechts: Bakers Männer trugen zerlegte Dampfboote durch die Wüste des Sudan, bereit, die Flüsse und Seen Zentralafrikas zu erforschen.

Baker und Florence reisten mit erneutem Enthusiasmus weiter. Ihre Route war aber so gefährlich und beschwerlich, dass ihre bislang loyalen Träger eine Meuterei anzettelten. Oft musste Baker den Sinn seiner Expedition in Frage stellen, vor allem als seine Frau mit Fieber im Sterben lag. Commoro, Anführer des Lattokastammes, fragte ihn: „Angenommen, du erreichst den großen See; was willst du dann tun? Was hättest du davon? Wenn du heraus-

Links: *Samuel Baker, der Entdecker und Kampagnenführer gegen die Sklaverei, hielt die Afrikaner für „Wilde" und kaufte seine Frau Florence auf einem bulgarischen Sklavenmarkt.*

fändest, dass der lange Fluss dort entspringt, was dann?"

Dennoch zogen sie weiter, bis sie am 14. März 1864 endlich den See fanden.

Baker hielt ihre Emotionen fest: „Der Erfolg unserer Mühsal tat sich auf einmal vor mir auf. Dort unten, wie ein Meer von Quecksilber, lag die große Wasserfläche … in einer Entfernung von 80 bis 100 Kilometern erhoben sich blaue Berge vom Busen des Sees bis in eine Höhe von etwa 2000 Metern. Es ist unmöglich, den Triumph des Momentes zu beschreiben; es war die Belohnung für all die Anstrengung – für all die Jahre der Qual, unter der wir uns durch Afrika gekämpft hatten. England hatte die Quellen des Nil gewonnen!"

Vom Glück des Momentes überwältigt benannte er den See nach Albert, dem 1861 verstorbenen Gatten der Königin Victoria.

Seine Landkarten bestätigten zweifelsfrei, dass der Albertsee eine weitere Quelle des Nil war. Den mächtigen Wasserfall entlang dieses frühen Nilabschnitts benannte er nach Sir Roderick Murchison, dem Präsidenten der *Royal Geographical Society*.

Zurück in England lieferte er eine typisch englische, untertreibende Version der Vorfälle: „Ich behaupte nicht, den Ursprung des Nil gefunden zu haben, denn ich glaube, dass der Fluss tatsächlich tausend Quellen hat. Sein Geburtsort liegt in der weitläufigen Seenkette am Fuße der Gebirge Äquatorialafrikas. Ich wünsche mir nur, der Welt diese bescheidene Schilderung meiner Expedition im Dienste der geografischen Forschung zu präsentieren im Vertrauen darauf, dass fünf in Zentralafrika verbrachte Jahre dienlich waren, das große Becken des Nil zu bestimmen."

AFRIKA AB 1600

Die GEHEIMNISSE der PYRAMIDEN und das ALTE ÄGYPTEN

Die Pyramiden von Gizeh sind die einzigen Überlebenden der ursprünglich sieben antiken Weltwunder. Über Jahrhunderte hinweg wurden ihre Geheimnisse langsam gelüftet und heute weiß jedes Schulkind, dass es sich um die Grabstätten der Pharaonen Cheops, Chephren und Mykerinos handelt, die zwischen 2600 und 2500 v. Chr. erbaut wurden. In der Antike wurden sie ihrer Schätze beraubt, die Gebäude blieben dennoch Zeugen mysteriöser Baukunst.

Obwohl sich islamische Gelehrte im Mittelalter mit der Frage nach dem Ausmaß der Schätze beschäftigten, die in ihrem Inneren versteckt waren, blieb der eigentliche Zweck der Gebäude noch lange Zeit unbekannt. Bis ins späte 16. Jahrhundert nahm man an, es handle sich um Getreidespeicher. Der erste Europäer, der sich mit einer wissenschaftlichen Analyse der Pyramiden beschäftigte, war der Italiener Prospero Alpino, der 1582 nach Ägypten reiste, um Höhe und Umfang der Cheopspyramide zu messen. Während er korrekt folgerte, dass es sich um Grabstätten handelte, nahm er fälschlicherweise an, dass die Sphinx hohl sei.

Keine weitere Expedition konnte Erfolge verbuchen, bis Napoleon Bonaparte 1798 in Ägypten einmarschierte und ein Team von Wissenschaftlern und Mathematikern mit der Dokumentation und Erforschung der Pyramiden beauftragte. Bonaparte nahm selbst an der Operation teil. Sein Mathematiker Gaspare Monge errechnete, dass man mit all den Steinen der Pyramiden von Gizeh eine 3 m hohe, 30 cm breite Mauer um Frankreich errichten könnte.

Erst 1925 entdeckte der amerikanische Ägyptologe George Reisner eine Grabkammer am Ende eines 30 m langen Schachtes innerhalb der Cheopspyramide, der größten der drei Pyramiden. 1954 machte der ägyptische Archäologe Kamal el-Mallakh eine weitere Entdeckung: ein demontiertes Boot, das an der Seite der Pyramide vergraben war. Zusammengesetzt war es fast 43 m lang.

Zu Zeiten der Pharaonen lockte die Größe der Pyramiden Grabräuber an. Um ihre Gräber und die ihrer Ahnen zu schützen, suchten die Ägypter nach neuen Grabstätten. Die Lösung war der neue Königsfriedhof in Theben,

Oben: Eines der berühmtesten Gesichter der Welt – der junge und unbedeutende Pharao Tutenchamun wurde duch die Funde des Ägyptologen Howard Carter weltberühmt.

Rechts: Die Pyramiden von Gizeh waren bereits in der viktorianischen Zeit eine Touristenattraktion. Ägypter helfen einer europäischen Reisegruppe, die Große Cheopspyramide zu besteigen.

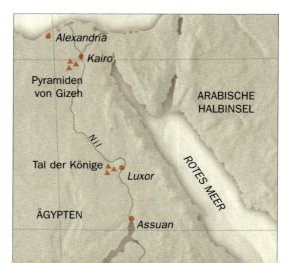

102

Hunderte Kilometer nördlich von Gizeh. Zwischen 1580 v. Chr. und 1085 v. Chr. schlug man hier Grabkammern in Kalksteinwände und darunter errichtete man Tempel. Heute ist dieser Ort als Tal der Könige bekannt.

Carters Entdeckung

Hier wurde auch Tutenchamuns Grab entdeckt, das wie durch ein Wunder noch ungeöffnet war, während die umliegenden Grabkammern geplündert waren. Die Expedition, bei der es entdeckt wurde, ist heute die bekannteste aller Zeiten. Die zuständigen Männer waren der englische Archäologe Howard Carter (1874–1939) und Lord Carnarvon, ein enthusiastischer Amateurägyptologe.

Mit Carnarvons Geld und Carters Erfahrung konnten sie einige noble Gräber in der Nähe des Tales der Könige in Theben finden. Die ganze Zeit war Carter eifrig auf der Suche nach dem Grab von Tutenchamun, dem Pharao, der 10 Jahre lang regiert hat und noch vor seinem 19. Geburtstag gestorben ist.

Seit 1917 hatte Carnarvon Carters Ausgrabungen finanziert, bis dahin jedoch erfolglos. 1922 verlor der Aristokrat den Glauben an das Projekt, und Carter musste ihn zu einer letzten Ausgrabung überreden. Innerhalb von drei Tagen entdeckte das Team eine Steintreppe, die zu einem versiegelten Eingang führte. Carter widerstand dem Drang, sofort hineinzugehen, und wartete, bis sein Sponsor von Kairo nach Luxor gekommen war. Es folgte das größte Ereignis ihres Lebens.

Hinter dem Eingang war ein Korridor, der zu einem weiteren Tor führte. Carter bohrte ein kleines Loch hinein und blickte in eine mit vergoldeten Möbeln gefüllte Kammer. Die Betten, Kisten und Stühle waren seit 3000 Jahren nicht mehr benutzt worden. Die Szene dahinter war noch atemberaubender. Die Grabkammer war fast vollständig ausgefüllt von einem riesigen, goldenen Schrein, der den Sarkophag enthielt.

Carnarvon erlebte allerdings die Öffnung des Sarkophages nicht mehr. Sie erfolgte erst 1925, zwei Jahre nachdem er an einem infizierten Moskitostich gestorben war. Obwohl er stets kränkelte, kam sein Tod überraschend. Abergläubische Gerüchte über einen Fluch verbreiteten sich rasch. Sollte solch ein Fluch existieren, so ging er an Carter vorüber, der die nächsten Jahre mit der Aufzeichnung der Funde beschäftigt war. Er wurde 65 Jahre alt und starb friedlich. Sein Fund im Tal der Könige machte einen unbedeutenden Pharao zum bekanntesten Gesicht der Welt.

Oben: *Die Pyramiden von Gizeh und die Sphinx in einem Sandsturm, auf einem Stich des 19. Jahrhunderts.*

Unten: *1922: Howard Carter (kniend) betrachtet die Inschriften auf dem vierten Schrein, der darauf hindeutete, dass sie auf den Sarkophag von Tutenchamun stoßen würden.*

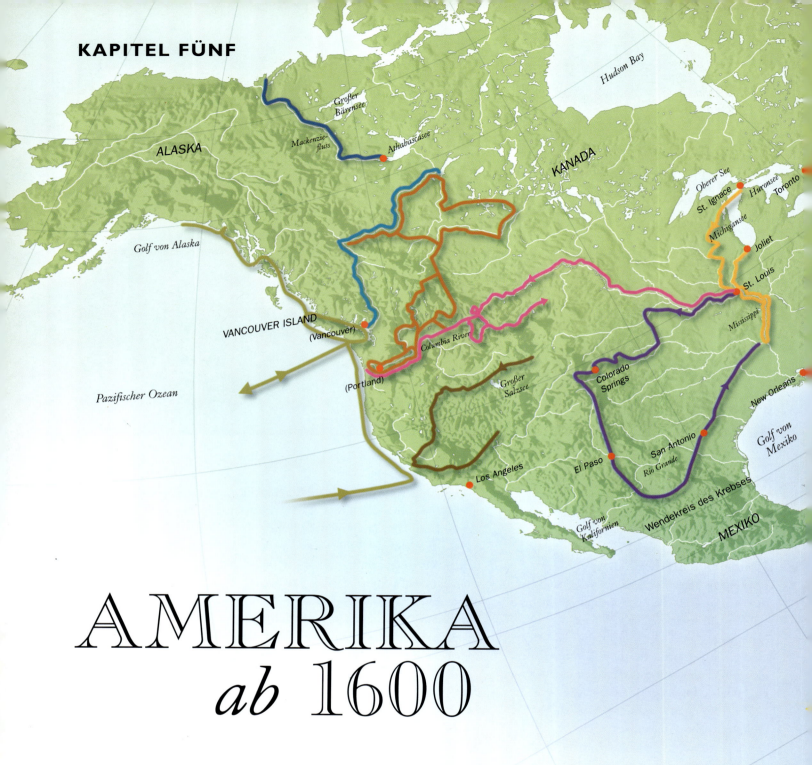

KAPITEL FÜNF

AMERIKA *ab 1600*

Als Amerika im 15. Jahrhundert entdeckt wurde, konnte niemand erahnen, wie weitläufig dieser jungfräuliche Kontinent tatsächlich war. Es gab allerdings reichlich Freiwillige, die dies herausfinden wollten in der Hoffnung, auf unsagbare Reichtümer zu stoßen.

Der anfängliche Drang, durch Gold und andere Rohstoffe reich zu werden, wurde bald durch den gezielten Versuch der Kolonisierung ersetzt. Im Gegensatz zum überbevölkerten Europa zogen die unerschöpflichen Weiten der Landstriche Amerikas Fellhändler, Viehzüchter und Ackerbauern an. Das dicht bewaldete Südamerika stellte sich bald als schwierig zu kolonisieren dar, doch Nordamerika mit seinen weiten Grasflächen und seinem moderaten Klima war einladend.

Das Grenzgebiet wurde immer weiter nach Westen verschoben. Nach dem Bürgerkrieg entwickelte sich eine Wildwestkultur, die die Expansion beschleunigte. William F. Cody alias Buffalo Bill meinte dazu: „Die

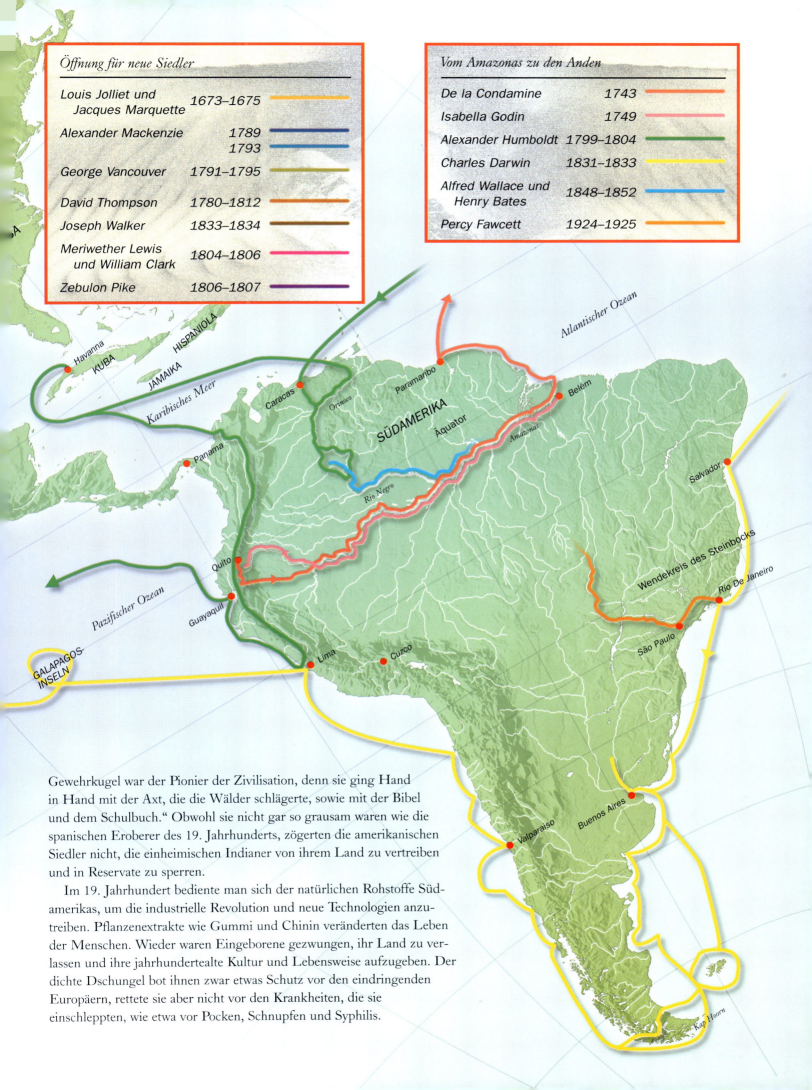

AMERIKA AB 1600

LOUIS JOLLIET *und* JACQUES MARQUETTE

1645 bis 1700

1637 bis 1675

Mehr als ein Jahrhundert nachdem Kolumbus in der Neuen Welt gelandet war, hatte Spanien noch immer die Vormachtstellung in Nordamerika. Als Frankreich und England verspätet in den Wettstreit um Kolonialgebiet einstiegen, verschoben sie das Grenzgebiet immer weiter nach Westen und zogen sich damit den Zorn der Spanier zu.

Frankreich hatte sich zwar im 16. Jahrhundert eine Scheibe der Neuen Welt abgeschnitten, war aber wegen Geldmangels an weiterer Expansion nicht interessiert. Erst der Visionär Samuel de Champlain (1567–1635), Gründer von Quebec, sicherte Frankreich einen Platz auf der Landkarte Nordamerikas. Er unternahm zunächst eine Reihe von Expeditionen entlang des St.-Lorenz-Stroms und zog dann weiter landeinwärts bis zum Ontariosee und dem Huronsee. Trotz des offenkundigen Desinteresses der französischen Regierung an der Erkundung der Gegend hisste de Champlain die französische Flagge, wo immer er konnte. Nach seinem Tod löste Louis Jolliet ihn ab. Jolliet war in Quebec geboren und wuchs mit den Heldengeschichten über de Champlain auf. 1667 gab der begabte Musiker sein Vorhaben auf, sein Leben der Religion zu widmen; er ging stattdessen nach Frankreich, um die neuesten Techniken der Kartographie zu erlernen.

Als er nach Kanada zurückkam, tat er sich mit seinem Bruder Adrien zusammen, der Fellhändler war, und gemeinsam unternahmen sie eine Reise in die kanadische Wildnis, um das Handelsgebiet auszuweiten. 1670 kam ihr Unternehmen mit dem plötzlichen Tod Adriens zum Stillstand. Zwei Jahre später wurde Jolliet vom Gouverneur von Quebec gebeten, eine Expedition zur Erforschung des Rohstoffgehaltes des Seengebietes zu unternehmen. Unter den Leuten, die Jolliet begleiteten, waren sein zweiter Bruder Zacharie und Pater Jacques Marquette, ein Jesuitenpriester, der bei den Indianern lebte.

Sie hatten von einem Fluss südlich von Kanada gehört – dem Mississippi –, wussten aber nicht, ob er nach Süden in spanisches Gebiet oder nach Westen zum Pazifik floss. Sollte Letzteres der Fall sein, hielten sie ihn für eine möglich Abkürzung nach China. Trotz der hoffnungsvollen Aussichten konnten sie nicht auf finanzielle Unterstützung hoffen. Joliet musste die Expedition aus eigener Tasche zahlen und hoffte die Ausgaben unterwegs durch Handel abzudecken.

Am 17. Mai 1673 legten Jolliet, Marquette und fünf Kollegen mit Kanus von der Mission von St. Ignatius bei Michillimakinak am Nordufer des Michigansees ab. Sie paddelten das

Rechts: *Louis Jolliet hatte ein religiöses Leben geplant, widmete sich aber stattdessen der Entdeckung. Zunächst fand er den Mississippi, dann war er der erste weiße Mann, der jenes Gebiet zu Gesicht bekam, an dem sich heute Chicago befindet. Sogar ein Vorort der Stadt ist nach Jolliet benannt. Abbildung einer Statue.*

Ufer entlang, bis sie zum Fox River kamen. Lokale Indianer, wie Marquette übersetzte, warnten sie vor den kommenden Gefahren – nicht nur waren die Mississippibewohner barbarisch und grausam, auch lauerten Ungeheuer im Wasser. Dennoch fuhr Jolliet weiter und erreichte am 17. Juni 1673 den Mississippi. Die Indianer, denen sie begegneten, waren freundlich und die einzigen Monster waren auf Felsen gemalte. Sie fuhren den Fluss 1600 km weit entlang, zeichneten jede Biegung auf und erstellten die erste Karte vom Mississippi.

Desaster

Im Juli erreichten sie von feindlichen Indianern bewohnte Gebiete und außerdem näherten sie sich spanischem Territorium. Sie beschlossen umzukehren, anstatt sich „den Spaniern Floridas auszuliefern". Obwohl sie nicht, wie erhofft, die Mündung des Mississippi erreichten, stellten sie zweifelsfrei fest, dass er nach Süden in den Golf von Mexiko floss.

Das Schicksal schlug zu, als sie sich auf den Rückweg nach Kanada machten. Das Kanu mit Jolliets Notizen kippte bei den Stromschnellen von Lachine. Drei Männer ertranken und Jolliet selbst hatte Glück, mit dem Leben davonzukommen. „Ich wurde nach vier Stunden im Wasser gerettet, von zwei Fischern, die von der heiligen Jungfrau an diese Stelle geführt wurden … Mir bleibt nichts außer meinem Leben."

1675 predigte der von Ruhr geschwächte Marquette beim Illinoisfluss zu 2000 Indianern. Bald darauf starb er; und seine Notizen sind die einzigen Aufzeichnungen über das Mississippiabenteuer. Genau genommen ist nicht einmal sicher, ob sie nicht von einem Kollegen verfasst wurden, der sie mit Jolliets Erinnerungen ausschmückte.

Die französische Regierung war enttäuscht von den spärlichen Resultaten der Expedition. Jolliet widmete sich darauf erfolgreich dem Fellhandel, bis ihn 1679 der französische Gouverneur bat, eine Spionagemission gegen die in der Hudson Bay ansässigen Engländer zu unternehmen. Jolliet zeichnete weiterhin Karten und erkundete die Küstenregion von Labrador, bis er 1700 während einer weiteren Expedition verschwand.

Oben: *Mit Hilfe freundlicher Indianer entdecken Jolliet und Marquette den Mississippi.*

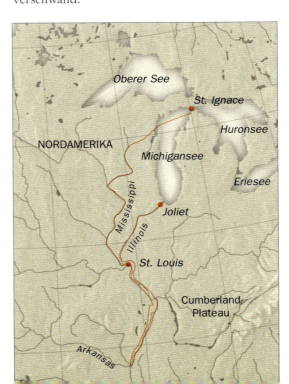

AMERIKA AB 1600

CHARLES MARIE *de la* CONDAMINE

1701 bis 1774

Der erste Mann, der den Amazonas entlangsegelte, war Francisco de Orellana (1511–1546), der 1540 auf seiner 4800 km langen Reise oftmals auf feindliche Indianerstämme stieß. Mit dem Mythos der antiken Kriegerinnen, der Amazonen, im Hinterkopf, war es Orellana, der dem mächtigen Fluss seinen Namen gab. Erst 200 Jahre später besuchte der erste Wissenschaftler, Charles Marie Condamine, die Region und fuhr den Amazonas entlang.

Der analytisch denkende französische Aristokrat wurde nach Südamerika geschickt, um ein wissenschaftliches Rätsel zu lösen: Sir Issac Newton hatte behauptet, die Welt sei an den Polen abgeflacht, während der Astronom Giovanni Cassini meinte, dort wäre sie am breitesten.

De la Condamines Mission stellte sich als mühsam heraus. Er und seine Truppe gelangten in spanisches Gebiet und die Spanier waren der Fremden vor ihren Küsten überdrüssig. Der Schiffsarzt wurde bei einem Aufstand getötet; ein Botaniker verlor den Verstand, als ein Diener Proben, die er gesammelt hatte, weggeworfen hatte; ein Mann starb an Malaria und ein anderer fiel von einem Gerüst.

De la Condamine stritt sich regelmäßig mit dem Astronomen Pierre Bouguer. Schließlich erreichte sie auch noch die Nachricht, dass eine Truppe, die mit der gleichen Mission beauftragt war, bereits den stichhaltigen Beweis erbracht hatte, dass Newtons Theorie korrekt war.

Condamine verbrachte acht schwierige Jahre in Südamerika, in denen er versuchte seine Mission zu erfüllen. Zum Abschluss wollte er den Amazonas von den Anden im Westen bis zur Atlantikküste im Osten hinabfahren. Der spanische Offizier Pedro Maldonado begleitete ihn auf dieser Expedition. Sie reisten in Kanus aus ausgehöhlten Baumstämmen, die Einheimische manövrierten, und legten zwischen dem 23. Juli und dem 19. September 1743 die erstaunliche Strecke von fast 4200 km zurück.

Obwohl de la Condamine auf Wissen und Geschicklichkeit der Eingeborenen angewiesen war, hatte er nichts Gutes über die südamerikanischen Indianer zu sagen: „Ihre Völlerei kann unappetitliche Ausmaße annehmen; andererseits können sie auch hungern und scheinen nichts zu benötigen … sie sind arbeitsscheu und streben weder nach Ruhm oder Ehre noch nach Dankbarkeit. Sie sind immer nur auf den jetzigen Moment bedacht, unfähig, zu reflektieren, oder im Voraus zu denken." Für einen Mann, der durch diese Reise Ansehen erlangte, war er äußerst undankbar.

De la Condamine war von der natürlichen Umgebung überwältigt: „Ich fand mich in einer neuen Welt wieder, abgeschnitten von jeglicher Zivilisation, auf einem Süßwassersee, der auf allen Seiten von Flüssen und Kanälen durchdrungen war; umgeben von üppigem Regenwald." Unter seinen Entdeckungen waren die unglaublichen Eigenschaften des Naturkautschuks Latex, der Elektroschock durch Aale, Chinin, viele exotische Früchte und unzählige Pflanzenarten. Auch das Pfeilgift Curare brachte er nach Europa. De la Condamine zeichnete Karten, während er reiste, und erforschte zumindest einige Stämme des Amazonasgebiets.

Jean und Isabella Godin

Als de la Condamine den Ozean erreichte, wandte er sich nach Norden und suchte nach einem Hafen, wo er ein Schiff für die Überfahrt nach Europa finden würde. 1745, ein Jahrzehnt nach seiner Abreise, kehrte er zurück und veröffentlichte seine Memoiren.

Heldenhaftere Erzählungen lieferten aber

Oben: *Charles Marie de la Condamine fuhr den Amazonas entlang, um eine wissenschaftliche Theorie zu prüfen, kam aber mit viel wertvolleren Entdeckungen zurück: mit Latex und Chinin.*

Jean Godin des Odonais und dessen Frau Isabella. Auch Godin hatte sich vorgenommen, den Amazonas entlangzusegeln, bevor er nach Frankreich zurückkehrte. Er stieß aber auf Schwierigkeiten und blieb daher im westlichen Teil Amazoniens. 1749 verließ Isabella Godin gemeinsam mit vielen Verwandten, Dienern und Einheimischen die Ostküste, um ihren Mann zu suchen. Das Schicksal schlug bald zu, als sie ein Dorf entdeckten, das durch die Pocken ausgerottet worden war. Die Indianer und Isabellas Gruppe flohen. Bald darauf teilten sie sich; Isabella blieb mit ihrer Familie im Dschungel, während die anderen vorauseilten, um Hilfe zu suchen. Sie warteten 25 Tage lang, bevor sie verzweifelt allein loszogen. Einer nach dem anderen starb und nur Isabella überlebte. Vor dem sicheren Tod durch Krankheit und Hunger bewahrte sie eine Gruppe freundlicher Einheimischer.

Wieder gestärkt konnte sie auf dem Amazonas weiterreisen, bis sie ihren Mann fand, der sie bereits tot geglaubt hatte. Ihre heldenhafte Geschichte wurde weltbekannt.

Oben: *Der Dschungel des Amazonasbeckens. Die vielen Windungen und Seitenarme machten die Navigation schwierig.*

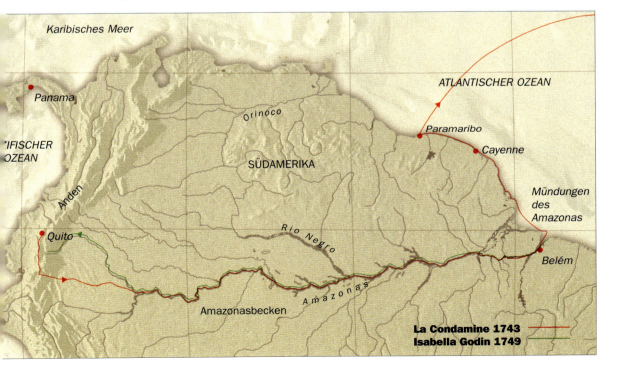

AMERIKA AB 1600

ALEXANDER MACKENZIE

1764 bis 1820

Der Schotte Alexander Mackenzie war einer von vielen Entdeckern auf der Suche nach der berüchtigten Nordwest-Passage durch Amerika. Im Gegensatz zu den meisten seiner Zeitgenossen überlebte er und konnte der Welt von seinen Abenteuern erzählen. Mit 15 Jahren zog Mackenzie von seinem Heimatort Stornoway auf den schottischen Hebriden nach New York und von dort, um dem Amerikanischen Bürgerkrieg zu entkommen, weiter nach Montreal. Er wurde Mitglied einer kleinen Pelzhandelsfirma, die später von der größeren Northwest Company übernommen wurde. Er arbeitete sich in eine gehobene Stellung empor und war 1788 bereits für die gesamte Lake-Athabasca-Region zuständig.

Sein Hauptquartier war bei Fort Chipewyan, einem zuvor von seinem Bruder Roderick gegründeten Handelsposten. Die Gegend war erst vor kurzem vom Trapper Peter Pond (1740–1807) für den Pelzhandel erschlossen worden. Pond war überzeugt, dass der Fluss, der dem Großen Sklavensee nördlich des Lake Athabasca entsprang, in den Pazifik floss.

Mackenzie wollte diese Theorie überprüfen und plante seine erste Expedition. Im Juni 1789 brach er auf, begleitet von vier französischen Kanadiern, zwei ihrer Ehefrauen, einem indianischen Führer namens „English Chief" und zwei seiner Frauen. Innerhalb weniger Tage wurden sie enttäuscht. Der Große Sklavensee war zugefroren und sie wurden aufgehalten, als sie versuchten ihn zu überqueren. Sie fanden jedoch die Mündung des Flusses und fuhren ihn entlang, ermutigt durch die Tatsache, dass er in Richtung Westen floss. Bald darauf sahen sie die Rocky Mountains und hofften die Gipfel zu überqueren, doch ihre Hoffnungen wurden zunichte gemacht, als der Fluss in Richtung Norden abzweigte und sich vom Gebirge entfernte. Am 13. Juli 1789 mussten Mackenzie und seine Leute feststellen, dass der Fluss in ein Delta überging, das in die Beaufortsee floss; also in den Atlantik und nicht, wie erhofft, in den Pazifik. Mackenzie nannte den Fluss „Fluss der Enttäuschung". Dass er selbst in nur 100 Tagen fast 5000 km auf einer noch nie zuvor bereisten Strecke zurückgelegt hatte, war ihm kein Trost. Später wurde der Fluss ihm zu Ehren Mackenzie River benannt.

Endlich Erfolg

1791 reiste Mackenzie nach England, um mehr über das Entdeckerhandwerk zu lernen. Ein Jahr lang studierte er Astronomie und Kartographie, bevor er, ausgestattet mit den modernsten Navigationsgeräten, nach Kanada zurückkehrte.

Im darauf folgenden Jahr hatte er bereits die nächste Expedition geplant. Diesmal bestand die Gruppe aus einem zweiten Anführer, Mackay, sechs französischen Kanadiern, zwei indianischen Führern und Mackenzies treuem Hund.

Am 9. Mai 1793 brachen sie vom Peace River westlich des Athabascasees auf, in einem eigens für Mackenzies Bedürfnisse angefertigten Kanu aus Birkenrinde. Die ersten Schwierigkeiten traten bei den Stromschnellen des Peace River auf. Mit viel Mühe trugen sie das Kanu und seinen Inhalt diesen tückischen Abschnitt entlang. Natürlich gab es noch keine ausgetretenen Pfade entlang des Flussufers.

Als sich der Wasserweg spaltete, beschloss Mackenzie, den Abschnitt des Flusses Fraser

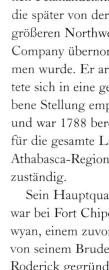

Oben: Obwohl er sich am nach ihm benannten Fluss die Zähne ausgebissen hatte, half Alexander Mackenzie bei der Erschließung Britisch-Kolumbiens. Er erforschte die gefährlichen Stromschnellen Kanadas von den Rocky Mountains bis zum Pazifik.

1607	1608	1608–1628	1609	1613	1616	1616	1632
Jamestown, erste britische Siedlung in Nordamerika, wird errichtet	Samuel de Champlain gründet Quebec	Etienne Brule erkundet die großen Seen	Henry Hudson segelt den Hudsonfluss hinauf	Holländer errichten Handelsstützpunkt auf Manhattan Island	Sir Walter Raleigh erreicht auf der Suche nach Gold den Orinoco	Der Brite William Baffin entdeckt Baffinbay in Kanada	Gründung der englischen Kolonie Maryland

entlangzugehen, bis er unpassierbar wurde. Am 4. Juli mussten sie das Kanu zurücklassen und landeinwärts in Richtung Küste ziehen. Ihre von Mühsal geplagte Reise endete am 19. Juli, als sie die Küste des heutigen Britisch-Kolumbien erreichten, dort, wo der Deankanal ins Meer fließt. Mackenzie schrieb: „Ich mischte etwas Zinnoberrot mit Öl und schrieb in großen Buchstaben auf die Südostseite des Felsens, auf dem wir übernachtet hatten, die Gedenkschrift: ‚Alexander Mackenzie, aus Kanada, über Land, am 22. Juli 1793'."

Obwohl die Strecke, die er zurückgelegt hatte, für den Handel gänzlich ungeeignet war, überquerte er den Kontinent auf der bis dato nördlichsten Route. König Georg III. schlug ihn 1801 zum Ritter. Als Angestellter der Northwest Company forcierte er die Wettbewerbsfähigkeit seiner Firma gegenüber der Hudson Bay Company. Er leitete Gespräche ein, die schließlich zu ihrer Fusionierung führten.

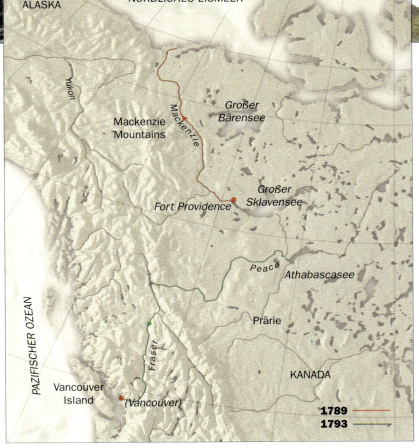

1634	1648	1654	1655	1660	1667	1671	1673
Jean Nicollet erreicht den Michigansee	Semjon Deschnew segelt durch die Beringstraße (nicht bewiesen)	Portugiesen vertreiben Holländer aus Brasilien	Franzosen erobern die Insel Haiti	Pater Claude Allouez erkundet die Großen Seen	Bahamas werden an die britische Kolonie von Carolina annektiert	Jesuit Charles Albanel gründet Handelsrouten um die Hudson Bay	Louis Jolliet und Jacques Marquette erkunden den Mississippi

AMERIKA AB 1600

Baron ALEXANDER von HUMBOLDT

1769 bis 1859

Humboldt war ein viel beschäftigter Mann: er war begeisterter Wissenschaftler, Botaniker, Meteorologe und Naturwissenschaftler. Wegen seines gewaltigesn Wissens und seines unerschöpflichen Enthusiasmus bei der Erkundung neuer Dinge galt er als Universalgenie.

Er wurde in Berlin geboren, im gleichen Jahr wie Napoleon. Zum Reisen inspiriert wurde er durch die Werke von Charles de la Condamine.

Schon früh bewies er einen außerordentlichen Intellekt, denn er beherrschte Französisch, Englisch, Spanisch und Russisch. Er und sein Bruder Wilhelm, ein Gelehrter und Gründer der Universität von Berlin, waren Freunde der Dichter Goethe und Schiller.

Bevor er seine Entdeckerlaufbahn einschlug, war Alexander von Humboldt Inspektor einer Minengesellschaft und bereiste Europa ausgiebig. Doch all seine Pläne, sich diversen Expeditionen anzuschließen, scheiterten, bis er sich mit dem Franzosen Aimé Bonpland zusammenschloss, der sich danach sehnte, nach Südamerika zu reisen. Gemeinsam baten sie den spanischen König, seine Gebiete in Südamerika bereisen zu dürfen, was ihnen auch gestattet wurde. So erreichten sie am 16. Juli 1799 den Kontinent und begannen eine fünfjährige Expedition, die das allgemeine Wissen über Südamerika erheblich steigerte. In den ersten neun Monaten erkundeten Humboldt und Bonpland den Orinoco auf Kanus und entdeckten, dass er in den Amazonas floss. Beide waren fasziniert von den Elektrofischen. Diese *gymnoti* waren schwierig zu beobachten, da sie sich im Sand vergruben. „Ich kann mich nicht erinnern, je zuvor einen schrecklicheren Stromschlag erhalten zu haben", schrieb Humboldt, nachdem er auf einen getreten war.

Weiter im Landesinneren wurden die Insekten zum Problem. Mücken und Moskitos fühlten sich in der feuchten Luft, den stehenden Gewässern und der fruchtbaren Erde besonders wohl. Die Quälgeister lösten in ihren Opfern über Monate Bauchschmerzen, Fieber, Durst und sogar Depression aus. „Es sind nicht die schwer zu lenkenden Boote, die wilden Indianer, die Schlangen, Krokodile oder Jaguare, die die Spanier abschrecken, den Orinoco hinaufzufahren; es

sind, wie sie selbst sagen, ‚El sudar y las moscas' (Schweiß und Fliegen)", schrieb Humboldt.

Konflikt und Verdacht

Wie fast alle Reisenden waren sie für Nahrungsmittelnachschub auf die Jesuitenbrüder angewiesen, die sich bereits in entlegenen Gebieten niedergelassen hatten. Einer der Missionare, Vater Bernardo Zea, schloss sich der Expedition an und trug mit seinem Wissen über die Region wesentlich zu ihrem Erfolg bei. Dennoch waren die Spanier äußerst misstrauisch gegenüber Fremden und schützten ihr Territorium. „Wie kann irgendjemand glauben, dass du hierher kamst und dich von Moskitos beißen ließest, um Land zu vermessen, das nicht deines ist?", hatte einer der Siedler gefragt.

In den Kanus herrschte chronischer Platzmangel, da fast alles für sehr sperrige wissenschaftliche Instrumente und die Pflanzen und Tiere benötigt wurde, die sie sammelten. Gegen Ende ihrer ursprünglichen neunmonatigen Expedition reisten sie mit einer wahren Menagerie und hatten Proben von etwa 12.000 Pflanzen gesammelt.

In den folgenden Jahren ihres Aufenthalts reisten sie gemeinsam nach Kuba und auf dem Landweg ins heutige Kolumbien, Ecuador und Peru, um ebenfalls Daten aufzunehmen und Proben zu sammeln. Humboldt glaubte, dass der riesige Chimborazovulkan der höchste Punkt der Welt sei. Obwohl er seinen Gipfel nie erreichte, stieg Humboldt bis fast 5800 m empor.

Als sie ihre Südamerikareise beendeten, hatten sie 9600 km zurückgelegt und an die 60.000 Pflanzen gesammelt. In Europa wurden sie wegen ihrer Leistungen gefeiert. Schließlich verwandelte Humboldt seine zahlreichen Notizen in 30 Bücher, die er nach und nach veröffentlichte – das letzte mit 65 Jahren.

Obwohl ihm die Regierung danach das Reisen verbot (man verdächtigte ihn der Spionage), besuchte er dennoch Sibirien, das den Europäern noch immer weitgehend unbekannt war. Humboldt starb erst mit 90 Jahren als einer der größten Entdecker seiner Zeit.

Oben: *Humboldt und Bonpland beim Orinoco. Schnitt aus 1877.*

Gegenüber: *Humboldt untersucht Proben.*

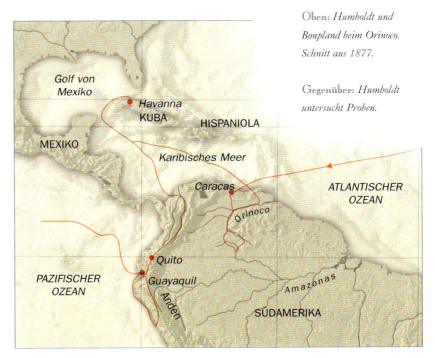

AMERIKA AB 1600
GEORGE VANCOUVER

1758 bis 1798

In jungen Jahren fand George Vancouver im Leben Ruhm an der Seite des berüchtigten Entdeckers James Cook. Später konnte er sich unter den kanadischen Entdeckern einen eigenen Namen machen. Mit 13 Jahren trat George Vancouver der britischen Marine bei. Zwei Jahre später begleitete er James Cook auf seiner bahnbrechenden Reise um die Welt

Oben: Kapitän George Vancouver, wahrscheinlich von Abboth; heute in der Nationalgalerie von London.

(1772–1775). Auf ihrer dritten gemeinsamen Reise, die 1780 in Hawaii mit dem Tod von James Cook endete, war er *Midshipman*. Am Tag bevor Cook im Konflikt mit den Eingeborenen getötet wurde, wurde auch Vancouver angegriffen. Er überlebte und kehrte nach England zurück. Später hielt er sich hauptsächlich in der Karibik auf.

Cook hatte zwar den Pazifik weitgehend bereist, doch Vancouver war der Ansicht, es müsse noch mehr zu entdecken geben. 1790 wurde er zum Kommandeur der HMS *Discovery* ernannt und damit beauftragt, die nordamerikanische Pazifikküste zu vermessen. Diese Küstenstrecke kannte er zwar bereits, doch die Möglichkeit der Entdeckung einer Nordwestpassage durch die kanadische Arktis war verlockend. Dies würde eine Verbesserung der Handelsrouten zwischen England und China bedeuten.

Europäische Rivalen

Vancouver hatte aber auch ein politisches Problem zu lösen, denn die Spanier erhoben Besitzanspruch auf einen Großteil der Westküste. Im Nootkasund im heutigen Britisch-Kolumbien kam es zum Konflikt, als spanische Schiffe die von britischen Fellhändlern gegründeten Stützpunkte einnahmen. Die Spanier, verunsichert durch Gerüchte über russische Expansionsbestrebungen, hatten voreilig gehandelt. Der Konflikt wurde erst 1790 in der *Nootka Sound Convention* geregelt. Die Briten erhielten Entschädigungszahlungen, und die Vorherrschaft der Spanier in diesem Gebiet wurde beendet.

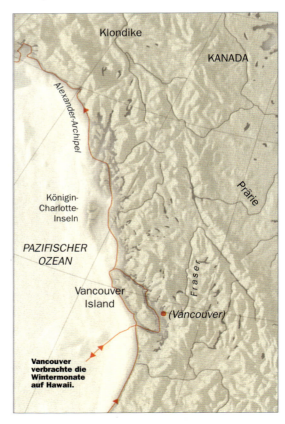

Vancouver verbrachte die Wintermonate auf Hawaii.

Vancouver hatte nun die Aufgabe, die Beschlüsse der Verhandlung in die Tat umzusetzen.

Am 1. April 1791 stach die Discovery in Begleitung eines zweiten Schiffes, der *Chatham*, unter der Führung von William Broughton in See. Sie umfuhren das Kap der Guten Hoffnung, Neuseeland, Tahiti und überwinterten auf Hawaii. Dann segelten sie den letzten Abschnitt bis Kalifornien.

Dort begann Vancouver, die Küstenlinie nördlich von San Francisco zu dokumentieren und fuhr dabei an der Mündung des Columbia River vorbei. Auch noch als ihm ein amerikanischer Schiffskapitän von einem großen Fluss in der Gegend erzählte, zweifelte Vancouver an seiner Existenz. Daraufhin machte sich Kapitän Robert Gray folgerichtig allein auf, um den Fluss zu erkunden. Am 12. Mai 1792 wurde er der erste Entdecker, der diesen Fluss jemals entlanggefahren war. Er handelte mit den Indianern, dokumentierte den Lauf des Flusses über rund 30 Kilometer und nannte ihn nach seinem Boot „Columbia". Zum Zeitpunkt, als Vancouver Broughton losschickte, um den Fluss doch zu suchen, war er bereits von den USA beansprucht worden.

Es gab aber noch andere Dinge zu erreichen. Am 12. August 1792 umkreiste er das Landstück, das heute seinen Namen trägt, Vancouver Island. Er segelte nur mit den Rettungsbooten, da das Gewässer um die Insel zu flach war. Sein nächstes Ziel war der Nooktasund, wo er sich mit dem spanischen General Juan Francisco de la Bodega y Quadra traf, um die Bedingungen der Konvention von 1790 zu diskutieren. Sie konnten sich über die praktische Umsetzung der Details nicht einigen, doch im Verlauf ihres Disputes entdeckten sie hohen Respekt füreinander, der zu einer lebenslangen Freundschaft führte.

Die Männer zogen ihre Regierungen zu Hilfe, um das Problem zu lösen, und Vancouver verbrachte erneut die Wintermonate auf Hawaii, wo er weitere Vermessungen vornahm. Im Mai 1793 kehrte er zur nordamerikanischen Westküste zurück; diesmal fuhr er bis Alaska in den Norden und wieder hinunter bis südlich von San Francisco. Noch einmal überwinterte er auf Hawaii, bevor er über Kap Horn nach England zurückfuhr. Am 20. Oktober erreichte er die Themse als Veteran, der 104.000 km auf der Discovery und 16.000 km in den Beibooten des Schiffes zurückgelegt hatte. Seine Weltumrundung erfüllte ihm den Traum der Erstellung einer kompletten Weltkarte, während er seine Hoffnungen, die Nordwestpassage – die Seeleute jahrhundertelang gesucht hatten – zu finden, für immer begraben musste.

Oben: *Diese große Wandmalerei in Oregons Hauptstadt Salem stellt Kapitän Robert Gray in der Nähe der Mündung des Columbiaflusses dar, kurz vor seiner Entdeckung des „Flusses des Westens" 1792.*

AMERIKA AB 1600

DAVID THOMPSON

1770 bis 1857

Unten: Eine Auswahl an Messinstrumenten aus dem 18. Jahrhundert. Mit solchen Utensilien zeichneten Männer wie David Thompson den nordamerikanischen Kontinent auf. Diese Instrumente gehörten eigentlich Sir John Franklin (Seiten 140–141).

Nach David Thompson sind weder Seen noch Gebirgsketten benannt. Genau genommen kennen nur sehr wenige seinen Namen, obwohl er als einer der weltbesten Geografen Kanada erforscht hat. Thompson war in London in Armut geboren worden und besuchte die Coat Charity School in Westminster, wo er ein außerordentliches Talent für Mathematik bewies. Mit 14 Jahren erhielt er eine Lehrstelle bei der Hudson Bay Company und gelangte im September 1784 in die Neue Welt. Innerhalb von zwei Jahren avancierte er vom Sekretär zum Jäger und Entdecker. In Kanadas unerforschten Weiten betrachtete man Indianer als Handelspartner und nicht als Feinde; und so hatte Thompson 1787 die Gelegenheit, den Winter bei dem Indianerstamm der Peigan zu verbringen, wo er ihre Sprache und Kultur studierte.

1788, er arbeitete immer noch für die Hudson Bay Company, erlitt er bei einem Unfall einen so komplizierten Schmetterbruch an einem Bein, dass er acht Monate lang nicht gehen konnte und danach auf Krücken angewiesen war. Während seiner Genesungszeit erlernte er die Kunst der Landvermessung, und der Astronom Philip Turnor brachte ihm bei, die Gestirne zu lesen. Danach fertigte er Tabellen und Karten an, die sich sogar heute, im Zeitalter der Satellitenbestimmung, noch als auf eine Meile genau erwiesen.

Einige Jahre lang vermaß Thompson den Saskatchewanfluss und den Manitobasee. Es war offensichtlich, dass er sich mehr für Kartenerstellung als für Fellhandel interessierte, und dies missfiel der Hudson Bay Company. 1797 wechselte Thompson also den Vertragspartner und begann, für die rivalisierende Northwest Company zu arbeiten. In seinem ersten Jahr reiste er 6400 km, vermaß die neue Nation Kanada und gründete unterwegs an geeigneten Stellen Handelsposten.

Dabei fand er noch die Zeit, zu heiraten; seine Frau Charlotte Small war europäischer und indianischer Abstammung. Sie waren mehr als 60 Jahre verheiratet und hatten 13 Kinder. Thompson war ein gläubiger Mann, der trotz

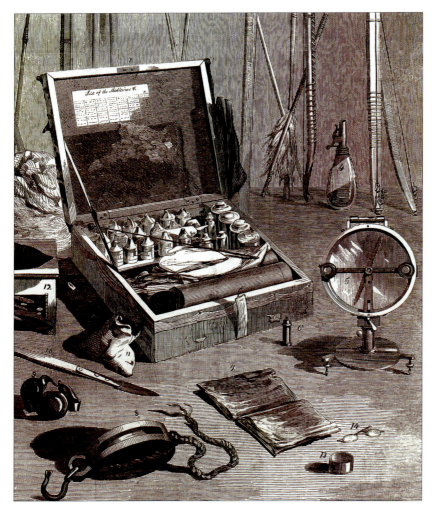

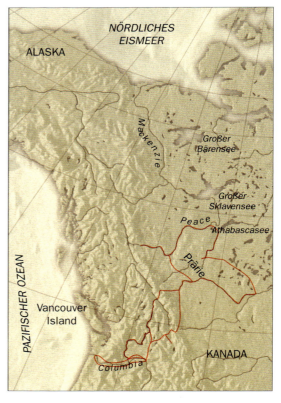

der Mühen seiner Reisen und geschäftlicher Belastungen seinen Prinzipien treu blieb. Er weigerte sich, an die Indianer Alkohol zu verkaufen, da er ihn für schädlich hielt. Seinen analphabetischen Mitreisenden las er die Bibel laut vor. Trotz seines eigenen Glaubens hatte er großen Respekt vor den religiösen Vorstellungen der Eingeborenen.

Es war ein persönlicher Rückschlag, als eine fremde Expeditionstruppe, finanziert von John Jacob Astor, als Erste die Mündung des Columbia River erreichte, indem sie um das Kap Horn zur kanadischen Westküste gereist war. Robert Stuart, einer von Astors Männern, entdeckte den Südpass durch die Rocky Mountains, von dem ein Kernstück den späteren Oregon Trail bilden sollte. Dennoch kartographierte Thompson den Columbia und seine Zuflüsse. Er bestimmte genau den 49. Breitengrad, die Grenze zwischen den USA und dem britischen Territorium, das später zu Kanada wurde. Den Nordamerikanern war das Finden einer leicht zugänglichen Route über die Rocky Mountains immer noch sehr wichtig; und Thompson löste dieses Problem, als er den heutigen Athabascapass entdeckte.

Überlebenskunst

Seinen Mitreisenden gab er Anlass zu Spekulationen: „Sowohl Kanadier als auch Indianer fragten mich oft, warum ich die Sonne beobachte; manchmal auch tagsüber den Mond; und warum ich nächtelang mit meinen Instrumenten die Sterne anstarre. Ich sagte ihnen, dass ich auf diese Weise die Distanz zwischen verschiedenen Orten bestimmte. Keiner von ihnen glaubte mir, da sie meinten, dass ich zu diesem Zwecke wohl besser auf den Boden sehen sollte ... Weder Argumente noch Witze konnten sie überzeugen, also ließ ich sie in ihrem Glauben ..." Wie viele andere Entdecker, die Distanzen anhand des Sonnenstandes maßen, war Thompson in späteren Jahren fast blind.

1812 ließ er sich in Montreal nieder und verbrachte zwei Jahre mit der Erstellung einer detaillierten Kanadakarte. Später beteiligte er sich noch an so mancher Expedition, wurde aber von den Behörden weitgehend ignoriert und auch der ihm versprochene Lohn blieb aus. Also war es ihm selbst überlassen, sich auf Grund seiner Leistungen einen Namen zu machen. Dies tat er, indem er ein 77-bändiges Buch verfasste:

„Ich habe nun meine Vermessung dieses Teiles von Nordamerika von Küste zu Küste abgeschlossen. Durch unzählige astronomische Beobachtungen habe ich die genaue Position von Bergen, Seen, Flüssen und anderen bedeutenden Punkten des Kontinentes bestimmt. Es war das Werk von 27 Jahren, all dies in Landkarten zu zeichnen und geografisch genau festzuhalten."

Oben: Am Ende seiner Karriere behauptete Thompson, er habe die genaue Lage eines jeden Flusses und Berges in der von ihm erforschten Region bestimmt.

117

AMERIKA AB 1600

JOSEPH WALKER

1798 bis 1876

Stellen Sie sich Redwoodbäume, fruchtbare Täler, durch die Lüfte gleitende Adler und meilenweite unberührte Wildnis vor – dort, wo sich heute San Francisco und Los Angeles befinden. Genau so hatte Joseph Walker Kalifornien nach seiner mühsamen Wanderung durch die Sierra Nevada vorgefunden. Es war zwar spanisches Territorium, jedoch weitgehend unerschlossen. Kalifornien war von den Rocky Mountains, der Sierra Nevada und der Mojavewüste als natürliche Barrieren umgeben; alle stellten unwirtliches Gelände dar. Abenteuerlustige Kirchenmänner gründeten Missionen, während sie die Küste entlangzogen. Ihnen folgten Spanier auf der Suche nach El Dorado, der Goldenen Stadt. Die umliegenden Indianerstämme waren weitgehend friedlich.

Andere Europäer, die nach Kalifornien wollten, mussten Kap Horn in Südamerika umsegeln und sich weiter nördlich in spanisches Gebiet begeben. Mit Sicherheit war das eine anstrengende und gefährliche Reise, die nur wenige Mutige wagten. Da fast ausschließlich die Küste erschlossen war, hielt sich das Wissen über die Rocky Mountains in Grenzen.

Erst ein Amerikaner hatte den amerikanischen Westen auf dem Landweg erreicht. Jedediah Strong Smith (1798–1831) überlebte unvorstellbare Mühsal auf dem Weg durch die Mojavewüste. Genau genommen legte Smith die Strecke zweimal zurück und verlor 25 Männer, die von feindlichen Indianern getötet wurden. Smith selbst wurde von den Komantschen während einer weiteren Expedition getötet. Seine Geschichte wirkte auf andere wenig inspirierend, obwohl er die für Jahrzehnte aktuellste Karte des amerikanischen Westens erstellte. Trotz Smiths Leistungen war es Walker, der die meiste Arbeit tat.

Über Walkers Kindheit ist wenig bekannt; wahrscheinlich wurde er in Virginia geboren und wuchs in Tennessee auf. Er war Teilnehmer der Expedition, die 1819 Teile des Santa-Fé-Trails von Missouri bis New Mexico vermaß. Die meiste Vorarbeit hatte dabei bereits der Franzose Pierre Vial (1750–1814) geleistet, der auf Geheiß der in New Mexico ansässigen Spanier eine neue Route nach Missouri und Illinois suchte. Unterwegs wurden er und sein Kamerad allerdings von Indianern gefangen genommen und erst nach sechs Wochen wieder freigelassen, als sich ein Französisch sprechendes Stammesmitglied für sie einsetzte. Sie reisten weiter entlang des Missouri und des Kansas-Flusses und erreichten am 3. Oktober St. Louis. Zwanzig Jahre später dokumentierten Walker und sein Team den Santa-Fé-Trail, auf dem neue Siedler in den Westen und Süden zogen.

Weiter zur Pazifikküste

1831 lernte Walker den ehemaligen Soldaten Benjamin Bonneville (1796–1878) kennen, der behauptete, erfahrener Trapper zu sein. Viel wahrscheinlicher war Bonneville in Wirklichkeit ein Spion der Regierung der Vereinigten Staaten, der sich mehr für die Aktivität der Briten und Indianer sowie für die Mineralvorkommen und Naturgeschichte der Gegend interessierte als für den Fellhandel. Er machte sich zum Gespött der anderen Trapper, als er am Green River ein Fort baute. Der Platz war zum Fellesammeln völlig ungeeignet, jedoch ein ausgezeichneter Beobachtungsposten.

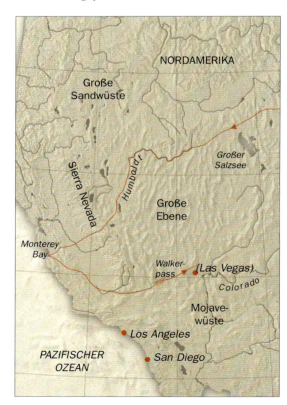

Bonneville sicherte weder Gebiete für die USA noch erweiterte er das geografische Wissen der Nation. Er lieferte hingegen dem Kriegsministerium die genauesten Spionageberichte, die zu dieser Zeit verfügbar waren. Auch war es Bonneville, der seinen Feldkommandeur Walker aussandte, den Großen Salzsee im Osten zu erkunden. So verließ Walker am 20. August 1833 als Anführer einer 20-köpfigen Mannschaft Bonnevilles Fort. Die Mission wurde beschwerlich, als sie die Sierra Nevada durchquerten. Auf der Wanderung über die Berggipfel waren die Pferde eher hinderlich. All ihre Mühen waren aber vergessen, als sie zum ersten Mal das Yosemite Valley, heute ein Nationalpark, erblickten.

Zwischen Gebirge und Meer erwartete sie die Schönheit unberührter Natur. Die Ausblicke waren atemberaubend und die Tierbestände so zahlreich, dass sie meinten, Amerikas „Gelobtes Land" gefunden zu haben. Vor seiner Rückkehr kam Walker noch bis Monterey, wo er mit den mexikanischen Behörden verhandelte.

Im Januar 1834 waren sie froh, einen leichteren Rückweg zu finden, da sie für Bergtouren nicht ausgerüstet waren. Sie wanderten im Süden der Sierra Nevada über einen Hügelabschnitt, der heute als Walkerpass bekannt ist und zur beliebtesten Route der Siedler und Goldschürfer während des Goldrauschs von 1848 wurde. Die Reise war dennoch anstrengend und alle waren froh, nachher noch am Leben zu sein. Später kehrte Walker gemeinsam mit einigen Siedlern nach Kalifornien zurück, wo er schließlich auch starb.

Gegenüber: *Nachdem er die Sierra Nevada durchquert hatte, gelangte Joseph Walker nach Kalifornien, in ein Land voller in Redwoodbäume.*

Unten: *Das Gelobte Land – Wasserfälle im Yosemite Valley.*

AMERIKA AB 1600

CHARLES DARWIN

1809 bis 1882

Rechts: *Charles Darwin 1840. Porträt von George Richmond.*

Obwohl er eine der größten Kontroversen des Jahrhunderts entfachte, war Charles Darwin (1809–1882) kein streitlustiger Charakter. Er verbrachte eine angenehme Kindheit und Jugend und wollte nach dem Abschluss seines Studiums an der Universität von Cambridge ein ruhiges Leben in einem englischen Landhaus führen. Während des Studiums änderten sich allerdings seine Pläne und er machte Geschichte.

Obwohl er kein Gelehrter war, hatte er großes Interesse an der Natur, und sein Professor John Stevens Henslow schulte seine Beobachtungsgabe und lehrte ihn die Wichtigkeit genauer Aufzeichnungen. Durch Henslow gelangte Darwin an Bord der HMS *Beagle*, eines Schiffs, das ihn nach Südamerika brachte.

Die Erfahrungen wie auch die Proben, die er in den fünf Jahren seiner Reise sammelte, widersprachen teilweise dem, woran er immer geglaubt hatte. Er stellte mit seiner Evolutionstheorie den Schöpfungsbericht der Bibel in Frage, was einen Aufschrei der Kirche zur Folge hatte. Bis heute ist der Darwinismus in amerikanischen klerikalen Kreisen heiß umstritten.

Reise auf der *Beagle*

Gleich nachdem das Schiff im Dezember 1831 ausgelaufen war, wurde Darwin seekrank. Sein Zustand verbesserte sich nicht, doch nichts konnte ihn von seinen Plänen abbringen. Obwohl die Mission der *Beagle* eigentlich auf See stattfand, lag das Schiff oft lange in Häfen und Darwin konnte von Bord gehen, um lokale Arten zu studieren. Was er fand, faszinierte ihn sehr, wie diese Tagebucheintragung beweist: „Der Tag war wunderbar; ich kann kaum in Worte fassen, wie ich mich fühlte, als ich zum ersten Mal allein durch den Brasilianischen Urwald gewandert bin. Die Eleganz der Gräser, das Wunder der Parasitenpflanzen, die Schönheit der Blumen, das schimmernde Grün des Unterholzes, doch vor allem die unglaubliche Üppigkeit der Vegetation erfüllten mich mit Bewunderung."

Am nächsten Tag schrieb er: „Ich kann mich vor Entzücken kaum halten … Ich sammelte eine Reihe von schillernden, bunten Blumen, genug, um jeden Botaniker zu beeindrucken … Die Luft ist erfrischend kühl und weich; voll Freude wünsche ich, mich in dieser großartigen Welt zur Ruhe zu setzen…"

Er fand sogar die Überreste prähistorischer Tiere, die den heute in Südamerika lebenden Tieren ähnelten, nur größer waren als jene. Darwin fragte sich, ob die heute existierenden

Oben: *Die Galapagosfinken, gezeichnet während der Fahrt auf der* Beagle*. Die Anpassung der Vögel an ihre Umgebung stärkte Darwins Theorien über die Entstehung der Arten durch natürliche Auslese.*

Tiere von denen, die vor Millionen Jahren gelebt hatten, abstammten und sich weiter entwickelt hatten, um zu überleben.

Sein wohl berühmtester Zielort waren die im Pazifik vor der Küste Ecuadors gelegenen Galapagosinseln. Darwin war erstaunt, dort 15 verschiedene Finkenarten vorzufinden. Jede Art hatte einen der Nahrungssuche in ihrer Umgebung angepassten Schnabel. So hatte der große Bodenfink einen starken Schnabel, um Nüsse und Samen zu knacken, während der Mückenfink einen langen Schnabel hatte, um Insekten zu fangen. Sie alle unterschieden sich von den am Festland vorkommenden Spezies. Darwin schien es so, als überlebten ausschließlich jene Exemplare, die ihrer Umgebung am besten angepasst waren.

In Chile entdeckte er 3600 m über dem Meeresspiegel versteinerte Muscheln. Es war offensichtlich, dass sich die Konturen der Erde im Laufe der Zeit verändert hatten, und er stützte sich auf die Theorien vieler Geologen, die meinten, die Erde hätte sich über Millionen Jahre hinweg aufgebäumt. Als Darwin in Chile Zeuge eines schweren Erdbebens wurde, wurde ihm bewusst, wie unbeständig die Erde war, was seine Ansichten bestätigte.

Zu diesem Zeitpunkt begann Darwin eine der Grundaussagen der Bibel in Frage zu stellen: dass alles Leben von Gott in sechs Tagen geschaffen wurde. In sein Tagebuch schrieb er: „Begann im Juli mit Aufzeichnungen über Mutationen. War etwa seit vergangenem März beeindruckt vom Charakter der südamerikanischen Fossilien und der Spezies auf dem Galapagos-Archipel. Auf diesen Fakten beruhen meine Ansichten."

Oben: *Die Beagle bei Wartungsarbeiten in der Nähe des Flusses Santa Cruz.*

AMERIKA AB 1600

Oben: *In späteren Jahren war Darwin zwar angesehener Wissenschaftler, jedoch stieß seine Andeutung, dass Menschen im Wesentlichen Tiere seien, die meisten Zeitgenossen vor den Kopf. Seine Karikatur in der Zeitschrift* Vanity Fair *stellte ihn dämonischer dar, als er in Wirklichkeit war.*

Wissenschaft und Christentum

An Bord der *Beagle* teilte sich Darwin eine Kabine mit Kapitän Robert Fitzroy. Die Ansammlung von Pflanzen und Tieren, die sich auf dem Schiff zu vermehren begannen, ärgerte Fitzroy genauso wie Darwins unorthodoxe Ansichten. Fitzroy war einer von vielen, die sich von Darwins Theorien angegriffen fühlten. Wie die meisten Menschen der Viktorianischen Zeit schreckte der Kapitän vor der Vorstellung zurück, dass auch Menschen ein Teil des Tierreiches seien.

Nur wenige Menschen, ob Wissenschaftler oder nicht, widersprachen etablierten Überzeugungen. Einer von ihnen war bereits Darwins eigener Großvater Erasmus Darwin gewesen, der Artikel über die Möglichkeit der Evolution geschrieben hatte. Ein weiterer war Sir Charles Lyell, der in seinem Buch *Principles of Geology* behauptete, dass sich die Oberfläche der Erde seit Millionen Jahren in ständiger Veränderung befand. Der erste Band seines Buches wurde veröffentlicht, als Darwin seine Schiffsreise begann, und er nahm eine Kopie davon mit nach Südamerika. Darwin ließ sich zwei weitere Bände nachsenden, sobald sie erschienen waren. 1838 las er einen Artikel des britischen Ökonomen Thomas Robert Malthus, der seine eigenen Ansichten über Wettbewerb und Überleben unterstützte.

Er überdachte seine eigenen Ideen über die natürliche Selektion mehrere Jahre lang und feilte sie aus. Darwin war ein zurückhaltender

1682	1699	1718	1718	1723	1726	1741	1743
René-Robert La Salle erkundet den Mississippi	Franzosen kolonisieren Louisiana	Spanier gründen Siedlung in Pensacola in Florida	Franzosen gründen Hafen in New Orleans in Louisiana	Tod des Jesuiten Samuel Fritz, der den Amazonas besiedelte	Pierre La Verendrye gründet Handelsposten in Westkanada	Vitus Bering stirbt, nachdem er Alaska gesehen hat	Charles Marie de la Condamine bereist den Amazonas

Links: *Trotz der Kontroverse, die er unter Christen angezettelt hatte (in ihren Augen griff er die Basis ihres Glaubens an) wurde Darwin im Mai 1862 in der Westminster Abbey geehrt.*

Mensch, der keine Lust hatte, mit übereilten Argumenten in ein Wespennest zu stoßen.

Daher veröffentlichte er zunächst unproblematisches Material. 1839 heiratete er seine Cousine Emma Wedgwood (wie er eine Enkelin des Begründers der berühmten Porzellanherstellung, Josiah Wedgwood) und hielt sein Werk über die Evolution noch länger zurück, da er seine tief gläubige Ehefrau nicht aufregen wollte.

Erst 1856 begann Darwin ein Werk, in dem er die Theorien der natürlichen Auslese darlegte; inzwischen war der Naturforscher Alfred Russel Wallace in Malaysia zu einem ähnlichen Schluss gekommen (Seite 132). 1858 gab Charles Lyell beiden die Möglichkeit, ihre Werke vor der Linné-Gesellschaft in London zu präsentieren. Erst danach konnte Darwin sein berühmtes Buch *Über die Entstehung der Arten durch natürliche Auslese* fertig stellen. Als es im November 1859 erschien, war die erste Auflage innerhalb eines Tages ausverkauft. Darwin hatte bewusst das umstrittenste Kapitel ausgelassen – jenes über die Entwicklung des Menschen. Erst viel später behauptete er in *Die Abstammung des Menschen*, dass der Mensch vom Affen abstamme.

1860 erregte das Buch bei einer Debatte an der Universität von Oxford öffentliches Aufsehen. Thomas Henry Huxley (1825–1895), der Philosoph und Botaniker, der sich selbst als Agnostiker bezeichnete, vertrat Darwins Ansichten. Ihm gegenüber stand der Bischof Samuel Wilberforce, der die Bibel verteidigte.

Trotz seiner Leistungen hatten Darwins Argumente viele Löcher. Wie entstanden die Unterschiede einzelner Arten und wie wurden sie über Generationen weitervererbt? Erst in späteren Jahrhunderten fand die Wissenschaft Antworten auf diese Fragen; dennoch erlangte Darwin einen Ruf als angesehener Biologe. Noch lange nach seinem Tod wurden verschiedene Evolutionstheorien ausgearbeitet, manchmal so, dass es ihn selbst abgeschreckt hätte wie in der heute verworfenen Rasselehre der Nazis. Darwins Ziel war die friedliche Weiterentwicklung der Welt. Er fasste seine Ansichten mit den Worten zusammen: „Wie viel mächtiger als der Mensch ist doch die Natur selbst."

1748	1769	1770	1787	1789–1794	1791	1792	1793
Thomas Walker entdeckt Cumberland Gap	Juan Hernandez begleitet spanische Kolonisten von Mexiko nach Kalifornien	Samuel Hearne macht seine erste Reise ins arktische Eismeer	Peter Pond erreicht den Athabascasee	Alessandro Malaspina führt eine Expedition nach Südamerika an	George Vancouver führt in Nordamerika Vermessungen durch	Robert Gray segelt den Columbiafluss hinauf	Alexander Mackenzie erreicht auf dem Landweg die kanadische Küste

AMERIKA AB 1600

DANIEL BOONE
1734 bis 1820

Rechts: Der leidenschaftliche Entdecker Daniel Boone öffnete die Blaugrasregion Kentuckys für Tausende neue Siedler. Auch ebnete er den Weg über den Mississippi und den Missouri.

Daniel Boone spielte in der Erkundung des Westens eine entscheidende Rolle, auch wenn seine Lebensgeschichte auf romantische Weise abgeändert wurde. Er entdeckte weder Kentucky noch den als Cumberland Gap bekannten Gebirgspass in den Appalachen. Seine wahrscheinlich größte Leistung war die Ebnung der so genannten Wilderness Road zwischen den Carolinas und dem Westen. Dadurch wurde das weite Grasland westlich der Appalachen – die Blaugrasregion Kentuckys – zugänglich.

Boone wurde am 2. November 1734 als Sohn einer englischen Quäkerfamilie in Berks County im heutigen Pennsylvania geboren. Er war nicht besonders gebildet, genoss aber als Jugendlicher das Jagen in den umliegenden Wäldern. Als seine Familie ihre einsame Waldhütte verließ und zum Yadkin River in North Carolina zog,

hatte Boone bereits die wichtigsten Künste eines Jägers und Fährtensuchers erlernt. 1755, zwei Jahre nach dem Umzug, fand er sich in der britischen Armee unter General Edward Braddock wieder und kämpfte in den Kriegen

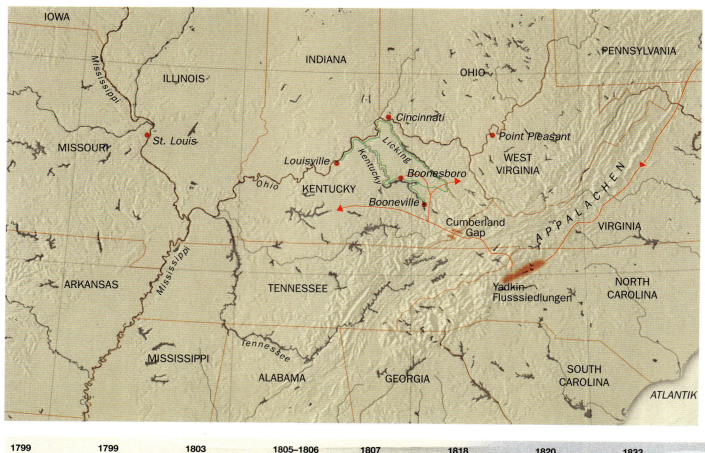

1799	1799	1803	1805–1806	1807	1818	1820	1833
Baron Alexander von Humboldt führt eine Expedition nach Südamerika	Daniel Boone führt Pioniere und Siedler nach Missouri	William Clark und Meriwether Lewis beginnen Überlandexpedition zum Pazifik	Zebulon Pike sucht nach der Quelle des Mississippi	David Thompson gründet Handelsposten am Columbiafluss	Donald McKenzie erkundet den Snake River	Stephen Long erkundet Arkansas	Joseph Walker entdeckt das Yosemite Valley, heute ein Nationalpark

gegen die Franzosen und Indianer. Im folgenden Jahr heiratete er Rebecca Bryan und ließ sich für ein Jahrzehnt nieder, um Ackerbau zu treiben.

In den späten 1760er Jahren wurde er aber ruhelos. Er unternahm einige Abstecher entlang des Yadkin River und machte sich im Winter 1767/8 auf, um die Blaugrasregion jenseits der Appalachen zu erreichen. Zwar scheiterte sein erster Versuch, doch er wurde neugierig und musste ihn nicht lange zu einer zweiten Expedition überredet werden. Als 1769 einer seiner besten Freunde, der Veteran John Findley, seine Blockhütte aufsuchte, da er auf dem Weg über die Appalachen die Unterstützung eines erfahrenen Fährtensuchers benötigte, bot Boone seine Hilfe an. Gemeinsam mit vier anderen erkundeten sie die Gegend um die Cumberland Gap, wo sie ein Jagdparadies mit Büffeln und wilden Truthähnen vorfanden. Außerdem stießen sie auf meilenweites, fruchtbares Ackerland.

Die anderen kehrten nach Osten zurück, doch Boone blieb noch weitere zwei Jahre in der Gegend. Er fuhr entland des Kentucky und des Ohioflusses fast bis zu den Wasserfällen beim heutigen Louisville. Er lebte von der Jagd und vom Fallenstellen und sammelte für seine Familie einige wertvolle Felle. Unglücklicherweise wurde er auf dem Rückweg von einigen Cherokee-Indianern ausgeraubt und es blieb ihm nichts außer seiner Erinnerungen.

Seine Erzählungen über das Land des Überflusses überzeugten aber sieben Familien, darunter seine eigene, sich dort niederzulassen, und so zogen sie 1773 über die Cumberland Gap nach Westen. Noch einmal wurde Boone Opfer eines Indianerangriffes; diesmal verloren sein Sohn und fünf andere ihr Leben. Die Pioniere zogen dennoch weiter.

In der Zwischenzeit wuchs die Freude auf die Blaugrasregion. 1775 erlangte eine Firma aus Carolina durch ein zweifelhaftes Abkommen Cherokee-Land und heuerte 28 Männer an, um den Weg über die Berge – die Wilderness Road – begehbar zu machen. Boone wurde zum Agenten der Gesellschaft ernannt und gründete die erste nicht-indianische Siedlung in Kentucky.

Sein Fort und die Ansammlung roher Blockhütten wurde als Boonesboro bekannt und er und seine Familie zogen noch vor Jahresende ein.

Pionierarbeit

Was dem modernen Leser wie ein großes Abenteuer erscheinen mag, war in Wirklichkeit ein täglicher Überlebenskampf. Wegen seiner Geschicklichkeit und Erfahrung wurde Boone aber bald zur Kultfigur der seit kurzem unabhängigen Vereinigten Staaten. Es wurden Geschichten erzählt, wie er drei von Shawnee-Kriegern gefangene Mädchen befreite und wie er die Gefangennahme durch eben jenen Stamm überlebte (die Ältesten der Shawnee bewunderten seine Jagdkünste) und sogar Adoptivsohn des Häuptlings Blackfish wurde. Als er erfuhr, dass die Shawnee einen weiteren Angriff auf Boonesboro planten, konnte er seine Leute warnen und eine erfolgreiche Verteidigung organisieren. Nach neun Tagen Kampf gaben die Shawnee auf.

Dennoch musste Boone einsehen, dass er keinen legalen Anspruch auf das Land hatte, und zog weiter, zuerst nach Boone's Station in Kentucky, von dort nach Mt. Pleasant, West Virginia. 1799 zog er abermals westwärts und führte hunderte Siedler nach Missouri.

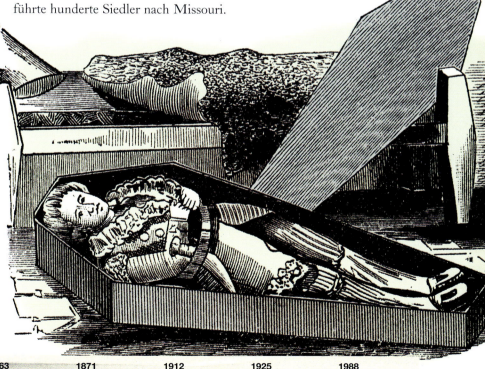

Unten: *Daniel Boone starb am 26. September 1820 nahe St. Louis in Missouri. 1854 brachte man seine Überreste wie auch die seiner Frau zurück nach Kentucky.*

1840er Jahre	1849–1864	1859	1863	1871	1912	1925	1988
John Fremont dokumentiert den Nordwesten	Richard Spruce sammelt Pflanzen in Südamerika	Charles Darwin veröffentlicht sein Buch *Über die Entstehung der Arten*	Henry Bates veröffentlicht *Der Naturalist am Amazonas*	Edward Whymper veröffentlicht seine *Reisen durch die Großen Anden des Äquators*	Hiram Bingham entdeckt Machu Picchu	Percy Fawcett verschwindet im Mato Grosso	Tod der Künstlerin Margaret Mee, die 15 Fahrten auf dem Amazonas unternahm

125

AMERIKA AB 1600

MERIWETHER LEWIS *und* WILLIAM CLARK

1774 bis 1809

1770 bis 1838

1803 schloss der dritte amerikanische Präsident, Thomas Jefferson, den bedeutendsten Landkauf der Geschichte ab. Er kaufte vom französischen Kaiser Napoleon Bonaparte 2.119.680 km² Land. Napoleon musste seine Kriege in Europa finanzieren und war in Geldnot. Das Ergebnis des Handels, bekannt als der *Lousiana Purchase,* verdoppelte das Gebiet der Vereinigten Staaten. Jefferson wusste, dass die Vereinigten Staaten Zugang zu enormem Reichtum hatten, wenn sie das Landesinnere erschließen konnten. Vor dem Landkauf regierte er etwa 5,3 Millionen Leute, von denen zwei Drittel einen 80 km breiten Streifen um die Atlantikküste bewohnten. Nach dem Abkommen musste er beweisen, dass es möglich war, einen gesamten Kontinent unter eine Regierung zu stellen.

Eine noch vor dem *Lousiana Purchase* angesetzte Expedition zur Errichtung neuer Routen nach Westen beweist Jeffersons Entschluss, nach Westen zu expandieren. Jefferson hatte seinen Sekretär Meriwether Lewis beauftragt, sich zur Entdeckungsreise zu rüsten. Lewis wählte William Clark (1770–1838) als stellvertretenden Anführer. Beide stammten aus Virginia und dienten in der Armee, sonst hatten sie aber nichts gemeinsam. Lewis war humorlos und hatte einen Hang zur Melancholie. Jefferson zog ihn heran, da er Republikaner war; doch er bemerkte auch, dass Lewis „tapfer, weise, mit dem Wald, dem Charakter und der Lebensweise der Indianer bestens vertraut" war.

Clark hingegen war wesentlich optimistischer. Er war talentierter Kartograph, während Lewis die genaueren Aufzeichnungen führte. Clark kam mit den Indianern hervorragend zurande, während Lewis seine Zeit der Beobachtung der Flora und Fauna widmete. Dennoch hatten beide großen Respekt voreinander.

Erkundung der Rockies

Als der *Lousiana Purchase* abgewickelt war, war ihre Mission nicht länger geheim, sondern bekam einen wissenschaftlichen Charakter. Sie wurden mit dem Auffinden möglicher Routen zwischen dem Mississippi und dem Pazifik beauftragt, mussten mit Indianerstämmen verhandeln wie auch Berge und Flüsse vermessen. Die von ihnen gesammelten Informationen wurden im Osten genau geprüft. Lewis und Clark rekrutierten 16 weitere Männer, zwölf davon waren in der Armee tätig. Unter den Zivilisten befand sich der französisch-kanadische Trapper Toussaint Charbonneau wie auch Sacajawea, seine Frau, eine Schoschonin. Sie kümmerte sich nicht nur um ihr neugeborenes Kind, sondern war auch ein wertvoller Dolmetsch und Streitschlichter.

Jefferson überredete den Kongress, 2500 Dollar in die Expedition zu investieren, die Lewis

Rechts: *Der als humorlos und schroff beschriebene Meriwether Lewis macht auf diesem Bild einen gepflegten Eindruck.*

Oben: *Diese Illustration eines 1812 von Peter Gass veröffentlichten Reiseberichtes zeigt ein Bootsunglück, dem Meriwether Lewis und William Clark zum Opfer fielen.*

für Kompasse, ein Chronometer, ein Teleskop, Thermometer, zwei Sextanten und andere Instrumente ausgab. In ihrer Ausrüstung befanden sich auch Beile, Sägen, Moskitonetze, Seife, Suppen, Salz und Schreibpapier. Außerdem hatten sie Geschenke für die Indianer bei sich, wie Seide, Tabak, Spiegel und kiloweise Perlen.

Die Expedition nahm 1804 in St. Louis ihren Ausgang. Die Männer fuhren in Kanus den Mississippi hinauf, bevor sie in den Mandandörfern überwinterten. Die Rocky Mountains waren zwar ein Hindernis, doch Sacajawea half ihnen eine Route zum Columbiafluss auszuhandeln. Im November 1805 standen sie am Pazifik, wo sie eine Holzhütte zum Überwintern errichteten.

Im März 1806 trennten sie sich für den Rückweg. Clark folgte dem Yellowstone, während Lewis eine Route über die Great Falls wählte, wo er von Indianern angegriffen wurde. Er und seine Männer mussten fliehen. 28 Monate nach ihrem Aufbruch trafen Lewis und Clark einander wieder, bevor sie nach St. Louis kamen. Sie schrieben folgende Nachricht an Jefferson: „Gemäß ihren Anordnungen haben wir Nordamerika bis zum Pazifik durchquert und erkundeten das Innere des Landes ausreichend, um mit Sicherheit feststellen zu können, dass die praktischste Querverbindung von Ost nach West die befahrbaren Zweige des Missouri- und Columbiaflusses darstellen."

Obwohl sie keine einfachere Route finden konnten, war die Expedition ein großer Erfolg. Der Sergeant Charles Floyd aus Kentucky war wegen eines Blinddarmdurchbruches das einzige Todesopfer und es gab erstaunlich wenige bewaffnete Auseinandersetzungen.

Obwohl beide eine Auszeichnung erhielten, blühte nur Clark auf. Er wurde zum Leiter der Geschäftsbeziehungen mit den in Lousiana ansässigen Indianern, begann mit Fellhandel und wurde schließlich Gouverneur von Missouri. Lewis wurde Gouverneur von Lousiana, verfiel aber immer mehr dem Alkohol. 1809 fand man seine Leiche mit zwei Schusswunden; alles deutete auf Selbstmord. Clark, der geheiratet hatte, nannte seinen Sohn zu Ehren seines Partners Meriwhether Lewis Clark.

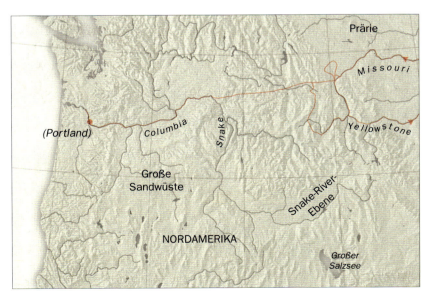

AMERIKA AB 1600

ZEBULON MONTGOMERY PIKE

1779 bis 1813

Rechts: *Wie viele andere auch kombinierte Zebulon Pike Entdeckungsreisen mit Spionagetätigkeit, was zu seiner Verhaftung durch die Spanier führte.*

Als William Clark den Pazifik erreichte, schrieb er in sein Tagebuch: „Wir haben nun die praktischste und zugänglichste Route über den nordamerikanischen Kontinent gefunden." Dem war allerdings nicht so; genau genommen wurde die von ihm entdeckte Route von Siedlern kaum benutzt. Einer der Männer, die beabsichtigten, eine einfachere Passage über die Rockies zu finden, war Zebulon Montgomery Pike.

Pike war bereits erfahrener Entdecker, der in seiner Expedition von 1805 die Quelle des Mississippi erkundete. Als Armeeleutnant führte er 20 Männer mehr als 3000 km von St. Louis zum Leech Lake nach Minnesota, den er fälschlicherweise als Quelle des Flusses identifizierte. Auch versuchte er, im Norden weitere Gebiete für die USA zu gewinnen, und verhandelte mit den Indianerstämmen der Region.

Im darauf folgenden Jahr widmete er sich dem Südwesten. Wie auch Lewis und Clark wurde er von Präsident Jefferson unterstützt. Angeblich erkundete er den Verlauf der Flüsse Red und Arkansas; tatsächlich erforschte er aber den spanischen Einfluss in der Region und die natürlichen Mineralvorkommen.

Pike's Peak

Als er sich durch die Rocky Mountains kämpfte, stieß er in der Nähe von Colorado Springs auf einen 4200 m hohen Gipfel, der heute den Namen Pike's Peak trägt. Pike versuchte den Berg zu besteigen, wurde aber vom Novemberwind überrascht. Später prophezeite er, dass „niemand jemals den Gipfel erreichen wird". Dennoch bestieg Dr. Edwin James den Berg nur 14 Jahre nachdem Pike gescheitert war. 1858 schaffte Julia Archibald als erste Frau den Aufstieg. Heute ist der Gipfel mit der Seilbahn, dem Auto (über 156 Haarnadelkurven) oder auf Pferderücken zugänglich.

Danach zog Pike mit seinen Männern südwärts nach New Mexico in spanisches Territorium. Die Spanier nahmen ihn fest und reagierten auf seine dubiosen Ausreden, er hätte sich

Rechts: *Pike's Peak heute.*

verlaufen, mit Spott und Hohn. Pike war von seinen Vorgesetzten als politisches Versuchskaninchen missbraucht worden, die herausfinden wollten, wie gut die Spanier ihr Gebiet

gegen Amerikaner verteidigten. Er wurde über Texas nach Louisiana abgeschoben. Unterwegs machten er und seine Männer wertvolle mentale Aufzeichnungen über die Möglichkeiten der Region. Am 1. Juli 1807 wurden sie freigelassen und Pike fuhr nach Hause, um seinen Bericht abzugeben. Seine Informationen halfen Stephen F. Austin 1821 die erste amerikanische Siedlung in Texas zu gründen. Dennoch hielten Pikes Beschreibungen mehrere Generationen von Amerikanern ab, sich westlich der Rockies anzusiedeln. Er nannte das Gebiet die „Große Amerikanische Wüste", was Major Steven Long bei seiner Expedition von 1819 bestätigte.

Pike blieb in der Armee und wurde Brigadegeneral. Im Krieg von 1812 befahl er einen Angriff auf die Stadt York (das heutige Toronto in Kanada) und starb bei einer Explosion von Schießpulver.

Nach Pike und Long etablierte sich John Charles Fremont (1813–1890) als Kartograph. Historiker meinen allerdings, dass er wenig Pionierarbeit leistete; er trug lediglich offiziell in Karten ein, was bereits andere Trapper entdeckt hatten. Wie die meisten nordamerikanischen Entdecker war Fremont überwältigt von der Schönheit des Hinterlandes.

In Colorado hielt er sein Gefühl fest, als er und seine Männer die Rocky Mountains erblickten: „Wieder einmal trafen unsere Augen auf romantische Schönheit. Es schien, als ob die Natur nach der ausgedehnten Prärie, durch die wir kamen, all ihre Schönheiten für diesen besonderen Ort aufgespart hatte."

Dennoch ebnete Fremont mit seiner Arbeit den Weg für viele Siedler, die in den 1840er Jahren in großer Zahl in den Westen zogen. Fremont selbst wurde beim Goldrausch reich, was viele inspirierte, ihm zu folgen.

Als sich der amerikanische Westen öffnete, bedeutete das das Ende einer Ära, in der nur Trapper und Bergsteiger das Gebiet bewohnten.

Oben: *Windy Point auf Pike's Peak. Dieses Photo aus den 1880er Jahren zeigt, dass Pike's Peak bereits zur Touristenattraktion wurde. Sie konnten zu Fuß oder auf Pferderücken den Berg besteigen, an dem Pike selbst gescheitert war.*

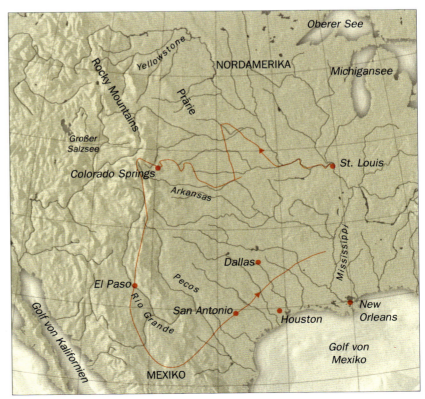

AMERIKA AB 1600

EDWARD WHYMPER
1840 bis 1911

Edward Whymper hatte sich als Bergsteiger einen Namen gemacht, bevor er noch die Anden bestieg. 1865 war er einer der Ersten, die das Matterhorn bezwungen hatten. Danach galt er als Schuft und Held zugleich, da vier seiner Kameraden trotz seiner Versuche, sie zu retten, in den Tod gestürzt waren.

Diese Tragödie, für die er zum Teil verantwortlich gemacht wurde, hinterließ Spuren; so riet er jedem, der in späteren Generationen den Aufstieg wagte: „Klettere, wenn du meinst, aber bedenke, dass Kraft und Mut ohne Wissen nichtig sind; und dass momentane Unachtsamkeit ein Leben für immer zerstören kann. Hetz dich nicht und prüfe deine Schritte. Denke von Anfang an über das Ende nach." Obwohl es sein Kindheitstraum war, Polarforscher zu werden, war Whymper bereits ein Künstler, bevor er noch mit dem Bergsteigen begann. 1860 machte er seine erste Reise zu schneebedeckten Gipfeln, als ihn ein britischer Verlag beauftragte, die französischen Alpen zu skizzieren. Von dieser Landschaft war er so beeindruckt, dass er mit dem alpinen Bergsteigen begann. Schließlich bezwang er das Matterhorn von der Ostseite, was zuvor als unmöglich galt.

Das Unglück auf dem Matterhorn nahm seinen Lauf, als einer der weniger erfahrenen Bergsteiger ausglitt und in die anderen hineinrutschte. Zu viert stürzten sie über eine Kante. Obwohl Whymper und ein weiterer Kollege versuchten, die Seile, an denen die Männer hingen, zu sichern, rissen die Karabiner und die Verunglückten stürzten in den Tod. Obwohl er von dieser Tragödie traumatisiert war, bestieg Whymper noch zwei weitere Male erfolgreich das Matterhorn.

Von den Alpen zu den Anden

1879 erreichte er die Anden, entschlossen, den Chimborazo zu besteigen. Bald musste er jedoch feststellen, dass die Bergkrankheit – das durch Höhe hervorgerufene Fieber – in den Anden wesentlich schlimmer war als in den Hängen der Alpen, an denen er sich bereits die

Oben: Whymper lockte die Herausforderung, die „unmögliche" Ostseite des Matterhorn in den Alpen zu besteigen.

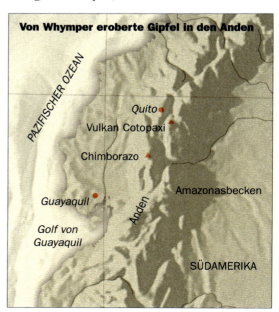

Von Whymper eroberte Gipfel in den Anden

Zähne ausgebissen hatte. Whymper und seine Leute stießen beim Chimborazo auf zwei Gipfel, die aus der Ferne gleich hoch schienen. Sie entschieden sich für einen der beiden Gipfel, doch das Wetter änderte sich schlagartig und tiefe Gletscherspalten blockierten ihren Weg. Die Bedingungen waren so schlecht, dass sie nur auf Händen und Knien weiterkamen. „Wir erreichten ungefähr um viertel vor vier den Gipfel, nur um dort geschlagen festzustellen, dass es sich um den niedrigeren der beiden handelte. Wir hatten keine andere Wahl; wir mussten zum Plateau hinabsteigen und tasteten uns durch den dichten Nebel zum höheren der Gipfel vor. Der Schnee dort oben war angenehm hart, und erstmals standen wir aufrecht, wie echte Männer am Gipfel des Chimborazo; und krochen nicht, wie in den Stunden davor, auf Knien wie wilde Tiere über die Schneefelder."

Das Wetter war jedoch so schlecht, dass sie die geografischen Instrumente, die sie unter so großen Mühen mit sich geschleppt hatten, nicht einsetzen konnten. Auch konnten sie nicht lange auf dem Gipfel bleiben. Das Tageslicht schwand schnell und sie mussten vor Dunkelheit das Basislager erreichen. Whymper sagte, „wir rannten um unser Leben". Als sie endlich die Lichter des Camps ausmachen konnten, war es bereits stockdunkel. Es war ein anstrengender 16-Stunden-Marathon gewesen, dennoch feierten sie einen Tag des Triumphes.

Obwohl er in den Anden bereits viel Erfahrung gesammelt hatte, war Whymper noch nicht fertig. Er wollte den schimmernden Cotopaxi bezwingen; mit 5835 m der Welt höchste aktive Vulkan. Als er sich der Spitze näherte, fand er sich auf einem Boden wieder, der heiß genug war, Gummi zu schmelzen, und war gezwungen, Vulkanasche zu inhalieren. Eines Nachts kroch der unerschrockene Whymper an den Rand des Kraters und blickte hinein.

Whymper widmete sich aber nicht ausschließlich dem Bergsteigen. Er sammelte Pflanzen und Insekten und dokumentierte die Flora und Fauna der Regionen, die er besuchte. Seine nützlichsten Studien waren aber jene über die Bergkrankheit, denn sie halfen späteren Generationen von Bergsteigern, vor allem in der Arktis. Später veröffentlichte er zwei Bücher, die noch heute eine große Nachfrage genießen.

Oben: *Am Matterhorn sammelte Whymper Erfahrungen für spätere Expeditionen in die Anden.*

Unten: *Whymper erlitt ein Trauma, als seine Kollegen am Matterhorn in den Tod stürzten. Er war auf zukünftigen Expeditionen immer bestens ausgerüstet.*

AMERIKA AB 1600

ALFRED RUSSEL WALLACE *und* HENRY WALTER BATES

1823 bis 1913

1825 bis 1892

Zur selben Zeit, als Darwin seine Theorien über die Entstehung der Arten formulierte, kam Alfred Russel Wallace unabhängig davon in der Wildnis des Amazonas zu ähnlichen Schlüssen. Als eines von neun Kindern schien es dem Waliser Wallace bestimmt zu sein, sein Leben als Aufseher oder Schulmeister zu verbringen, bis er den Entschluss fasste, sich dem Naturstudium zu widmen. 1848 finanzierte er sich durch den Verkauf von ausgesuchten Wildproben an Zoos eine Reise in den Amazonas und überredete seinen Freund Henry Walter Bates, mit ihm zu kommen. Die Männer waren ständig krank und dem Risiko eines Angriffes von Indianern oder wilden Tieren ausgesetzt. Dennoch meisterten sie ihre Aufgabe.

Wallace verbrachte in Südamerika vier Jahre damit, Proben von Insekten, Pflanzen und Säugetieren zu sammeln. 1852 zwang ihn eine Krankheit, die Heimreise anzutreten, die sich als persönliches Desaster entpuppte. Als das Schiff Feuer fing, musste er mit ansehen, wie seine Proben in Rauch aufgingen. Danach trieb er zehn Tage lang hilflos auf dem Meer, bevor er gerettet wurde. Als er aber nach England zurückkam, schrieb er zwei Bücher über seine Expedition.

Rechts: Henry Walter Bates war ein angesehener Entomologe, der 8000 bislang unbekannte Insektenarten erforschte.

1854 reiste er zur malayischen Halbinsel, wo er die nächsten acht Jahre verbrachte. In dieser Zeit schrieb er einen Artikel über die unterschiedliche Entwicklung einer Spezies in Abhängigkeit von ihrem Lebensraum, mit dem er Darwin zuvorkam. Beide Wissenschaftler präsentierten ihre Werke der Öffentlichkeit.

Bates' Arbeit fruchtet

Bates sammelte im Amazonas 14.000 verschiedene Insekten, von denen 8000 unbekannt waren. Auch stellte er eine eigene Theorie über die natürliche Selektion auf: Er nahm an, dass harmlose Tiere sich als lebensgefährliche Krea-

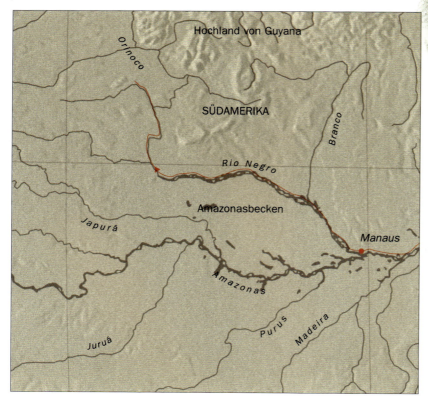

turen tarnten, um Angreifer abzuschrecken. Als er nach England zurückkam, wurde er Sekretär der *Royal Geographical Society*, ein Amt, das er bis zu seinem Lebensende behielt.

Schriftstellerische Künste bewies Bates in seinem beliebten Buch *Der Naturalist auf dem Amazonas*. Als Sekretär war es seine Aufgabe, zu einer Zeit, als Expeditionen in alle Welt florierten, Publikationen herauszugeben. Bis dahin waren die Publikationen der *Royal Geographical Society* sachlich, aber langweilig. Als Bates sich dieser Aufgabe annahm, wurden die Berichte lebhaft und gut illustriert und erhielten gute Karten. Wegen seines Takts und Weitblicks hieß er in der Gesellschaft *dear old Bates*. Sein Biograf H. P. Moon meinte: „Er gab sein Wissen und seinen Erfahrungsschatz liebevoll an alle weiter, die ihn darum baten, und war bei allen beliebt."

Wallace veröffentlichte auch die Berichte von Richard Spruce (1817–1893), dem Botaniker, der zwischen 1849 und 1864 in den Anden und im Amazonas Proben gesammelt hatte. Spruce sammelte in Südamerika 3000 Pflanzenarten und dokumentierte von seinem Kanu aus 16.000 km des Flusslaufs. Außerdem hatte er ein Gehör für Sprachen und kategorisierte die verschiedenen Dialekte der Amazonasindianer. Er begleitete Bates und Wallace auf einigen Expeditionen und sammelte in den Anden die Samen des Rotrindenbaumes, der Chinin produzierte. Indem er diese Samen nach Indien schickte, beraubte er Südamerika seines Monopols.

Links: *Es waren die Arbeiten von Alfred Russel Wallace, die Charles Darwin zur Entwicklung seiner Theorien über natürliche Selektion inspirierten. Seine Arbeit bei der* Royal Geographical Society *faszinierte viele, da er Reiseberichte und Entdeckungen erstmals lebhaft darstellte.*

AMERIKA AB 1600

HIRAM BINGHAM
1875 bis 1956

Gegen Ende des 20. Jahrhunderts war der Großteil der Welt entdeckt. Dennoch gab es einige archäologische Geheimnisse zu lüften. Dazu gehörte die Lage verlassener Inkastädte, Relikte einer Hochkultur, die von den spanischen Eroberern zerstört worden war. Als er von Einheimischen durch den Dschungel Perus geführt wurde, stieß Hiram Bingham auf eine völlig erhaltene Inkastadt, die in den Chroniken der Spanier nie erwähnt wurde – Machu Picchu.

Unten: *Hiram Bingham mischte sich unter die Großen und Guten, gab aber als Beruf immer „Entdecker" an.*

Sein gesamtes Leben lang war Bingham zwischen einer akademischen und einer religiösen Laufbahn hin- und hergerissen. 1875 in Honolulu auf Hawaii geboren, übernahm er den christlichen Glauben seiner Missionarseltern. Er war überzeugt, dass er nach Abschluss seiner Ausbildung an der Yale University nach Hawaii zurückkehren würde, um dort in der Mission zu arbeiten. Dies tat er auch und unterdrückte somit seine Abenteuerlust. Bald aber wurde sein Familiensinn von dem Gefühl verdrängt, dass er eine langweilige Existenz führte. Als er sich dann noch in die Schönheit Alfreda Mitchell verliebte, meinte er, er müsse genug verdienen, um sie heiraten zu können. Es war dieser Entschluss, der ihn zum Abenteurer machte und der schließlich zu einer der bedeutendsten archäologischen Entdeckungen der Geschichte führte.

Bingham drückte erneut die Schulbank und erhielt an der Universität von Kalifornien einen Magistertitel in südamerikanischer Geschichte. Darauf folgte ein Doktorat in Harvard und 1905 wurde er von der Princeton University angestellt. Er fand das akademische Arbeiten aber langweilig und sehnte sich danach, die abenteuerlichen Taten seines Vaters und Großvaters auszuweiten, die gemeinsam in tückischer See um Kap Hoorn gesegelt waren, um auf entlegenen Pazifikinseln die Botschaft Christi zu predigen.

1906 machte sich Bingham zu seiner ersten Expedition nach Kolumbien und Venezuela auf und wurde zwei Jahre später von Präsident Roosevelt zum panamerikanischen Kongress in Santiago nach Chile gesandt. Dies bot ihm die Möglichkeit, auf dem Rücken eines Maultieres das Territorium der peruanischen Inka zu erforschen. Er suchte nach Hinweisen auf die verlorenen Städte Vilcabamba und Vitcos. Bingham und sein Kollege waren diesbezüglich erfolglos, doch auf ihrem viertägigen Ritt von

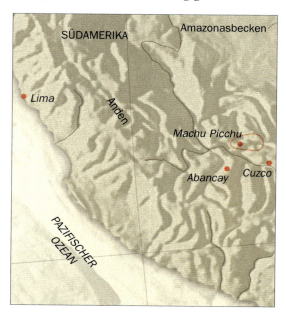

Cuzco aus stießen sie auf eindrucksvolle, unter dickem Bambus versteckte Inkaruinen. Dies entzündete die Fantasie des jungen Historikers.

Die Suche nach Vilcabamba

Im Juli 1911 war Bingham entschlossen, die beiden Städte zu finden. Er wusste, dass Vilcabamba der letzte Zufluchtsort der Inka auf der Flucht vor den spanischen Eroberern war, und vermutete die Stadt versteckt im dichten Dschungel nördlich von Cuzco. Am 12. Juli machte er sich mit dem einheimischen Führer Melchor Arteaga auf, einige angeblich am Fuße des Machu-Picchu-Berges gelegene Ruinen zu suchen. Dies bedeutete eine schweißtreibende Reise durch den dichten Dschungel und über Hänge, die so steil waren, dass sie teilweise nur auf allen vieren vorankamen. Bingham war zunächst nicht sehr begeistert von der Gegend.

Sein Tagebuch enthüllt jedoch den Moment, in dem er die verlorene Stadt betrat: „... Plötzlich fanden wir uns in einem überwucherten Labyrinth aus Mauern wieder. Die Ruinen der Gebäude bestanden aus liebevoll zugeschnittenen Blöcken aus weißem Granit, die ohne Zement aneinander gefügt waren. Eine Überraschung folgte der anderen, bis wir erkannten, dass wir uns in einer noch nie zuvor entdeckten Ruinenstadt befanden. Es schien wie ein Wunder, dass diese unglaubliche Stadt, nur fünf Tagesreisen von Cuzco entfernt, bis dato unbekannt blieb. Soweit ich allerdings informiert bin, wird die Stadt Machu Picchu in den Chroniken der Spanier nicht erwähnt. Es ist daher möglich, dass nicht einmal die Eroberer diese Stadt jemals zu Gesicht bekamen."

Im folgenden Jahr kehrte Bingham an diesen Ort zurück, um Fotos zu machen, nach deren Veröffentlichung 1913 er weltweit als Held gefeiert wurde. Die Nationale Geografengesellschaft nannte es „eine der bedeutendsten südamerikanischen Entdeckungen der letzten 50 Jahre". Bingham stellte die Theorie auf, dass Machu Picchu sowohl die mystische Stadt Tampu Tocco als auch Vilcabamba selbst war. Keine dieser Annahmen war korrekt, was jedoch seine Leistung nicht schmälerte. Später wurde angenommen, dass Inkakaiser in Machu Picchu auf Sommerfrische gingen.

Bingham diente im Ersten Weltkrieg und führte bis zu seinem Tod 1956 als Senator und Gouverneur von Connecticut ein öffentliches Leben. Dennoch gab er als Hauptberuf immer „Entdecker" an.

Oben: Als er auf Machu Picchu stieß, glaubte Bingham, die verlorene Stadt und Wiege der Inkakultur, Tampu Tocco, entdeckt zu haben. Wie sich später herausstellte, handelte es sich um die Sommerresidenz der Inkakönige, was den Fund aber keineswegs schmälerte.

AMERIKA AB 1600

PERCY HARRISON FAWCETT

1867 bis 1925

Rechts: *Der Soldat Percy Harrison Fawcett zog Diskussionen der Waffengewalt vor, um in Bolivien voranzukommen.*

Wäre das Glück auf seiner Seite gewesen, hätte man Percy Harrison Fawcett als exzellenten Landvermesser in Südamerika in Erinnerung behalten. Tatsächlich aber leitete er eine unglückliche Expedition in abgelegene Dschungelgebiete, wo er verschwand. Danach brachte man den Namen Fawcett immer mit ungelösten Mysterien in Verbindung, all seine vorherigen Leistungen gerieten in Vergessenheit.

1906 war das bolivianische Mato-Grosso-Plateau eines der wenigen noch nicht vermessenen Gebiete der Erde. Von der Region wusste man, dass sie reich an Rohstoffen wie Gummi war, der später auf Plantagen gezüchtet wurde, um der wachsenden Nachfrage gerecht zu werden. Sowohl Brasilien als auch Bolivien beanspruchten das Gebiet, was zu Spannungen führte. Die *Royal Geographical Society* in London wurde beauftragt, den Disput zu beenden, indem sie den genauen Grenzverlauf vermaß. Der Präsident der Gesellschaft wählte Fawcett für diese Aufgabe.

Fawcett diente seit seinem 19. Lebensjahr in der Armee. Er hatte bereits Nordafrika und Sri Lanka bereist, wo er heiratete; und er freute sich auf eine Reise nach Südamerika. Die Aufgabe war jedoch nicht einfach, da viele der Gesetzesbrecher des „Wilden Westens" nach Bolivien abgeschoben worden waren. Auch der Alkohol war ein Problem. Die Gesetzlosigkeit Boliviens schockierte ihn genauso wie die Behandlung der indianischen Sklaven.

Fawcett meinte, wenn er sich freundlich zeigte, würden die Indianer dies auch tun. Als er und seine Leute 1910 den Verlauf des Flusses Heath aufzeichneten, stießen sie auf eine Indianersiedlung. Die verängstigten Einheimischen fürchteten, die weißen Männer kämen, um Sklaven zu holen, und reagierten feindlich. Fawcett konnte aber die Feindseligkeit und die Sprachbarriere überbrücken, indem er auf seinem Akkordeon spielte.

Das Wildleben stellte eine weitere Gefahr dar. Zurück in England faszinierte Fawcett mit Geschichten über Vampirfledermäuse, die in der Nacht jeden Zentimeter nicht abgedeckten Fleisches aussaugten. Die Opfer wachten auf und fanden ihre Hängematten blutverschmiert vor. Piranhas lauerten in Flüssen, bereit, beim ersten Anzeichen von Blut anzugreifen. Einmal tötete Fawcett eine fast 19 m lange und 30 cm breite Anakonda.

Als er den Madidifluss erforschte, verlor Fawcett sein Kanu in einem Wasserfall. Er überlebte, doch die meisten seiner Instrumente gingen verloren. „Als wir zurückblickten, erkannten wir, wo wir gerade durchgefahren waren. Der Wasserfall war etwa 6 m hoch und mündete in eine enge Felsschlucht. Durch diesen Flaschenhals brauste das enorme Wasservolumen mit unglaublicher Wucht und bildete braunen Schaum, als es auf die schwarzen Felsen aufschlug. Es schien unglaublich, dass wir diesen Fall überlebt hatten!"

Die Suche nach Mato Grosso

Fawcett arbeitete drei Jahre daran, die internationalen Grenzen auszumachen. Er unternahm fünf weitere Expeditionen nach Südamerika, ehe er zu der tödlichen sechsten aufbrach. 1916 verlieh im die *Royal Geographical Society* eine Goldmedaille für seine „Beiträge in Südamerika".

Sein Interesse an Archäologie wuchs, und nachdem er vor Ort einige Nachforschungen angestellt hatte, war er überzeugt, im dichten brasilianischen Dschungel die Ruinen einer vergangenen Hochkultur zu finden. Er warb

Gegenüber: *Das Rätsel um Fawcetts Verschwinden bleibt ungelöst. Waren es feindliche Indianer oder ein tödlicher Unfall? Den Sturz über einen Wasserfall hatte er bereits einmal überlebt und konnte davon erzählen.*

seinen Sohn Jack und seinen Freund Raleigh Rimmel an, ihm auf der Suche nach der verlorenen Stadt in Mato Grosso zu helfen. Am 29. Mai 1925 schrieb Fawcett einen ermutigenden Brief an seine Frau: „Du brauchst keine Angst zu haben." Kurz darauf verschwand das Trio und wurde nie wieder gesehen.

1928 schrieb die amerikanische Presse, dass Fawcett und sein Gefolge wohl am Ufer des Culueneflusses getötet worden seien. Es gab jedoch keine Beweise und viele Gerüchte gingen um.

Einigen Geschichten zufolge wurden blauäugige Indianer gesichtet, was vermuten ließ, die Europäer hätten Kinder gezeugt. Andere behaupteten, Fawcett führe ein genüssliches Leben in der verlorenen Stadt oder sei Stammeshäuptling geworden. Die Wahrheit über das Verbleiben Fawcetts kam nie ans Licht; es scheint aber wahrscheinlich, dass er wie so viele andere Entdecker auch im Dschungel an Krankheit gestorben oder einem Hinterhalt zum Opfer gefallen ist.

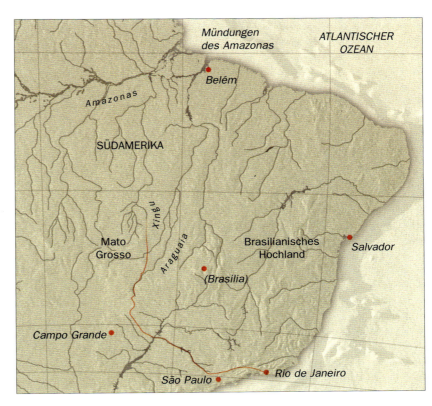

KAPITEL SECHS

ARKTIS *und* ANTARKTIS

D ie Männer, die es in die entlegensten Winkel der Erde zog, zeichnen sich durch Individualismus aus." Dies schrieb der Antarktisforscher Ernest Shackleton, der genauso Humanist und Psychologe war wie auch Stratege. Die von Eis und Schneestürmen heimgesuchten Pole des Planeten zogen viele Pioniere an. Jeder einzelne trieb sich im Streben nach Ruhm an die Grenze seiner physischen Leistungsfähigkeit. Extreme Gebiete verlangen nach extremen Charakteren.

Die Polarregionen sind unbeschreiblich kalt; mit durchschnittlichen Wintertemperaturen von −33 °C in der Arktis und bis zu −88 °C in der Antarktis. In solchen Temperaturen können Wimpern zusammenfrieren und unbedeckte Haut stirbt ab. Im Sommer geht die Sonne niemals unter. Auch ist es in dieser unwirtlichen Gegend schwer zu sagen, wo Land in Wasser übergeht. Dünne Schneekrusten verstecken tiefe Gletscherspalten, was für den Reisenden ein tödliches Risiko darstellt. Oft bricht das Eis unerwartet und Reisegruppen treiben unkontrolliert auf Schollen. Das endlose Weiß kann zu Orientierungsverlust und Schneeblindheit führen.

Viele Entdecker wurden von fehlerhaften Berichten ihrer Vorgänger in die Irre geführt. Die Gefahr von Frostbiss – schmerzhaft und verstümmelnd – war groß und anfangs hatten die Pioniere auch mit Diätproblemen und Krankheiten wie Skorbut und Ruhr zu kämpfen. Erst die schmerzhaften Erfahrungen der einen konnten die anderen vor den gleichen Schrecken

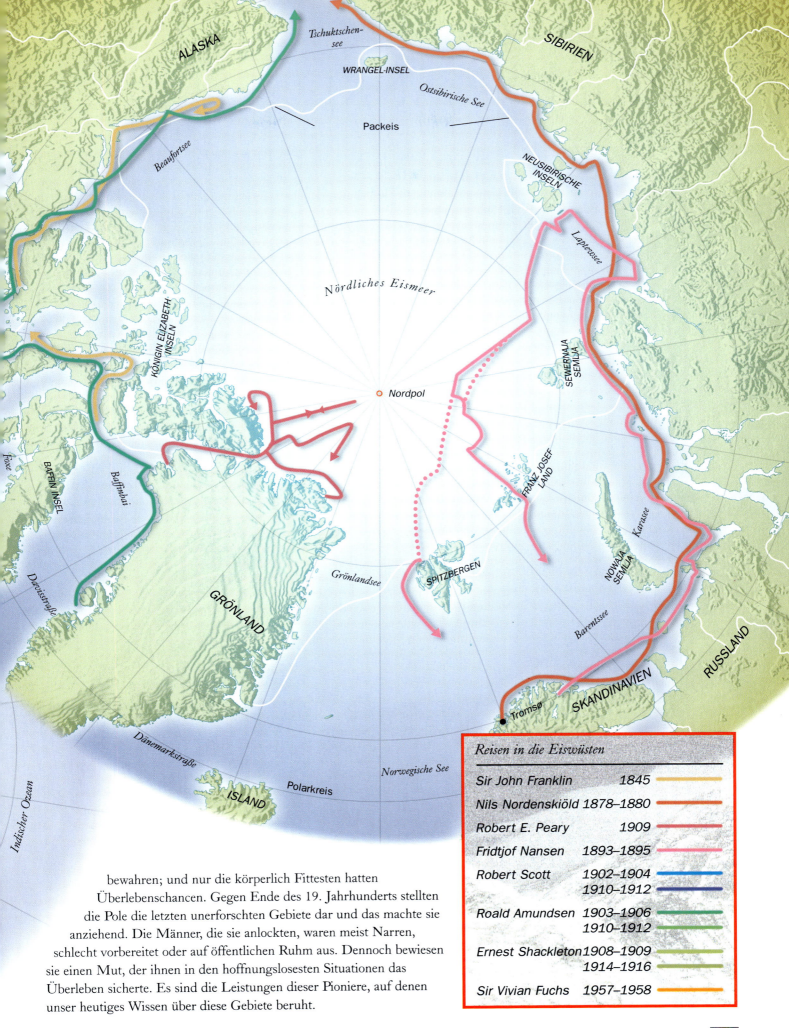

bewahren; und nur die körperlich Fittesten hatten Überlebenschancen. Gegen Ende des 19. Jahrhunderts stellten die Pole die letzten unerforschten Gebiete dar und das machte sie anziehend. Die Männer, die sie anlockten, waren meist Narren, schlecht vorbereitet oder auf öffentlichen Ruhm aus. Dennoch bewiesen sie einen Mut, der ihnen in den hoffnungslosesten Situationen das Überleben sicherte. Es sind die Leistungen dieser Pioniere, auf denen unser heutiges Wissen über diese Gebiete beruht.

Reisen in die Eiswüsten	
Sir John Franklin	1845
Nils Nordenskiöld	1878–1880
Robert E. Peary	1909
Fridtjof Nansen	1893–1895
Robert Scott	1902–1904
	1910–1912
Roald Amundsen	1903–1906
	1910–1912
Ernest Shackleton	1908–1909
	1914–1916
Sir Vivian Fuchs	1957–1958

ARKTIS UND ANTARKTIS

Sir JOHN FRANKLIN

1786 bis 1847

Männer im Streben nach Ruhm und Ehre neigen oft zu tödlichen Fehlkalkulationen, die, sollten sie nicht ihr eigenes Leben kosten, jene, die unter ihrem Kommando stehen, in den Tod treiben. Einer dieser Männer war Sir John Franklin. In den Augen seines Vaters war er eine ruhige Seele, besser geeignet für das Kirchen-amt als für die hohe See. Dennoch führte seine Unfähigkeit, menschliche Grenzen abzuschätzen, und seine angeborene Sturheit letztlich zu einer Tragödie auf See.

Franklin wurde in Spilsby, nur 20 km von der englischen Nordseeküste entfernt, geboren. Als er zum ersten Mal das Salz gekostet und die Wellen gespürt hatte, ließ er sich von einer Karriere zur See nicht mehr abbringen. Erst arbeitete er auf einem Handelsschiff, bis er im Alter von 14 Jahren als Matrose der *Royal Navy* beitrat. Bald darauf kämpfte er unter Lord Nelson gegen die Dänen in der Schlacht von Kopenhagen.

Unter der Führung anderer kämpfte Franklin danach sowohl bei Trafalgar als auch in den folgenden Kriegen gegen Napoleon. Sein erstes Kommando hatte er 1818 über die *Trent*, mit der er sogleich in polare Gewässer stach. Er wurde aber vom Eis aufgehalten und kehrte noch vor Jahresende um.

1819 brach er wieder nach Norden auf, diesmal um auf dem Landweg alternative Routen nach Kanada zu finden. Franklin überlebte die 36-monatige Odyssee – doch nur knapp. Elf Männer starben – einen davon aßen die übrigen angeblich auf – auf Grund von Franklins Fehleinschätzung. Er weigerte sich umzukehren, als die Nahrung knapp wurde. Zum Schluss war die Gruppe so hungrig, dass sie ihre Schuhsohlen kochten und aßen. Auch verbot Franklin Offizieren das Jagen sowie das Tragen von Gepäck. Dennoch wurde er zu Hause als Held gefeiert und sogleich mit einer weiteren Mammutreise beauftragt.

Zwar lernte er aus seinen Fehlern, doch seine gnadenlosen Züge verschlimmerten sich noch. 1825 verließ er seine im Sterben liegende Frau, um an der Expedition teilnehmen zu können.

Rechts: Sturheit und Fehlentscheidungen führten Sir John Franklins Expeditionsteam in große Gefahren und schließlich in den Tod.

Rechts: Die Franklin-Expedition beim Kap Berrow; aus einer Publikation von 1823.

140

Er legte mit seiner Mannschaft im Polargebiet 3200 km zurück, bevor er alle heil nach Hause brachte.

Dieser Triumph handelte ihm die Ritterwürde ein, doch zugleich ging damit seine Entdeckerkarriere zu Ende. Es folgte ein Posten bei der Royal Navy im Mittelmeer; danach wurde er Gouverneur der Strafkolonie Tasmanien. 1844 ergriff er erneut die Gelegenheit, eine Expedition auf der Suche nach der dubiosen Nordwestpassage zu leiten. Als angeblich eisfreie Verbindung zwischen dem Atlantik und dem Pazifik wurde die Nordwestpassage bereits seit dem 16. Jahrhundert gesucht. Tatsächlich stellte sich die Route im Nachhinein als für den Handel äußerst ungeeignet heraus.

1845 stach Franklin als Kapitän über zwei Schiffe, die *Erebus* und die *Terror*, mit 134 Offizieren und Mannschaften in See. Am 26. Juli wurden sie noch bei Baffinbai von einem Walfänger gesichtet, tauchten aus dem Eismeer aber nie wieder auf. Ihr Schicksal blieb noch für viele Jahre rätselhaft. An Bord der Schiffe war Verpflegung für drei Jahre, also machte man sich zu Hause zunächst keine Sorgen. 1848 brachen Rettungstruppen auf, doch da Franklin keine genaue Routenbeschreibung hinterlassen hatte, hatten sie ein großes Gebiet abzusuchen. Nicht weniger als 34 Trupps zur See und sechs zu Lande wurden ausgesandt, um das Rätsel um die Nordwestpassage wie auch um das Verbleiben Franklins zu lösen. Die Rettungstrupps wurden von Franklins zweiter Frau Jane finanziert. 1850 stieß man auf drei Gräber, ein Hinweis auf die von Franklin gewählte Route. Schließlich kehrte einer der Matrosen, John Rae, zurück und brachte die Nachricht, dass eines der Schiffe gesunken war und die Männer nach Süden geflohen seien.

Des Rätsels Lösung

Daraufhin sandte Lady Jane 1857 eine weitere Gruppe in die Gegend, die auf King William Island ein Steingrab mit zwei Nachrichten der Überlebenden entdeckte. Es war der einzige Hinweis auf die Besatzung der *Erebus* und der *Terror*, der jemals gefunden wurde. Die erste Nachricht stammte aus dem Jahr 1847 und war optimistisch. Die zweite klang verzweifelt und zeigte, dass die Schiffe zwei Jahre lang im Eis feststeckten und dass Franklin am 11. Juni 1847 gestorben war. Der Weg nach Süden war übersät von Skeletten.

Über das weitere Schicksal von Franklins Männern lässt sich nur spekulieren. Manche verhungerten wohl oder erlitten durch die vielen Konserven eine Bleivergiftung. Vermutlich aßen die von Hunger getriebenen Männer ihre toten Kameraden. Skorbut und Orientierungsverlust waren weitere Todesursachen. Franklin wurde kritisiert, da er die zu große Gruppe nicht versorgen konnte, aber auch die Tipps der Inuit ignorierte. Nur jene Entdecker, die es den Inuit gleichtaten, konnten überleben.

Doch die Trümmer von Franklins Werk ließen einen Traum wahr werden, indem seine Möchtegernretter endlich die Nordwestpassage ausfindig machten.

Unten: *Leopold McClintock stellt fest, dass Franklin und seine Männer tatsächlich verschwunden waren, und kauft von den Inuit Relikte wie Silberlöffel, Edelmetalle und Knöpfe.*

ARKTIS UND ANTARKTIS

NILS NORDENSKIÖLD
1832 bis 1901

Nils Nordenskiöld war ein talentierter Mann auf den Gebieten der Botanik, Geologie, Literatur und Politik. Der Finne begann seine Karriere als Minenexperte wie schon sein Vater. Seine angestrebte Karriere als Mineraloge wurde von den russischen Autoritäten jedoch abrupt beendet, als er sich politisch gegen den russischen Zaren äußerte, der damals seinen Einflussbereich auf Finnland ausweiten wollte.

Er musste nach Schweden auswandern und dort bekam er einen Vorgeschmack auf den hohen Norden, als er 1858 zu einer wissenschaftlichen Expedition nach Spitzbergen eingeladen wurde. Es war die erste von vielen Reisen, auf denen er die Landschaft dokumentierte, das Wildleben studierte und über eine Nordpolexpedition nachdachte. Mit finanzieller Unterstützung der schwedischen Regierung und eines reichen Geschäftsmannes konnte Nordenskiöld an Bord des Dampfers *Sofia* in die tieferen Regionen der Arktis vorstoßen. 1864 reiste er weiter in den Norden als irgendein anderer vor ihm, bis in 81° 42' nördlicher Breite.

Zweimal wurde er als liberaler Kandidat ins schwedische Parlament gewählt; doch der Nordpol war noch immer unerreicht und er hoffte, sich diesen Traum erfüllen zu können. Wie 1869 sein Bericht an die *Royal Geographical Society* zeigt, waren Nordenskiölds Pläne gut durchdacht: „Die einzige Möglichkeit, den Nordpol zu erreichen, liegt darin, den Winter bei Smithsund abzuwarten und im Frühjahr weiter in den Norden zu ziehen."

Diesen Bericht schrieb er im gleichen Jahr, als er von der Gesellschaft eine Goldmedaille für „den Entwurf und die Durchführung schwedischer Expeditionen nach Spitzbergen ... die viel zum Wissen über Zoologie, Botanik, Geologie und Meteorologie beitrugen", erhielt.

Testfahrt

1870 fuhr er nach Grönland, über dessen gefrorenes Innenland er danach einen Bericht schrieb. Wahrscheinlich sah er die Reise als einen Probelauf, bevor er sich an den Nordpol wagte. Als es 1872 dann endlich so weit war, hatte Nordenskiöld Probleme mit der Ausrüstung, da zwei Versorgungsschiffe im Eis stecken blieben. Dennoch nahm er die Gelegenheit war, seine Umgebung genau zu studieren und war sicher, so auf die Nordwestpassage zu stoßen. Er verwarf die Nordpolexpedition und begann sich auf eine neue Aufgabe vorzubereiten. Als er 1875 in die Gegend von Nowaja Semlja kam, war er überzeugt, die russischen Flüsse, die sich dort in die Arktis ergossen, würden das Meer ausreichend erwärmen, um eine Passage möglich zu machen.

Oben: *Nils Nordenskiölds Traum, den Nordpol zu erreichen, wurde von den extremen Wetterbedingungen zunichte gemacht. Dennoch öffneten seine Versuche die Nordostpassage, und die erste Umfahrung von Eurasien wurde möglich.*

Rechts: *Dieser Stich zeigt die norwegische Stadt Tromsø Abbildung aus Reisen der Vega, veröffentlicht 1881 in London.*

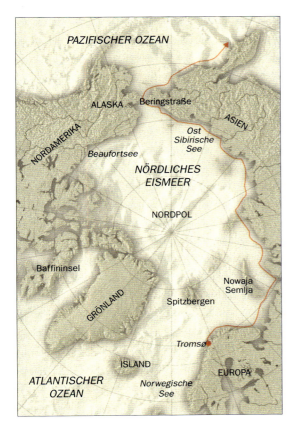

Im Juli 1878 stach er in Tromsø, Norwegen, mit seinem Schiff *Vega* in See und begab sich auf eine bedeutungsvolle Reise. Im Gegensatz zu vielen anderen war Nordenskiöld erfolgreich, da er dicht an der Küste blieb. Als er auf der Suche nach der Passage bei einem kurzen Abstecher ins offene Meer auf Treibeis stieß, war er überzeugt, dass er in Küstennähe am sichersten war. Dennoch war die Besatzung großen Gefahren ausgesetzt. An neun von zehn Tagen wurden sie von Nebel und Schneestürmen geplagt. Die Route war so unsicher, dass ein Ruderboot vorausgeschickt wurde, um die Gegend zu erkunden. Sie kamen nur langsam voran und so steckte das Schiff den Winter über in der Nähe der Beringstraße im Eis fest.

Im Juli 1879 konnten sie weiterziehen. Sie fuhren zwischen Sibirien und Alaska nach Yokohama, Japan, wo sie ein Jahr und zwei Monate nach ihrer Abreise von Norwegen ankamen. Danach umsegelten sie Asien und fuhren über den Suezkanal zurück nach Europa. Der Tag ihrer Heimkehr am 24. April wurde in Schweden zum nationalen Feiertag. Die Nordwestpassage war gefunden und Europa umsegelt worden; Nordenskiöld wurde zum Baron gemacht.

Dennoch war Nordenskiöld mit seiner Leistung noch nicht zufrieden. 1883 begab er sich auf seine letzte Expedition nach Grönland. Nach seiner Rückkehr setzte er sich zur Ruhe und verfasste einige wertvolle Werke, unter anderem *Die Reisen der Vega*.

Sein Neffe Otto (1869–1928) war von der Eiswüste ebenso fasziniert. Er spezialisierte sich auf die Antarktis und wurde zum Helden der Expedition von 1902 zur Graham Coast, nachdem er mit seinem Schiff *Antarktika* auf Packeis gelaufen war. Die Gruppe spaltete sich und wurde schließlich bei Snow Hill wieder geeint, bevor sie 1903 vom argentinischen Schiff *Uruguay* gerettet wurde.

Unten: *Bei Nordenskiölds Umfahrung von Eurasien blieb die* Vega *dicht an der Küste, um dem dicken Eis auszuweichen, das im offenen Meer trieb.*

ARKTIS UND ANTARKTIS

ROBERT E. PEARY *und* FREDERICK COOK

1856 bis 1920

1865 bis 1940

Die Eroberung des Nordpols fand fast gleichzeitig durch zwei unabhängige, rivalisierende Pioniere statt, wie das oft der Fall ist, wenn grundlegende Hindernisse überwunden werden können. Die darauf folgende öffentliche Debatte zwischen Robert E. Peary und Frederick Cook schmälerte im Nachhinein die Leistungen beider. Die Wahrheit wurde unter schäbigen gegenseitigen Beschuldigungen des Betrugs begraben.

Tatsächlich enthüllten aber aktuelle Indizien, dass keiner von ihnen der Erste war, der den Nordpol über Land erreichte, und dass der Ruhm eigentlich einem Russen und einem Amerikaner gebühre, die dieselbe Reise fast 85 Jahre zuvor unternommen hatten. Sowohl Peary als auch Cook waren von der Arktis besessen. Sie suchten im Kampf gegen extreme Elemente eine Herausforderung; auch wollten beide den Preis für die Pionierleistung des ersten Menschen am Nordpol kassieren.

Robert E. Peary

Als Peary die Reise wagte, war er über 50 Jahre alt; ein Eismeerveteran, jedoch alles andere als körperlich fit. Er wurde in Pennsylvania geboren und war ein begabter Techniker, der später der Marine beitrat. Als Jugendlicher inspirierten ihn die Werke von Elisha Kent Kane, einem amerikanischen Arzt, der auf der Suche nach Sir John Franklin geholfen und gehofft hatte, den Nordpol zu erobern. Schließlich fuhr Peary für sechs Monate nach Grönland. Diese Expedition übertraf seine Erwartungen, und eine neue Leidenschaft war geboren.

Nach seiner Rückkehr aus Grönland suchte er in Washington DC einen Fellhändler auf, mit dem er hoffte ins Geschäft zu kommen. Dort traf er Matthew Henson (1866–1955) aus

Unten: *Die abenteuerlustige Mrs Robert Peary begleitete ihren Mann auf der Arktisexpedition von 1891.*

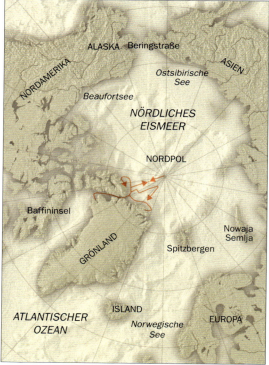

144

Maryland, Sohn von in Freiheit geborenen schwarzamerikanischen Eltern und bereits ein erfahrener Seefahrer. Obwohl Peary Henson als Diener anstellte, freundeten sich die beiden sehr gut an und sie fuhren gemeinsam nach Nicaragua.

Danach heiratete Peary und plante sein zweites Arktisabenteuer. Im Widerspruch zu den Sitten seiner Zeit reiste er gemeinsam mit seiner Frau und seinem schwarzen Partner. Dass sein erstes Kind in Grönland zur Welt kam, beweist, wie unkonventionell Peary war. Auf seiner dritten Reise in den hohen Norden verhungerten Peary und Henson fast. Eines Tages zog Henson seinem Freund die Stiefel aus und fand im Inneren einige erfrorene, abgefallene Zehen. Peary hatte acht Zehen verloren, was ihn aber nicht davon abhielt, in die Region zurückzukehren.

Dieser noble Geist ging aber mit einigen unehrenhaften Eigenschaften einher. Er war extrem egoistisch und geltungssüchtig. Einmal sagte er seiner Mutter: „Da ich mich nicht mit einem Durchschnittsleben zufrieden geben kann, muss ich jetzt Ruhm erlangen, wo ich noch jung genug bin, ihn zu genießen."

Wiederholt versuchte er den Nordpol zu erreichen, wurde aber jedes Mal von extremen Wetterbedingungen zur Umkehr gezwungen. Abwechselnd war er verzweifelt und optimistisch.

Es war angeblich nicht einfach, mit Peary zusammenzuarbeiten. Obwohl Henson es war, der sich die Mühe machte, mit den Inuit aus Grönland zu kommunizieren und ihre Praktiken des Umgangs mit Schlittenhunden zu erlernen, nannte Peary dies die „Peary-Methode."

Henson ließ sich von den schlechten Eigenschaften seines Partners nicht

abschrecken, Frederick Cook aber war weniger tolerant. Er war Amerikaner wie Peary und begleitete diesen auf seiner Grönlandexpedition – seiner ersten Arktisreise – als Arzt, fand ihn aber so abstoßend, dass er sich weigerte, erneut mit ihm zu arbeiten, und wurde sein größter Rivale.

Oben: *Abbildung aus dem Jahr 1909. Pearys Behauptungen, der erste Mann auf dem Nordpol zu sein, wurden in Frage gestellt.*

145

ARKTIS UND ANTARKTIS

Frederick Cook

Cook, der Sohn eines deutschen Arztes, wuchs in der Wildnis der Catskill Mountains im Staate New York auf. Dort lernte er die Natur zu respektieren. Als Beweis für seine Willenskraft arbeitete er hart, um sich ein Medizinstudium leisten zu können. Zu seiner ersten Reise brach er wohl auf, als seine Frau bei der Geburt ihres ersten Kindes wie dieses starb, um der Trauer zu entfliehen.

Nach seinen ersten Erfahrungen im arktischen Eismeer fuhr Cook als Chirurg und Beobachter mit einer belgischen Antarktisexpedition nach Süden. Als das Schiff im Eis stecken blieb und die Besatzung mit Skorbut und Anämie darniederlag, bewies Cook „unerschöpfliche Hoffnung und vorbildhaften Mut" in der Bekämpfung beider Krankheiten (er empfahl rohes Pinguinfleisch) und in der Freimachung der Route. Mit an Bord war der norwegische Entdecker Roald Amundsen. Die Karrierepfade der beiden kreuzten sich noch öfter.

Darauf folgten zwei Vorstöße nach Alaska. Cook behauptete, als Erster Alaska umsegelt und den höchsten Berg Nordamerikas, den Mt. McKinley, bestiegen zu haben. Später galt er deswegen als Lügner. Die Fotos, die er als Beweis vorgelegt hatte, stammten angeblich von einem anderen Berg.

Sein Ruf war dennoch solide genug, um John R. Bradley als Förderer zu gewinnen. Auf dessen Schiff durfte Cook 1907 nach Grönland reisen, um von dort aus den Nordpol zu erreichen. In Begleitung von zwei einheimischen Inuit machte sich Cook im Februar auf den Weg und erreichte angeblich am 21. April 1908 den Nordpol, obwohl er dies erst am 21. September 1909 öffentlich kundmachte. „Wir waren die einzigen Lebewesen in dieser toten Welt aus Eis", schrieb er. Cook überwinterte in einer Höhle, bevor er nach Europa zurückreiste, um seinen Sieg bekannt zu geben.

Inzwischen hatten Peary, Henson und vier Inuit den Nordpol angeblich bereits am 6. April 1909 erreicht. In sein Tagebuch schrieb Peary: „Der Preis von drei Jahrhunderten, mein

Rechts: Obwohl er ein sympathischerer Mann war als Peary, schenkte die Öffentlichkeit Cook keinen Glauben, als er behauptete, dass er in Wirklichkeit der erste Mann auf dem Nordpol gewesen war.

Traum, mein Ehrgeiz seit 23 Jahren. Endlich mein." Fünf Tage nach Cook verkündete Peary seinen Triumph.

Die darauf folgende Kontroverse war so heftig wie ein Arktissturm. Sowohl die *National Geographic Society* als auch die *New York Times* stützten Peary, während bedeutende Entdecker wie Amundsen, Greely, Sverdrup und Nansen sich auf Cooks Seite schlugen.

Missgunst und Verdacht

Es gibt Beweise, die die Behauptungen beider widerlegen. So schien Pearys Tagebuch zu neu und ungebraucht. Die Handschrift war ordentlich, obwohl Pearys Hände vor Kälte taub gewesen sein müssen. Einige Schlüsselseiten waren leer. Auch zweifelte man an der Fähigkeit Pearys Männer, genaue Vermessungen durchzuführen; und die Fahrtgeschwindigkeit, die sie benötigt hätten, schien unmöglich hoch. Vielleicht wollte Peary auf seine alten Jahre noch um jeden Preis einen Sieg erringen, auch wenn er dafür schummeln musste.

Auch Cooks Notizen waren zweifelhaft, voller Lücken und mathematischer Fehler. Wie auch Peary behauptete er, mit hoher Geschwin-

1554	1578	1596	1772	1790	1818	1820	1821
Hugh Willoughby erfriert in der Arktis	Sir Francis Drake beweist, dass Südamerika nicht mit der Antarktis verbunden ist	Willem Barents' Schiff steckt bei Nowaja Semlja im Eis fest	James Cook überquert als Erster den südlichen Polarkreis	George Vancouver sucht eine Nordwestpassage durch die kanadische Arktis	Sir John Ross erkundet Baffinbai	Nathaniel Brown Palmer sieht als Erster die Antarktis	Bellinghausen entdeckt Inseln in der Antarktis

Links: *Das Titelblatt des Le Petit Journal Supplément Illustré vom 19. September 1909 zeigt Peary und Cook im Zweikampf. Sie streiten sich darum, wer nun 1908 als Erster den Nordpol erreicht hat. Der Künstler dieser fantasievollen Darstellung machte allerdings den Fehler, Pinguine zu zeichnen, die es in der nördlichen Hemisphäre nicht gibt.*

digkeit unterwegs gewesen zu sein, was in der Nähe des Pols auf Grund des Eises nicht möglich ist. Auch sein Schlitten schien verdächtig unabgenützt. Das Problem war auch politischer Natur. Peary war in der Öffentlichkeit unbeliebt und die Menge stieß sich am Gedanken, dass ein Schwarzer eine Meisterleistung vollbracht hatte, an der weiße Männer gescheitert waren.

Sowohl Peary als auch Cook hätten große Vorteile aus einer gelungenen Expedition bezogen – beide hatten auch viel zu verlieren. Ein angenehmes Leben als Buchautor und Lektor sowie internationale Anerkennung standen auf dem Spiel. Zu Beginn gab man Peary Recht und stellte Cook als Lügner dar.

Der amerikanische Kongress konnte davon überzeugt werden und Peary wurde zum Admiral befördert. Die öffentliche Meinung gegen Cook verschärfte sich, als er 1925 wegen eines Betrugs im Ölgeschäft verhaftet wurde. 1930 wurde er allerdings wieder entlassen und 1940 erhielt er eine Entschuldigung des Präsidenten.

Doch auch heute noch ist die Entdeckung des Nordpols eine Streitfrage. Vom geografischen Standpunkt aus ist es wahrscheinlich, dass beide Männer wegen der damals ungenauen Technologie weit vom Ziel entfernt waren.

Sicher ist jedoch, dass Peary, Cook und ihre Mitreisenden mutige Pioniere waren, die die Grenzen der Welt beim Verfolgen ihres Traumes erweitert hatten.

1823	1827	1831	1841	1845	1847	1853	1853
James Weddell entdeckt das Weddellmeer	Sir William Pearys Versuch, den Nordpol zu erreichen, scheitert	Der Brite James Ross erreicht den magnetischen Nordpol	James Ross erforscht das Rossmeer in der Antarktis	Sir John Franklin sucht nach der Nordwestpassage	Franklins Gruppe geht im kanadischen Eismeer verloren	John Rae beweist, dass King William's Land eine Insel ist	Elisha Kent Kane besucht die Nordwestküste Grönlands

ARKTIS UND ANTARKTIS

FRIDTJOF NANSEN

1861 bis 1930

Rechts: *Fridtjof Nansen kehrt 1896 um, nachdem er versucht hatte den Nordpol zu erreichen.*

Unten: *Nansens Arktisexpedition verlässt am 24. Juni 1893 Oslo an Bord der* Fram.

Nansen war in jedem Fall ein außergewöhnlicher Mann. Grönland auf Schiern zu durchqueren ist schon eine Leistung, vor allem, wenn man danach in der arktischen See mit seinem Schiff im ewigen Eis stecken bleibt. All dies widerfuhr Nansen, obwohl er dafür wenig bekannt ist. Er sicherte sich einen Eintrag in die Geschichtsbücher mit seiner Arbeit zur Bekämpfung des Hungers nach dem Ersten Weltkrieg, die ihm auch den Friedensnobelpreis einhandelte. Dennoch waren es die Überzeugung, der Mut und die Voraussicht seiner frühen Jahre als Arktisforscher, die ihm später als Staatsmann und Entwicklungshelfer zugute kamen.

Nansen wurde im norwegischen Oslo geboren. Als Knabe war er exzellenter Schüler und Sportler, der Dutzende Male nationaler Schi-Champion wurde und außerdem ein ausgezeichneter Eisläufer war. An der Universität studierte Nansen wegen seiner Liebe zur Natur Zoologie. Das Highlight seiner Jugend war eine Reise auf der *Viking*, einem Schiff, das 1882 in der Arktis patrouillierte. An Bord machte er wissenschaftliche Notizen und zeichnete Skizzen, für die er später berühmt wurde.

Mit 20 Jahren wurde ihm eine Stelle als Museumswart angeboten, die ihn zwar reizte, es ihm aber nicht erlaubte, in freier Natur zu arbeiten. Er konnte nicht vergessen, wie er von der *Viking* aus das unberührte Grönland gesehen hatte, und dorthin wollte er zurück.

1887 erklärte Nansen, er würde Grönland von Ost nach West auf Schiern

durchqueren, und fand in einem Händler aus Kopenhagen den nötigen Sponsor. In den darauf folgenden Monaten schmiedete er Pläne, und eine Liebe zum Detail zeichnete seine Arktisexpedition aus.

Im Sommer 1888 zog ein sechsköpfiges Team unter Nansens Leitung ins Abenteuer. Trotz des schlechten Wetters, das die Abreise verzögerte, legten die Männer auf Schiern in drei Wochen eine Distanz von 800 km zurück. Sie hatten vom unbewohnten Osten aus eine kleine Siedlung an der Westküste erreicht. Diese Richtung wählte Nansen, damit niemand umkehre – er würde im Nichts landen. Später schrieb er: „Ich war stets der Meinung, dass eine Rückzugsmöglichkeit Leute daran hindere, ihr Ziel zu erreichen … Wer stets zurückblickt, wird niemals ankommen. Der weise Reisende überlegt wohl, doch dann wählt er eine Route und behält sie bei." Das Team kehrte triumphierend von dieser epischen Reise zurück und Nansen hatte reichlich Material, um 1891 das Buch *Eskimoleben* zu veröffentlichen.

Der Nordpol

Seine Lust auf die Arktis war aber noch nicht gestillt. Wie viele brillante Köpfe der Zeit wunderte auch er sich, wieso das Wrack von Washington de Longs Schiff *Jeannette* an der Küste von Grönland auftauchte, obwohl es in Sibirien, auf der anderen Seite des Pols, gesunken war.

Nansen nahm an, dass Meeresströmungen dafür verantwortlich waren. Er stieß jedoch auf Ablehnung, als er vorschlug, ein Schiff in Sibirien zu versenken und zu warten, wo es wieder auftauche.

Auch als er in England vor Experten eine Expedition vorschlug, um die Packeisdrift zu erforschen, konnte er keine Fürsprecher gewinnen. Die Gefahren eines solchen Unternehmens schreckten sogar die härtesten und erfahrensten Entdecker ab; und auch die Amerikaner bestätigten diese Ängste. Adolphus Greely schrieb: „Nansens Plan basiert auf trugschlüssigen Ideen und ist zum Scheitern verurteilt."

Niemand hatte mit Nansens detaillierter Planung gerechnet. Er arbeitete drei Jahre daran, das geeignete Schiff zu entwerfen. Die *Fram* war aus eisenbewehrter Eiche und so flach, dass sie über die Eisschollen gedrückt und nicht von ihnen zerquetscht wurde. Er nahm Nahrungsmittelvorräte für sechs Jahre an Bord und dachte sich jede Menge Beschäftigung für seine zwölfköpfige Mannschaft aus. Am 26. Juni 1893 lief die *Fram* in Norwegen aus und steckte innerhalb von drei Monaten im sibirischen Eis.

Sie trieben ungemein langsam. Im März 1895 wollte Nansen mit Hunden und einem Begleiter den Abstecher zum Nordpol riskieren. Sie gelangten hoch in den Norden, ehe sie zur Umkehr gezwungen wurden. Nachdem sie in einer Walrosshöhle überwintert hatten, trafen sie den britischen Entdecker Frederick Jackson, der ihnen bei der Heimreise half. Nansen kehrte nur wenige Tage vor der *Fram* nach Norwegen zurück, die ihre Arktisreise abgeschlossen hatte.

Nansen arbeitete als Ozeanograf, ehe er Trouble-Shooter der Vereinten Nationen wurde. Seine Expeditionen bereiteten ihn auf sein späteres Leben vor. So schrieb er: „Erlösung werden wir in hektischen Zivilisationszentren nicht finden. Sie liegt im Verborgenen."

Unten: *Dieses Werbebild erschien am 30. Dezember 1893 in der* London Illustrated News. *Die Abbildung zeigt, wie sich Nansen eine Schale Cadbury's Kakao zubereitet. Die Zeilen am unteren Ende bedeuten: „Die Firma Cadbury stellte 750 kg Kakao in luftdichten Dosen zur Verfügung … Dr. Nansen traf eine weise Wahl, als er sich für den absolut reinen Kakao entschied, für den Cadbury's bekannt ist."*

ARKTIS UND ANTARKTIS

ROBERT FALCON SCOTT

1868 bis 1912

„Auf jeden Fall werden wir bis zum Ende durchhalten; doch wir werden schwächer und das Ende naht. Es ist schade, doch ich glaube, ich kann nicht mehr schreiben."

Dies waren Robert Falcon Scotts letzte schriftliche Worte, bevor er sich in sein Zelt verkroch, das ihn vor dem unbarmherzigen Schnee-

Oben: *Robert Falcon Scott auf einem Kalender von 1914. Dargestellt sind Szenen aus der Unglücksmission. Nach Scotts Tod erschienen Souvenirs zu seinem Gedächtnis wie die gegenüber abgebildete Postkarte.*

stürmen der Antarktis schützen sollte. Scott was Anführer einer heldenhaften, dennoch zum Scheitern verurteilten Expedition zum Südpol. Im Bestreben, als Erster den Pol zu erreichen, wurde er geschlagen, und auf dem Rückweg verlor er sein Leben. Dennoch war er eine Inspiration. Während sich viele nicht an den Sieger des Rennens zum Südpol, Roald Amundsen, erinnern, leben Scott und seine Leute wegen ihres tragischen Schicksals weiter.

Scott wurde im englischen Devonport geboren und zog mit 14 Jahren ans Meer. Er wurde Marineoffizier und fiel Sir Clements Markham von der *Royal Geographical Society* auf. Markham wollte, dass die Royal Navy die zu diesem Zeitpunkt weitgehend unerforschte Antarktis erkunde. Im entschlossenen und pflichtbewussten Scott sah er den richtigen Mann für diese Aufgabe. Die Tatsache, dass Scott keine Erfahrung mit Polarreisen hatte, interessierte Markham nicht und so machte er ihn im August 1901 zum Expeditionsführer.

In Begleitung von Ernest Shackleton reiste Scott vom Rossmeer aus weiter nach Süden als je ein Entdecker zuvor. Trotz dieses Triumphes war die Expedition von Unheil überschattet, wie etwa einem schweren Ausbruch von Skorbut und Schneeblindheit. Auch konnte Scott mit Hundeschlitten nicht umgehen, eine Schwäche, die er nie ablegen konnte.

Bittere Reise

Nach seiner Heimkehr nach England am 7. November 1904 an Bord der *Discovery* wurde Scott befördert und widmete sich Marineangelegenheiten. Vier Jahre danach heiratete er die Bildhauerin Kathleen Bruce. Sie hatten einen Sohn, Peter, der sich später als Naturforscher einen eigenen Namen machte. Dennoch behielt Scott seinen Ehrgeiz, die unerforschte Polarkappe zu erobern; und so begab er sich 1909

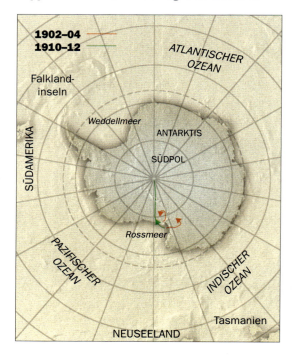

auf eine privat finanzierte Expedition zum Südpol. Er verließ England an Bord der *Terra Nova*. Erst auf See erfuhr er, dass Amundsen ebenfalls unterwegs zum Südpol war.

Am 1. November 1911 brach Scott vom McMurdosund auf, stieß aber auf Schlechtwetter, das seine Pläne durchkreuzte. Amundsen wählte, ausgehend von der 96 km dichter am Pol gelegenen Walbucht, eine andere Route und hatte zudem einen Vorsprung von 38 Tagen.

Schlecht beraten, lud Scott Henry R. Bowers ein, sich der Vierergruppe anzuschließen, was sofort die Nahrungsrationen schmälerte. Für Scott war es Ehrensache, den Pol zu Fuß zu erreichen. Dieser Wunsch ging in Erfüllung, als sie ihre Schlittenponys schlachten mussten und die motorisierten Schlitten zusammenbrachen. So kam die unerschrockene Gruppe nur langsam voran, was ihre Nahrungsmittelknappheit auf fatale Weise verschärfte. Als sie am 16. Januar 1912 nach einer 1300 km langen Odyssee endlich den Südpol erreichten, stießen sie auf eine Fahne und ein Zelt. Amundsen war schon seit über 30 Tagen dort.

Bitter enttäuscht kehrte das Team um, doch sein Schicksal ist bekannt. Der Offizier Edgar Evans starb als Erster nach einem Sturz; Kapitän Lawrence Oates beging Selbstmord, nachdem er zum Behinderten wurde; und Scott, Bowers und Edward Willson starben am 29. März 1912 in ihrem dürftigen Zelt nur 18 km von ihrem Basislager entfernt.

Die Nachricht von ihrem Verschwinden erreichte England erst Monate später und sie konnten erst nach einem Jahr begraben werden. Mit Scotts Leiche fand man auch sein Tagebuch. Seine Witwe Kathleen meinte über ihn: „Nie zuvor gab es einen Mann mit solch einem Verantwortungs- und Pflichtbewusstsein. Der Schmerz, selbst versagt, andere in den Tod getrieben und mich zurückgelassen zu haben, muss für ihn unvorstellbar gewesen sein."

ARKTIS UND ANTARKTIS

ROALD AMUNDSEN

1872 bis 1928

In den Augen der Welt war er der „letzte Wikinger" – von stattlicher Figur und äußerst willensstark. Es schien, als würden sich die letzten unerforschten Gebiete der Erde in den Händen von Roald Engelbrecht Gravning Amundsen enthüllen. Er war nicht nur der erste Mann am Südpol, sondern auch der erste Segler, der sich durch die dubiose Nordwestpassage wie auch durch die genauso fordernde Nordostpassage wagte. Außerdem war er der Erste, der den Nordpol überflog. Er war ein reinrassiger Entdecker.

Nicht jeder war jedoch beeindruckt. Die Parteigänger von Robert Scott meinten, Amundsen habe das Rennen um den Südpol einfach durch Glück gewonnen; und dies war für Amundsen eine schwere Beleidigung. Genaue Planung und Vorbereitung waren der Schlüssel zu seinem Erfolg. Schließlich hatte er unterwegs mit dem gleichen Wetter zu kämpfen wie Scott. All jene, die ihn der Grausamkeit gegenüber seinen Hunden beschuldigten, die er schlachtete, als sie verbraucht waren, lassen außer Acht, wie liebevoll er sie zu Lebzeiten pflegte. Sie wurden gut gefüttert und in speziellen Mulden vor

Oben: Amundsen fühlte sich von Peary und Cook übervorteilt, die behaupteten, als Erste den Nordpol erreicht zu haben. Dass er der erste Mensch am Südpol war, konnte seine Entäuschung nicht lindern.

Wind und Wetter geschützt, bis sie entbehrlich wurden. Ein weiterer Personenkreis, den er enttäuschte, waren seine zahlreichen Kreditgeber – sollte er sich jemals unehrenhaft verhalten haben, dann gegenüber jenen, denen er Geld schuldete.

Amundsen wurde in Südnorwegen geboren und zu den Helden seiner Jugend zählten Sir John Franklin und seine unglückliche Mannschaft. Seine Eltern wünschten sich für ihn eine Medizinerkarriere. Zu ihren Lebzeiten tat er sein Bestes, sie zufrieden zu stellen, doch nach dem Tod seiner Mutter – er war damals 21 Jahre alt – machte er sich auf, um Arktisforscher zu werden. Dafür musste er sich Kenntnisse der Seefahrt aneignen und so verbrachte er drei Jahre an Bord eines Robbenfängers, bis er den Rang eines Matrosen erreichte. Nun konnte er der Antarktisexpedition von 1897 beiwohnen. Sie war zwar nicht von Erfolg gekrönt, bot aber eine gute Lerngelegenheit an der Seite anderer wie etwa Dr. Frederick Cook. Als der Kapitän erkrankte, übernahm Amundsen seine Rolle, was ihn von da an für diese Position qualifizierte.

Danach wollte er die Nordwestpassage erkunden. Dieses Unterfangen gab Amundsen als wissenschaftliche Expedition aus, obwohl es nicht mehr als ein Abenteuer war. Als seine Sponsoren dies erkannten, wurden seine Mittel erheblich gekürzt. Im Juni 1903 musste er heimlich den Hafen verlassen, um wütenden Geldgebern zu entkommen.

Geschlagen am Nordpol

Die Reise durch die Nordwestpassage war gefährlich. Amundsen rastete am letzten Basislager, bevor er sich den weiteren Gefahren allein stellte. Das harsche Wetter zerstörte fast sein Schiff, die 21 m lange *Gjoa*. Zwei Winter lang steckte er mit seinen sechs Männern im Eis fest und überlebte nur durch den Handel mit den Inuit. Vom Beobachten dieses faszinierenden Volkes lernte Amundsen viel für zukünftige Expeditionen. Endlich konnte die *Gjoa* durch die Passage stoßen und wurde im Oktober 1906 in San Francisco ekstatisch empfangen.

Es war Amundsens Herzenswunsch, als Erster den Nordpol zu erreichen, doch Peary und

Cook waren ihm zuvorgekommen. Nun plante er stattdessen den Südpol, doch da er wusste, dass Scott das Gleiche vorhatte, hielt er seine Pläne geheim. Nur seinem Team vertraute er sich an, als sie entlang der afrikanischen Küste nach Süden fuhren. Doch seine Enttäuschung am Nordpol überschattete selbst den Triumph am Südpol. „Kein Mann stand jemals an einem Punkt, der von dem wahren Ort seiner Träume geografisch so weit entfernt war", schrieb er.

Er durchquerte erfolgreich die Nordostpassage, bevor er sich in einem speziell entworfenen Schiff, der *Maud*, ins polare Becken wagte. Obwohl sie wissenschaftliche Daten sammeln konnten, scheiterte diese Expedition an der rauen See. Amundsen selbst verletzte sich bei einem Sturz und musste sich gegen einen hungrigen Bären verteidigen.

Zu Hause erwarteten ihn finanzielle Probleme, von denen er sich mit der Planung eines Polarfluges ablenkte. Er konnte aber den Boden nicht verlassen, bis der wohlhabende Amerikaner Lincoln Ellsworth ihn unterstützte. 1925 überflogen sie gemeinsam den Polarkreis, und obwohl sie den Nordpol nicht erreichen konnten, faszinierten sie die Öffentlichkeit.

In folgenden Jahr befand sich Amundsen gemeinsam mit Ellsworth und dem italienischen Piloten Umberto Nobile an Bord des Luftschiffes *Norge*, das von Svalbard aus über den Nordpol nach Alaska flog. Obwohl die Mission ein Erfolg war, beklagte sich Amundsen über Nobile. Daraufhin überflog Nobile 1928 den Nordpol mit einem Heißluftballon; doch diesmal kam es zu einer Tragödie. Der Ballon stürzte aufs Eis und tötete sechs Männer. Nobile und die Überlebenden mussten mehr als einen Monat auf Hilfe warten.

Auch Amundsen flog zur Unglücksstelle, um Hilfe zu leisten, doch sein Flugzeug wurde nie wieder gesehen. Ironischerweise erfüllte sich durch das Desaster aber einer von Amundsens letzten Wünschen. Kurz zuvor hatte er einem Journalisten gesagt: „Wenn Sie nur wüssten, wie schön es in der Luft ist – dort oben will ich sterben."

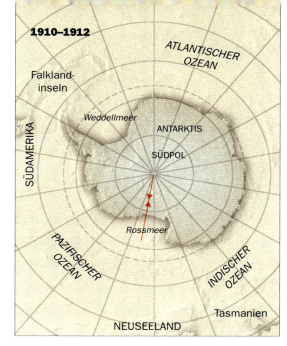

Links: *Amundsen erreichte im Dezember 1911, einen Monat vor Robert Scott, den Südpol.*

Unten: *Amundsens Luftschiff* Norge *1926 auf seinem erfolgreichen Nordpolflug.*

ARKTIS UND ANTARKTIS

ERNEST SHACKLETON

1874 bis 1922

Wie die meisten Entdecker seiner Zeit war Ernest Shackleton mit Stärke, Mut und Charisma gesegnet. Obwohl er entschlossen war, die Antarktis zu erkunden, weigerte er sich stets, sich selbst oder seine Männer in Gefahr zu bringen. Deshalb hatten Expeditionen unter seiner Leitung auch keine Toten zu beklagen, was in dieser Zeit eine Leistung war.

Shackleton wurde im irischen County Kildare in eine Familie von Quäkern geboren. Seine Familie übersiedelte zuerst nach Dublin und später nach London, wo er unter anderem am Dulwich College studierte. Alle Hoffnungen, dass er in die Fußstapfen seines Vaters treten würde, wurden von ihm zunichte gemacht, als er mit 16 Jahren verkündete, er wolle Seefahrer werden. Er ging zur Handelsmarine und war im Alter von 24 Jahren befähigt, ein beliebiges britisches Schiff zu kommandieren.

Obwohl die See seine Abenteuerlust befriedigte, bot sie ihm keine Gelegenheit zur Entdeckung. Deshalb ließ er all seine Überzeugungskraft spielen, um Robert Scott und die *Royal Geographical Society* zu überreden, ihm einen Platz auf der britischen Antarktisexpedition von 1901 zu sichern.

Shackleton und Scott zeigten gegenseitigen Respekt, legten jedoch auch großes Konkurrenzdenken an den Tag. Shackleton bewunderte Scotts munteren Geist, stieß sich jedoch an dessen strengem Festhalten an Rangunterschieden. Scott schätzte Shackletons Ausdauer, misstraute ihm jedoch, vielleicht einfach nur auf Grund der Tatsache, dass er der Handelsmarine und nicht der *Royal Navy* angehörte. Ihre Beziehung verkomplizierte sich, als Shackleton 1901 wegen der unausgeglichenen Nahrung an Skorbut litt, was Scott damals auch daran hinderte, den Südpol zu erreichen. Als Scott ihn darauf in seinem Buch als Weichling darstellte, sah Shackleton diese Beleidigung auch als Herausforderung. Dennoch teilten beide Männer die Ehre, den bis dato südlichsten Punkt erreicht zu haben.

Ausdauertest

Nach seiner Rückkehr legte Shackleton eine Entdeckungspause ein. Er wurde zuerst Sekretär der *Royal Geographical Society* von Schottland und 1906 Kandidat der Liberalen Unionspartei. Zwar erlangte er keinen Sitz im Parlament, traf aber zur gleichen Zeit William Beardmore, der seine vorgeschlagene Antarktisreise finanzierte.

1907 ging die Expedition an Bord des Robbenfängers *Nimrod* mit persönlichem Segen der königlichen Familie vonstatten. Shackleton hatte eine fertige Hütte im Gepäck, um die Quartiere verlassen zu können, sowie ein Motorrad (das zu jener Zeit mehr Neuheit als Gebrauchsgegenstand war) und einige Ponys. Er plante, sein Basislager im McMurdosund zu errichten, an der gleichen Stelle, die bereits Scott gewählt hatte. Daraufhin forderte Scott ihn auf, sich anderswo niederzulassen, da er selbst gedachte zurückzukehren. Es liegt die Vermutung nahe, dass Scott sich selbst den besten Lagerplatz sichern wollte. Shackleton

Rechts: Ernest Shackleton begleitete Robert Scott auf der Antarktisexpedition von 1901. Scott traute ihm aber nicht, da er ein Händler war und nicht der Royal Navy angehörte.

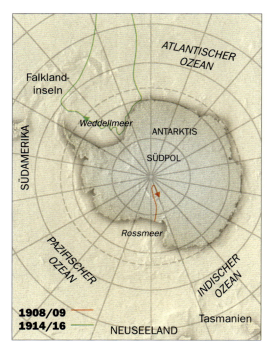

gehorchte, war jedoch wegen der extremen Wetterbedingungen gezwungen, doch zum McMurdosound zu ziehen.

Einer der ersten Triumphe der Expedition war die Erstbesteigung des Mount Erebus. Drei Männer zogen los, um den magnetischen Pol zu erreichen, während Shackleton und vier andere sich auf den Weg zum geografischen Pol machten. Das Trio erreichte sein Ziel, doch auf Shackleton und sein Team wartete eine Enttäuschung.

Sie verloren alle Ponys, das letzte war durch eine Gletscherspalte in den Tod gestürzt. Außerdem mussten sie ihre Nahrung auf unvorhergesehene Weise rationieren. Als sie sich dem Pol näherten, wurden sie von einem Schneesturm an der Weiterreise gehindert und verloren drei wertvolle Tage in ihren Zelten. Selbst mit ihren Schlafsäcken litten sie an Frostbiss. Shackleton war mutig genug zuzugeben, dass zwar der Pol nicht erreicht wurde, wohl aber die Grenzen der menschlichen Belastbarkeit. Am 9. Januar 1909 kehrte er um, anstatt eine Tragödie zu riskieren – ihnen fehlten noch 155 km zu ihrem Ziel.

Obwohl er mit Lob überschüttet wurde, war Shackleton unzufrieden. Er plante eine weitere Antarktisexpedition, um das Weddellmeer zu erkunden. Sein Schiff *Endurance* zerschellte jedoch Tausende Meilen fernab jeder Zivilisation im Eis. Nun verwandelte Shackleton das Desaster in einen Triumph, indem er seine Mitreisenden auf Elephant Island nach fünf Monaten auf See in Sicherheit brachte. Dann brach er mit fünf anderen in einem offenen Boot, der *James Caird,* auf, um 1300 km weiter Hilfe zu holen. Als sie an der Küste von Südgeorgien ankamen, mussten sie bis zu diesem Zeitpunkt auf keiner Karte verzeichnete Gebirge überwinden, bis sie auf eine Walfängergemeinde stießen. Shackletons Kameraden konnten aber schließlich gerettet werden.

1921 begab er sich auf eine letzte Antarktisreise, starb jedoch, bevor er den eisigen Kontinent erreichen konnte.

Links: *1915: Shackletons* Endurance *zerschellt im Packeis.*

ARKTIS UND ANTARKTIS

KNUD RASMUSSEN

1879 bis 1933

Polarexpeditionen stießen nicht nur auf unbekanntes Land, sondern auch auf eine ganze Menschenrasse mit unbekannten Bräuchen und Sitten. Knud Rasmussen war genauso interessiert am Leben und der Geschichte der lokalen Inuit wie an der Entdeckung neuer Fjorde und unmarkierter Gletscher. Er hatte nicht nur den Auftrag, Informationen über die Arktischen Küstengebiete zu liefern, sondern auch über die Einheimischen, deren Ursprung und Lebensweise bis zur Mitte des 19. Jahrhunderts ein Rätsel waren. Rasmussen selbst stammte zur Hälfte von den Inuit ab – sein Vater war dänischer Missionar, während seine Mutter Inuitblut hatte – was sein reges Interesse an diesem Volk erklärt. Rasmussen wuchs in Grönland zwei-

sprachig auf und beherrschte die Überlebenstaktiken der Inuit meisterhaft. Er studierte an der Universität von Kopenhagen, bewahrte aber ein Interesse am Arktisvolk der Disko Bay auf Qeqertarsuaq Island, wo er geboren war.

Mit 23 Jahren nahm er unter der Führung von Mylius-Erichson an einer dänischen Expedition teil und erkundete zwei Jahre lang die Arktis. Dies machte ihn zu einem der erfahrensten Entdecker des Landes. Auch hatte er Studienreisen nach Island und ins dänische Lappland unternommen. Darauf folgte ein Besuch bei den Inuit von Cape York in Grönland, wo er als Stammesmitglied adoptiert wurde; und im Alter von 30 Jahren hatte er bereits einen beneidenswerten Erfahrungsschatz vorzuweisen.

1910 errichtete Rasmussen gemeinsam mit seinem Kollegen Peter Freuchen die Thule-Station bei Cape York. Thule (was „Hoher Norden" bedeutet) war Ausgangspunkt von sieben Expeditionen und trug viel zum Verständnis der Inuitkultur bei. Da Rasmussen sich mit den Inuit in ihrer eigenen Sprache unterhalten konnte, hatte er fast jedem gleichaltrigen Entdecker etwas voraus.

Thuleexpeditionen

Auf seiner ersten Thuleexpedition überquerte Rasmussen die Eiskuppe Grönlands von West nach Nordost auf einer mühsamen, 800 km langen Reise, die er gemeinsam mit Freuchen, zwei Inuit und 54 Hunden bestritt. So wurde er zum ersten Mann, der diese Region auf Hundeschlitten durchquerte. Unterwegs konnte er – nicht zum ersten Mal – die kartographischen Fehler Robert Pearys korrigieren.

Während seiner zweiten und vierten Expedition, 1917 und 1929, konzentrierte sich Rasmussen zu einer Zeit, in der Ethnologiestudien noch unausgereift waren, auf das Sammeln von Informationen über die Kultur der Inuit. Gewissenhaft dokumentierte er deren Gesänge, Mythen und Rituale. Je mehr er erfuhr, desto mehr wollte er wissen. Auf seiner fünften Thuleexpedition machte er es sich zum Ziel, alle Inuitsiedlungen der Arktis zu erfassen, bevor sie durch europäischen Einfluss verfälscht wurden.

Am 11. März 1923 verließ er in Begleitung von zwei Inuit und einem beachtlichen Hundegespann Danish Island und begab sich auf eine 2880 km lange Reise. Als sie am 21. August 1924 in Kotzebue, Alaska, ankamen, hatte er unterwegs alle Inuitsiedlungen studiert. Er kam zu dem Schluss, dass die Inuit vom gleichen Volk abstammen wie die nordamerikanischen Indianer und wie diese ursprünglich aus Asien eingewandert waren. Seine detaillierte Arbeit brachte ihm ein Doktorat der Universität von Kopenhagen ein.

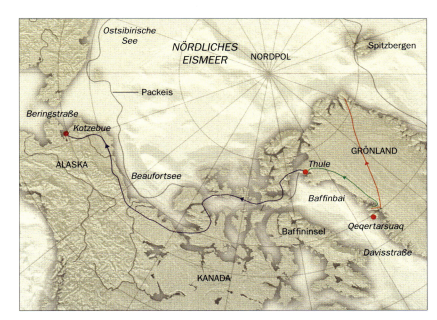

Es gab zwei weitere Thuleexpeditionen, auf denen Rasmussen die Region markierte und archäologische Arbeit leistete. Die siebte war jedoch seine letzte, da er unterwegs an einer Lebensmittelvergiftung und an der Grippe erkrankte, aus der sich eine Lungenentzündung entwickelte. Er starb auf dem Rückweg nach Dänemark.

Gegenüber: Knud Rasmussen war nicht nur Entdecker, sondern auch Ethnologe und Archäologe. Auf seinen Grönlandexpeditionen, unten, studierte er die einheimischen Inuit.

ARKTIS UND ANTARKTIS

RICHARD BYRD
1888 bis 1957

1926 feierte man Richard Byrd als Helden, da er in einem kleinen Flugzeug über den Nordpol geflogen war. Er wurde in New York mit einer Parade willkommen geheißen und erhielt eine Auszeichnung von Präsident Coolidge. Die *New York Times* verkündete am 10. Mai 1936, Byrd habe „die Spitze der Welt mehrere Male umkreist". Die Logbücher, die in den Archiven des Byrd-Polarforschungsinstitutes in Ohio gefunden wurden, enthüllten allerdings, dass der Navigator Byrd und der Pilot Floyd Bennett (1890–1928) mit ihrer dreimotorigen Fokker *Josephine Ford* bei 2° kehrt machten – also 240 km von ihrem Ziel entfernt. Es schien, als wären sich beide Männer dieser Tatsache bewusst. Bei der Auswertung der Logbücher wurden ausradierte Seiten gefunden. Es deutet alles darauf hin, dass die beiden den Pol zwar gesichtet, nicht jedoch überquert hatten. Byrd und Bennett mussten wegen eines Lecks im Öltank umkehren.

Als Byrd nach seinem 15-stündigen Flug über 2180 km in Svalbard landete, wurde er mit Anschuldigungen überhäuft, er wolle die Öffentlichkeit irreführen. Das Skandal entfachte allerdings erst, nachdem die Logbücher gefunden wurden. Die Ehre, als erster Mann den Nordpol überflogen zu haben, gebührt nun Roald Amundsen, der die Reise nur drei Tage nach Byrd in einem Luftschiff wagte.

Obwohl Byrd viele Kritiker hatte, läutete er die Arktisforschung des 20. Jahrhunderts ein. Dank seiner Bemühungen waren Flugzeuge nun eine rentable Alternative zu Hundeschlitten. Er beobachtete: „Für Jahre quälten sich Männer über dieses Eis, schindeten wenige Kilometer am Tag heraus; und wir reisen in Komfort mit Hunderten Kilometern pro Stunde. Wie die Maschine doch die Last der Menschheit veränderte." Byrd mag zwar beim Überfliegen des Nordpol gescheitert sein, erlangte aber durch mehrere erfolgreiche Expeditionen großes Ansehen.

Lindbergh als Konkurrent

Als Anwaltssohn begann Byrd seine Abenteuer im frühen Alter von 12 Jahren, als sein Vater ihm eine Weltreise finanzierte. Als er 20 war, trat er der US-Marine bei, wurde aber von Gelenksbeschwerden geplagt, worauf er den Dienst quittieren musste. Während des Ersten Weltkrieges lernte er das Fliegen; eine Leidenschaft, die bis an sein Lebensende anhielt. Im Cockpit testete er neue Flugmethoden über lange Distanzen und über Wasser, was zu dieser

Oben: *Byrds dreimotorige Fokker* Josephine Ford *wird 1926 für den Nordpolflug startklar gemacht. Byrd behauptete, den Pol überflogen zu haben, doch seine Aufzeichnungen bewiesen später, dass er 240 km von seinem Ziel entfernt war.*

frühen Zeit der Luftfahrt erstaunlich war. Sein nächstes Projekt war ein Transatlantikflug, den er 1927 drei Monate vor Lindbergh unternahm. Byrds Flugzeug stürzte ab, doch er war von New York aus so dicht an Paris herangekommen, dass man den 42-Stunden-Flug als Erfolg betrachtete.

Danach wandte Byrd seine Aufmerksamkeit der Antarktis zu, wo er weit größere Erfolge zu verbuchen hatte. Insgesamt unternahm er fünf Expeditionen – auf seiner ersten 1929 gelang ihm ein Flug über den Südpol. Sein Flugzeug war eine dreimotorige Ford, die er nach seinem an Lungenentzündung gestorbenen Kollegen *Floyd Bennett* benannte.

Er verließ sich auf die Sonne als Wegweiser und brach mit dem Piloten Bernt Balchen, dem Kopiloten Harold June und dem Fotografen Ashley McKinley auf. Die Luftfahrt war noch unausgereift und so wusste die Mannschaft nicht, ob das Flugzeug unter so schwierigen Bedingungen genügend Höhe gewinnen konnte. Sie waren gezwungen, überschüssigen Ballast, darunter wertvolle Nahrung und Ölvorräte, von Bord zu werfen. Kurz vor Mitternacht des 29. November 1928 befand sich die *Flyod Bennett* über dem Pol. Diesmal gab es keinen Zweifel. Sie flogen noch kurz weiter, um allen möglichen Navigationsirrtümern entgegenzuwirken. Bevor sie umkehrten, warf Byrd noch eine kleine amerikanische Fahne über dem Pol ab. Es ging Byrd nicht nur darum, Erster zu sein; er führte auch wertvolle wissenschaftliche Beobachtungen durch. Seine Hingabe war so groß, dass er in einer primitiven Hütte in der Antarktis überwinterte, um die Wetterbedingungen wie auch das astronomische Wunder der Aurora zu studieren. Über Funk hielt er mit dem Basislager Kontakt. Byrd wurde durch einen lecken Herd langsam mit Kohlenmonoxid vergiftet und seine Worte wurden immer wirrer. Dennoch dauerte es Monate, bis er gerettet werden konnte. Sein Buch *Allein*, in dem er seine düsteren Erfahrungen schilderte, wurde zum Bestseller.

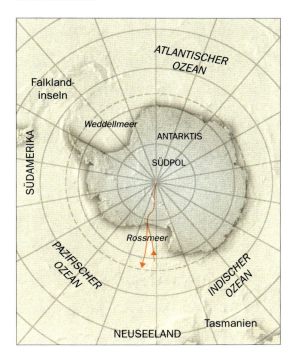

Gegenüber: *Der amerikanische Pilot bewies, dass in Zukunft die Arktis- und Antarktisexpeditionen von der Luftfahrt profitieren würden.*

ARKTIS UND ANTARKTIS

GEORGE HUBERT WILKINS

1888 bis 1958

Der Australier George Wilkins war ein Mann, der sich das Abenteuer schmecken ließ. Eine Zeit lang arbeitete er als Ingenieur, später als Kriegsfotograf und schließlich erkundete er den Nordpol zu Fuß und unter Wasser. Berühmt wurde er allerdings, als er als Erster über den Nordpol von Amerika nach Europa flog, was einen neuen Höhepunkt der Entdeckertechnologie darstellte.

Im australischen Outback geboren, entwickelte Wilkins eine Liebe für die eingeborenen Aborigines, die sich in einer Gegend mit begrenzten Ressourcen wohl fühlten. 1908 ging er nach England, um Fotograf zu werden. Dabei lernte er Vilhjalmur Stefansson kennen, den unorthodoxen Arktisforscher aus Island, der 1913–1918 die kanadische Arktisexpedition leitete. Zum ersten Mal fühlte Wilkins die Magie der nördlichen Gefilde und lernte Überlebenstechniken, die ihm bei späteren Expeditionen nützlich wurden. In Stefansson fand er einige der Qualitäten wieder, die er schon bei den Aborigines geschätzt hatte. Schließlich meinte der Isländer, die Arktis wäre eine einladende Gegend und er wolle so leben wie die Inuit.

Der Ausbruch des Ersten Weltkrieges trieb Wilkins nach Australien zurück, wo er als Fotograf bei der Königlichen Australischen Luftwaffe arbeitete und dort zum Hauptmann avancierte. Nach Ende des Krieges widmete er sich erneut seinen Pol-Ambitionen. 1920 nahm er an der britischen Antarktisexpedition teil und arbeitete später mit Shackleton zusammen. Er hielt sich ausgezeichnet und wurde vom Britischen Museum beauftragt, Nordaustralien zu vermessen.

Wilkins war fasziniert von den Vorteilen, die das Fliegen der Polarforschung brachte. Mit Flugzeugen konnte er auf einmal die abgeschiedensten Winkel erreichen. Die Expeditionsteilnehmer waren nicht nur vor Kälte geschützt, sondern auch vor dem arktischen Wind, der so viele Bodenmissionen zum Scheitern brachte. Dank seiner zweiten Leidenschaft, der Fotografie, konnte Wilkins die Eiswüste dokumentieren wie niemand zuvor. Auch konnten am Boden stationierte Expeditionstruppen von der Luft aus versorgt werden.

Luftige Meisterleitung

Nach monatelanger Vorbereitung brachen Wilkins und sein Kopilot Eielson am 15. April 1928 zu ihrem Polarflug auf. Sie starteten in Point Barrow, Alaska, in einem Lockheed-Vega-Gleitkufenflugzeug. Vor ihnen lag eine Route von 4000 km.

Oben: Der auf einer australischen Farm geborene George Wilkins war ein kühner Abenteurer mit ausgeprägtem Geschäftssinn. Er hatte keine Schwierigkeiten, Sponsoren für seine vielen Expeditionen zu finden.

1857	1864	1871	1873	1875–1876	1878–1879	1895	1896
Sir Francis McClintock findet die Überreste von Franklins Männern	Nils Nordenskiöld reist weiter in den Norden als je ein Mann zuvor: 81°42'	Charles Hall entdeckt Hall Land und erweitert das Wissen über Grönland	Julius von Payer entdeckt Franz Josef Land in der Arktis	Sir George Nares versucht den Nordpol zu erreichen	Nils Nordenskiöld sucht an Bord der *Vega* nach einer Nordostpassage	Nansen versucht den Nordpol zu erreichen und stellt einen Rekord auf	Fridtjof Nansens Schiff *Fram* kann aus dem Eis befreit werden

160

Obwohl das Fliegen die Polarforschung revolutionierte, war es nicht ungefährlich. Die Risiken reichten von gefrorenen Benzinleitungen bis zum Verlust von Funkkontakt und Maschinenversagen. Eine der tückischsten Erscheinungen waren so genannte „white-outs", wenn die Sicht so schlecht wurde, dass man zwischen Land und Himmel nicht mehr unterscheiden konnte. Wilkins und Eielsen hatten aber Glück. Nach 24 Stunden erreichten sie Spitzbergen, nachdem sie Regionen gesehen hatten, die für Bodenexpeditionen absolut unerreichbar waren.

1928 erhielt Wilkins von der *Royal Geographical Society* eine Auszeichnung für „jahrelange systematische Forschungsarbeit, die mit dem Flug nach Spitzbergen ihren Höhepunkt erreichte". Im selben Jahr wurde er zum Ritter geschlagen. Wilkins fuhr unermüdlich fort, die Grenzen der unbekannten Polarregionen zurückzudrängen. 1928 machte er außerdem eine fast 2000 km lange Flugreise über die Antarktis und 1929 reiste er unter anderem mit dem Luftschiff *Graf Zeppelin* um die Welt.

1931 versuchte er den Nordpol mit einem U-Boot zu erreichen. Die USS *Nautilus,* die er symbolisch für einen Dollar gekauft hatte, erfüllte jedoch nicht seine Erwartungen. Nach einigen Tauchversuchen in der arktischen See musste er wegen Maschinenversagen umkehren. Dennoch konnte 1958 bewiesen werden, dass es möglich war, unter dem Packeis zu reisen; und kurz vor seinem Tod konnte Wilkins beobachten, wie der atombetriebene Nachfolger der *Nautilus* seine Mission erfüllte.

Oben: *Die Lockheed Vega, in der Wilkins und Eielsen 1928 das Polarmeer bei Spitzbergen überquerten.*

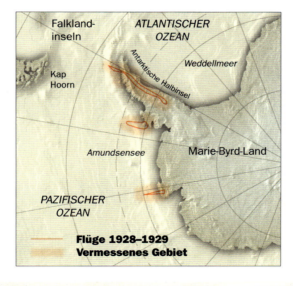

Links: *Kurz vor der Expedition von 1928 untersucht Wilkins sein Flugzeug. Der australische Pilot war 1925 nach Detroit gekommen, um einen Sponsor für seine Luftexpedition zu finden. Die Fluggesellschaft von Detroit und ein Zeitungsverlag unterstützten ihn. Ein Reporter der* Detroit News *wurde von einem Propeller getötet, als er während eines Schneesturmes aus der Maschine stieg. Obwohl er zweimal scheiterte, wurde Wilkins 1928 als Held gefeiert, da er tatsächlich das Eismeer überquerte.*

1897	1897	1901	1901–1903	1903–1906	1908–1910	1909	1909
Salomon Andrée stirbt beim Versuch, den Pol mit einem Ballon zu erreichen	Adrien Gerlache de Gomery führt die erste Winterexpedition in die Antarktis	Antarktisexpedition unter Leitung von Nils Nordenskiölds Neffe Otto	Erich von Drygalski leitet deutsche Expedition in der Antarktis	Roald Amundsen lokalisiert den magnetischen Nordpol	Jean-Baptiste Charcot dokumentiert die Antarktische Halbinsel	Robert Peary behauptet, den Nordpol erreicht zu haben	Sir Ernest Shackleton nähert sich dem Südpol auf 160 km

ARKTIS UND ANTARKTIS

Sir VIVIAN FUCHS

1908 bis 1999

Gegenüber oben: Der britische Entdecker Sir Vivian Fuchs steht vor der Fertigteilhütte, die er bei seiner Antarktisexpedition von 1955 bis 1958 benutzte.

Nichts ist jemals so schlimm, wie du meinst, dass es sein wird." Dies war die Philosophie des Mannes, der Shackletons Traum, die Antarktis zu durchqueren, in die Tat umsetzte. Vivian Fuchs, der Sohn eines deutschen Vaters und einer englischen Mutter, wurde auf der Isle of Wight vor der britischen Südküste geboren. Während des Ersten Weltkrieges wurde die Familie wegen des deutschen Vaters auf der Isle of Man festgehalten. Später studierte Fuchs an der Universität von Cambridge Naturwissenschaften; hier wurde er vom Expeditionsveteran Sir James Wordie inspiriert. 1929 besuchte er gemeinsam mit Wordie als Geologe Ostgrönland.

Im nächsten Jahrzehnt nahm Fuchs an mehreren Afrikareisen teil, bevor er 1933 Joyce Connell heiratete, die seine Liebe zur Natur teilte. Zu dieser Zeit war er über 180 cm groß und das Abenteuer stand ihm ins Gesicht geschrieben. Sein Spitzname lautete jedoch „Häschen".

Der Zweite Weltkrieg machte alle Pläne für weitere Expeditionen zunichte. Bevor Fuchs die Armee verließ, hatte er in Westafrika und Nordwesteuropa gedient und sogar den Rang eines Majors erreicht. Im nächsten Jahr führte er auf den Falklandinseln eine Vermessungsexpedition an, die zum Vorläufer der britischen

Antarktisvermessung wurde. Fuchs war glücklich, auf diese Weise in der Antarktis Fuß fassen zu können. Mit dieser Mission gelang ihm, was Shackleton versucht hatte.

Sir Edmund Hillary (geb. 1919), der später zum ersten Europäer auf dem Mt. Everest wurde, führte ein Team aus Neuseeland vom Rossmeer bis zum Südpol. Fuchs brach mit seinem Team vom Weddellmeer auf. Er hatte mit Hillary ausgemacht, sich am Pol zu treffen, um dann gemeinsam zum Rossmeer zurückzuziehen. Im November 1957 brachen sie mit motorisierten Transportmitteln auf. Zuvor hatten alle Teilnehmer hart trainiert, damit sie wussten, was sie erwartete, doch das Training erwies sich in der Praxis als nutzlos. Fuchs und seine Gruppe sprachen von der „schlimmsten Reise der Welt".

Hillary erreichte 15 Tage vor Fuchs den Südpol. Als er mit seinen Männern am 4. Januar 1958 dort ankam, war Fuchs noch immer 640 km von seinem Ziel entfernt. Aus ihren kurzen Funknachrichten war zu schließen, dass zwischen Fuchs und Hillary ein raues Klima herrschte. Als sie sich jedoch endlich begegneten, begrüßte Hillary Fuchs mit den Worten: „Hallo, Häschen!", worauf dieser konterte: „Verdammt gut, dich zu sehen, Ed." Später stritt Fuchs jegliche Spannung in der Antarktis ab.

Am 24. Januar verließen sie gemeinsam den Südpol und beendeten ihre Reise am 2. März. In 99 Tagen hatten sie 3453 km zurückgelegt. Es ist unwahrscheinlich, dass es Fuchs störte, zweiter geworden zu sein. Er betonte immer wieder, dass „der Wert der Entdeckung im Sammeln von Erfahrungen liegt und nicht im Aufstellen von Rekorden".

Andere Zeiten

Fuchs bedauerte den rasanten technischen Fortschritt. „In alten Zeiten musste man sich noch auf seinen Charakter und seine Vorräte verlassen – auf sich selbst und seine Kollegen. Nun wird alles durch technische Hilfsmittel vereinfacht." Nicht nur wurde der Transport vereinfacht; es gab auf dem Südpol bereits ein amerikanisches Basislager, das im Bedarfsfall Unterstützung aus der Luft bot. Dennoch

Gegenüber unten: Vor Beginn der Weltumrundung über beide Pole unterhält sich Fuchs an Bord der MV Benjamin Bowking bei Greenwich, London, mit dem jungen Ranulf Fiennes.

konnten auf dem unwirtlichsten Kontinent der Erde große Erfolge verbucht werden.

Nachdem er 1950 von der *Royal Geographical Society* eine Auszeichnung erhielt, wurde er außerdem „für seine Führungsqualität bei der Transantarktisexpedition des Commonwealth" mit einem der seltensten Preise geehrt. Nachdem er zum Ritter geschlagen worden war, arbeitete er 1982–1984 als Präsident der *Royal Geographical Society*. Vor seinem Ruhestand half er noch die Antarktis zu vermessen.

Als Fuchs starb, sagte der Entdecker John Blashford-Snell über ihn: „Er war einer der großartigsten Wissenschaftler und Entdecker der Polarregion; in jeder Hinsicht ein erstaunlicher Mann."

ARKTIS UND ANTARKTIS

Sir RANULPH FIENNES
ab 1944

anulph Twisleton-Wykeham-Fiennes beschrieb man als „Musterbeispiel eines Englischen Gentleman – hart, entschlossen und witzig." 1982 erreichten Fiennes und sein Kollege Charles Burton Greenwich bei London, nachdem sie die Welt über beide Pole umrundet hatten. Die Reise war 560.000 km lang und

Oben: Fiennes kaufte auf einer Auktion den teuersten Keks der Welt, um zu verhindern, dass das Relikt von Scott außer Landes gebracht würde.

dauerte ziemlich genau drei Jahre. Bereits ein Jahrzehnt später machte Fiennes erneut Schlagzeilen. Er und Dr. Michael Stroud begaben sich in der Antarktis auf die längste Selbstversorgerreise der Geschichte. Sie legten diesmal eine Distanz von 2160 km in 94 Tagen zurück, in denen sie ihre Versorgung durch den Schnee zogen.

Sie waren nicht immer erfolgreich. Es gab eine Reihe von gescheiterten Missionen, darunter vier Versuche, den Nordpol zu erreichen. Auch mussten sie 1996 ihr Vorhaben aufgeben, allein und ohne Unterstützung die Antarktis zu durchqueren, da Fiennes von Nierensteinen geplagt wurde.

1990 froren seine Zehen ab und er ertrank fast, als er in eine schmelzende Gletscherspalte fiel. Trotz der gewaltigen Fortschritte in der Wetterprognose ist Fiennes immer noch dem Schmerz von Frostbiss, der Gefahr der Unterkühlung, Austrocknung und anderen Krankheiten ausgesetzt. Obwohl er bald 60 Jahre alt wird, sehnt er sich danach – vorzugsweise allein – in dieses kalte Ödland zurückzukehren, um seine Ausdauer unter Beweis zu stellen. „Es ist mein Job, und Unbequemlichkeit ist ein Teil davon", erklärt er. Charakteristisch für diese neue Generation der Entdecker ist sein Bestreben, Millionen Pfund für die Wohltätigkeit zu sammeln.

1970 heiratete Fiennes seine alte Liebe Virginia Pepper; heute treibt er im entlegenen englischen Exmoor Landwirtschaft. Er lebt nach einem strengen Fitnessprogramm, das sich auf Bewegung und Ernährung konzentriert.

Es ist bemerkenswert, dass Fiennes und Stroud auf ihrer epischen Reise 25 kg abnahmen und niedrige Cholesterinwerte hatten, obwohl sie viermal mehr Butter zu sich nahmen, als Ernährungsberater empfehlen. Ein typischer Tag begann mit Porridge und Butter, gefolgt von Suppe mit Butter zu Mittag, Pfannkuchen mit Butter am Nachmittag und einem Fertiggericht am Abend – mit Butter. Zusätzlich aßen sie täglich vier kleine Schokoladeriegel. Sie tranken heiße Getränke wie Tee, Kaffee und Kakao, hatten aber keinen Alkohol bei sich.

Fiennes hat größten Respekt vor den Pionieren vor seiner Zeit. 1999 zahlte er die erstaunliche Summe von 6256 Dollar für einen Keks, der neben Kapitän Scotts Leiche gefunden

1910	1911	1911	1911	1912	1913–1918	1914	1926
Knud Rasmussen gründet das Basislager Thule in Grönland	Douglas Mawson leitet eine dreijährige Expedition in die Antarktis	Amundsen erreicht den Südpol	Donald MacMillan erkundet den Nordwesten der Axel-Heiberg-Insel	Robert Scott und seine Männer kehren vom Südpol zurück	Vilhjalmur Stefansson erkundet Kanada und Alaska	Sir Ernest Shackletons Schiff strandet auf Packeis	Richard Byrd überfliegt die Umgebung des Nordpols

wurde. Diesen wohl teuersten Keks der Welt stiftete er dem Britischen *Antarktic Heritage Trust,* da er verhindern wollte, dass dieses faszinierende Erinnerungsstück außer Landes gebracht wurde. „Es muss konserviert werden, sonst zerbröselt es", sagte er.

Für seine Ausdauer dankt Fiennes seinem Vater, der im Zweiten Weltkrieg an Kriegsverletzungen starb, vier Monate bevor er geboren wurde. „Wenn ich mit mir selbst kämpfe, ob ich weiterziehen soll, besonders wenn ich weiß, dass der nächste Tag noch mühsamer wird und meine Glieder abgefroren sind, denke ich an meinen Vater. Dann kommt es mir so vor, als würden wir gemeinsam kämpfen – und er würde nicht aufgeben."

Polvolk

Der erste Mann, der beide Pole besuchte, war der Amerikaner Dr. Albert Crary, der am 3. Mai 1952 mit einem Flugzeug den Nordpol erreichte und knapp neun Jahre später den Südpol mit einem Schneemobil.

Der erste Mann, der beide Orte zu Fuß erreichte, war der Brite Robert Swan, der 1986 mit drei Männern einer ähnlichen Route folgte wie zuvor Scott. Daraufhin reiste er zum Nordpol, den er am 14. Mai 1989 erreichte.

Der 45-jährige Engländer Robert Mear nahm sich vor, als Erster auf sich allein gestellt die Antarktis zu durchwandern. Im Dezember 1995 musste er aber wegen eines Materialfehlers aufgeben.

Unten: *Ranulph Fiennes meint, er verdanke Mut und Entscheidunkskraft seinem Vater. Dennoch stößt er immer wieder auf Probleme. Er hasst es, aufzugeben, doch erst kürzlich wurde ihm bei einer Antarktisreise das Wetter zum Verhängnis.*

1926	1931	1935	1947	1955–1958	1958	1959	1970er Jahre
Umberto Nobile, Amundsen und andere überfliegen in der *Norge* den Nordpol	George Wilkins versucht mit dem U-Boot *Nautilus* den Nordpol zu erreichen	Lincoln Ellsworth überfliegt die Antarktis	US-Operation *Highjump* dokumentiert die Antarktis	Sir Vivian Fuchs ist Stellvertretender Leiter der Transatlantikexpedition	Das Atom-U-Boot USS *Nautilus* erreicht den Nordpol	Antarktis wird durch ein internationales Abkommen geschützt	Erstes Ozonloch über der Antarktis beobachtet

165

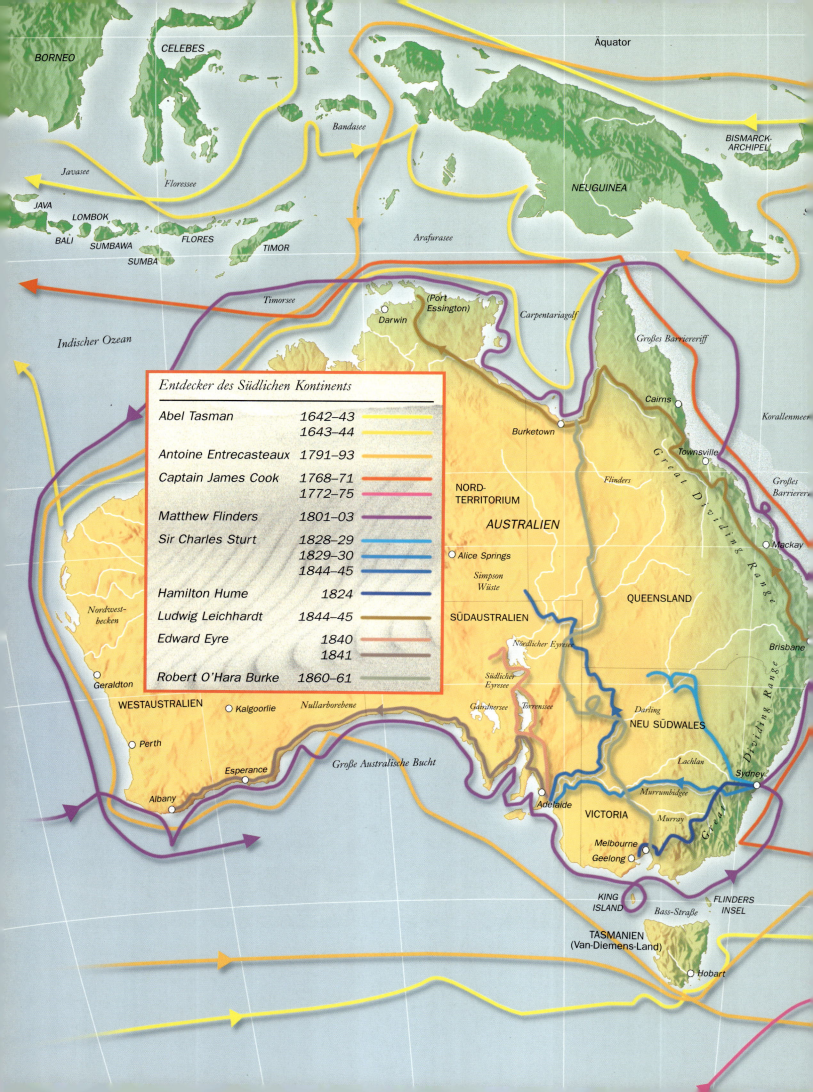

KAPITEL SIEBEN
AUSTRALASIEN

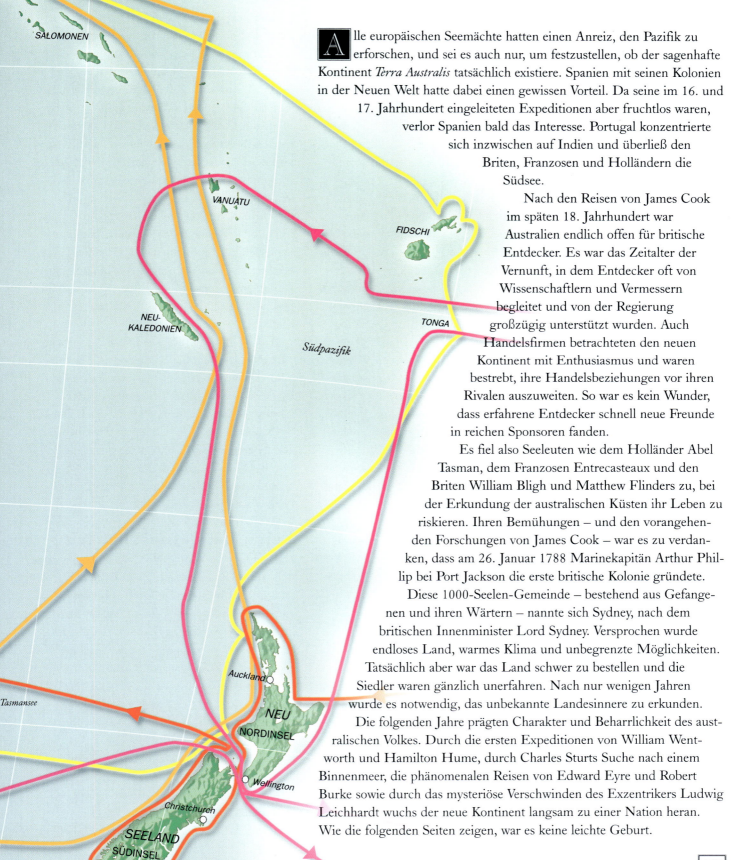

Alle europäischen Seemächte hatten einen Anreiz, den Pazifik zu erforschen, und sei es auch nur, um festzustellen, ob der sagenhafte Kontinent *Terra Australis* tatsächlich existiere. Spanien mit seinen Kolonien in der Neuen Welt hatte dabei einen gewissen Vorteil. Da seine im 16. und 17. Jahrhundert eingeleiteten Expeditionen aber fruchtlos waren, verlor Spanien bald das Interesse. Portugal konzentrierte sich inzwischen auf Indien und überließ den Briten, Franzosen und Holländern die Südsee.

Nach den Reisen von James Cook im späten 18. Jahrhundert war Australien endlich offen für britische Entdecker. Es war das Zeitalter der Vernunft, in dem Entdecker oft von Wissenschaftlern und Vermessern begleitet und von der Regierung großzügig unterstützt wurden. Auch Handelsfirmen betrachteten den neuen Kontinent mit Enthusiasmus und waren bestrebt, ihre Handelsbeziehungen vor ihren Rivalen auszuweiten. So war es kein Wunder, dass erfahrene Entdecker schnell neue Freunde in reichen Sponsoren fanden.

Es fiel also Seeleuten wie dem Holländer Abel Tasman, dem Franzosen Entrecasteaux und den Briten William Bligh und Matthew Flinders zu, bei der Erkundung der australischen Küsten ihr Leben zu riskieren. Ihren Bemühungen – und den vorangehenden Forschungen von James Cook – war es zu verdanken, dass am 26. Januar 1788 Marinekapitän Arthur Phillip bei Port Jackson die erste britische Kolonie gründete. Diese 1000-Seelen-Gemeinde – bestehend aus Gefangenen und ihren Wärtern – nannte sich Sydney, nach dem britischen Innenminister Lord Sydney. Versprochen wurde endloses Land, warmes Klima und unbegrenzte Möglichkeiten. Tatsächlich aber war das Land schwer zu bestellen und die Siedler waren gänzlich unerfahren. Nach nur wenigen Jahren wurde es notwendig, das unbekannte Landesinnere zu erkunden. Die folgenden Jahre prägten Charakter und Beharrlichkeit des australischen Volkes. Durch die ersten Expeditionen von William Wentworth und Hamilton Hume, durch Charles Sturts Suche nach einem Binnenmeer, die phänomenalen Reisen von Edward Eyre und Robert Burke sowie durch das mysteriöse Verschwinden des Exzentrikers Ludwig Leichhardt wuchs der neue Kontinent langsam zu einer Nation heran. Wie die folgenden Seiten zeigen, war es keine leichte Geburt.

167

AUSTRALASIEN

ABEL JANSZOON TASMAN

1603 bis 1659

Die meisten von jenen, die im Zeitalter der Romantik Entdeckungsfahrten förderten, waren harte Geschäftsleute. Wissen über die Welt war zwar sehr nett, wenn es aber nicht unmittelbar an lukrative Geschäfte gekoppelt war, war es für Regierungen und Geldgeber uninteressant. In der im Europa des 17. Jahrhunderts vorherrschenden Wettbewerbsatmosphäre der Seefahrt waren die Anweisungen für Expeditionsleiter einfach: Finde neue Quellen des Wohlstandes, bevor die anderen es tun – und schöpfe sie aus.

Dies verdeutlichen die Fahrten des holländischen Seglers Abel Tasman. Man vermutet, dass er 1603 in Lutjegast, Gröningen, geboren wurde und im Alter von 20 Jahren bereits fertig ausgebildeter Seemann war. 1632 erreichte er Jakarta, Indonesien (damals Batavia), und wurde von der holländischen Ostindischen Kompanie angeheuert, um die Schiffe entlang der Handelsrouten zwischen Indonesien, Japan, Taiwan und Kambodscha zu navigieren. Seine Talente mussten Anton Van Diemen, den Gouverneur von Batavia, beeindruckt haben, denn er machte Tasman 1642 zum Führer einer Expedition in die Südsee. Er sollte die wenigen noch unmarkierten Gebiete der Welt aufzeichnen.

Am meisten war Van Diemen an der riesigen Landmasse interessiert, die als Großes Südland (Australien) bekannt war. Die Küstengebiete waren den holländischen Entdeckern bereits bekannt. Zu dieser Zeit meinte man aber, das Land sei Teil eines viel größeren Kontinentes – der *Terra Australis Incognita* –, von dem viele Geografen meinten, er müsse in der Südsee existieren, um die großen Landmassen Eurasiens auszubalancieren. Tasmans Aufgabe war es, diesen Kontinent zu finden und gleichzeitig einen sicheren Seeweg zwischen dem Indischen und dem Pazifischen Ozean zu finden. Eine solche interozeanische Route würde den Holländern gegenüber den Spaniern einen Handelsvorteil mit Chile einbringen. Sollte Tasman freundliche Beziehungen zu den Einheimischen herstellen oder auf neue Gewürze stoßen, so wäre das ein Bonus. Man warnte ihn aber, den Europäern Versprechungen über Gold und Silber zu machen, da dies die Preise senken könnte.

Am 14. August 1642 stach Tasman mit einer 110-köpfigen Mannschaft in See. An Bord befanden sich Nahrungsmittel sowie Proben von Handelsgütern. Sie wollten zunächst nach Mauritius, um ihre Vorräte aufzufüllen. Danach wollten sie entlang des südlichsten befahrbaren Breitengrades, bei 52° oder 54°, weiter nach Osten. Dieser West-Ost-Kurs sollte die Wahrscheinlichkeit erhöhen, auf die *Terra Australis Incognita* zu stoßen.

Keine Handelsmöglichkeit

Das winterliche Wetter zwang Tasman aber, eine nördlichere Route entlang des 44. Breitengrades zu wählen. Im November stieß er schließlich auf eine gebirgige Insel, die er Van-Diemens-Land (heute Tasmanien) nannte; Landeinheiten erforschten das Innere. Sie trafen weder auf einheimische Handelspartner noch fanden sie Gewürze oder Schätze, also beschloss Tasman, dort keine Zeit zu verschwenden. Bevor sie aufbrachen, befahl er, man möge einen Pfosten aufstellen, um zu signalisieren, dass sich das Land nun in holländischem Besitz befand.

Am 13. Dezember sichtete er Neuseeland. Dort wurde seine Gruppe von einheimischen Maori angegriffen, was vier Mannschaftsmitgliedern das Leben kostete. Tasman verließ

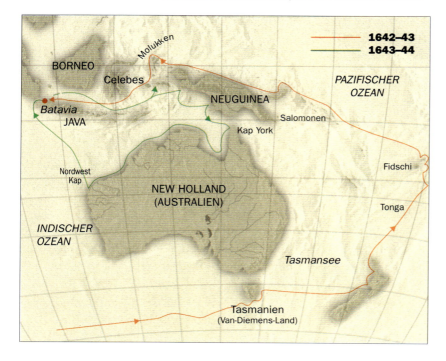

schnell die Bucht, die er „Murderers Bay" („Mörderbucht") nannte. Er war nicht sicher, ob er auf einen Teil des Großen Südlandes gestoßen war oder ob das Land zu Südamerika gehörte. Auch hielt er die Meerenge zwischen den beiden Hauptinseln für eine Bucht. In diesem Irrglauben segelte Tasman in den Norden nach Tonga, wo er seine Vorräte auffüllte und Kokosnüsse gegen Nägel tauschte (ein Handel, der später seine Vorgesetzten wütend machte). Danach segelte er zurück nach Osten nach Batavia und wurde unterwegs zum ersten Europäer, der die Fidschiinseln gesehen hatte.

Tasmans zehnmonatige Reise wurde von seinen Auftraggebern als großer Misserfolg angesehen, da er keine Handelsbeziehungen knüpfen konnte. Außerdem wurde bemängelt, dass er keine genaueren Inlandexpeditionen durchführte. Man musste ihm aber zugestehen, dass seine Umsegelung des Großen Südlandes bewies, dass es nicht mit der mythischen *Terra Australis Incognita* verbunden sein konnte.

Im nächsten Jahr bekam Tasman den Auftrag festzustellen, ob Neuguinea mit dem Großen Südland verbunden war. Obwohl er erneut einen Fehler machte – er übersah die heutige Torresstraße –, durchsegelte er erfolgreich die gefährlichen Gewässer zwischen Australiens Cape York und dem Nordwestkap.

Tasman starb 1659 in Batavia, die von ihm gezeichneten Landkarten wurden allerdings geheim gehalten.

Oben: *Abel Tasman und seine Familie; Ölgemälde von Jacob Cuyp. Ihm wurde zwar von der Holländischen Ostindischen Kompanie keine Aufmerksamkeit geschenkt, doch ist heute eine Insel nach Tasman benannt.*

Links: *Kupferschnitt von 1860 nach einer 1642 von Tasman angefertigten Zeichnung. Die Expedition brachte Tasman nach Tasmanien, nach Neuseeland und zu den Fidschiinseln.*

AUSTRALASIEN

ANTOINE ENTRECASTEAUX
1739 bis 1793

Oben: Antoine Entrecasteaux begab sich auf die Suche nach dem vermissten französischen Entdecker La Pérouse, fand ihn aber nicht. Dennoch sammelte er auf seiner Expedition viele, für Frankreich bedeutende Informationen.

Antoine Raymond Joseph de Bruni, Chevalier d'Entrecasteaux, ist am besten bekannt für eine Mission, die am Ende zum Scheitern verurteilt war: die Suche nach dem französischen Entdecker Jean La Pérouse. 1785 war Jean La Pérouse ausgesandt worden, um über die genaue Lage der Salomoneninseln Nachforschungen anzustellen. Bevor seine Schiffe im Februar 1788 verschwanden, fertigte er einige erstaunlich genaue Aufzeichnungen an. Drei Jahre später, gegen Ende der französischen Revolution, wurde Entrecasteaux beauftragt, seinen Verbleib zu klären.

Der Marineoffizier Entrecasteaux wurde 1739 auf dem Schloss Entrecasteaux in der Provence geboren. Mit 15 Jahren trat er der französischen Marinegarde bei; 1770 wurde er Oberleutnant. Sowohl bei Kämpfen mit mediterranen Piraten wie auch als Kommandant des französischen Marinestützpunktes in Indien sammelte er Erfahrungen für zukünftige Projekte. 1787 wurde er Gouverneur von Mauritius. Während dieser Zeit wurde er zum Stellvertretenden Admiral ernannt und die französische Regierung stattete ihn mit zwei 500-Tonnen-Frachtschiffen aus, um Jean La Pérouse zu suchen. Er sollte seine Reise in drei Jahren vollenden und außerdem unterwegs detaillierte Aufzeichnungen über Neuholland und Van-Diemens-Land (das heutige Australien und Tasmanien) machen.

Komplizierte Lage

Diese schwierige Aufgabe wurde durch die unsichere politische Lage zu Hause noch erschwert. Der Revolutionsgeist hatte neue Höhen erreicht und es kam vermehrt zu Spannungen zwischen gewöhnlichen Seefahrern (die kaum Aussicht auf Beförderung hatten) und dem elitären Offiziersstand. Entracasteaux musste sich auf all seine Erfahrungen berufen, um Herr der Lage zu werden. Nachdem er am 29. September 1792 Brest verlassen hatte, musste er feststellen, dass seine Schiffe in schlechtem Zustand und seine Nahrungsvorräte von Maden durchsetzt waren. Trotz dieser Umstände erreichten die Schiffe im Januar 1792 Kapstadt

Rechts: Das Wrack von La Pérouses Schiff vor der Insel Vanikoro. Das Schiff sank kurz nach 1788.

und im April desselben Jahres gingen sie in Tasmanien vor Anker.

Einen Monat lang dokumentierte Entrecasteaux gewissenhaft die Küstenlinie. Expeditionen ins Hinterland waren erfolgreich: Sie entdeckten drei neue Eukalyptussorten und eine bislang unbekannte Känguru-Art. Als sie aber auf ihrer Suche nach La Pérouse nordwärts nach Neukaledonien und zu den Admiralitätsinseln zogen, begann sich der Gesundheitszustand der Mannschaft zu verschlechtern. Entrecasteaux war gezwungen, einen Monat auf den französisch verwalteten Molukken zu verbringen. Von dort aus brach er zu einer Australienumfahrung auf und am 21. Januar 1793 kehrte er nach Tasmanien zurück.

Von da an ging es mit seiner Expedition bergab. Nach einer kurzen Rast nahm er erneut die Suche nach La Pérouse auf, zunächst in Neuseeland, dann in Neukaledonien, auf Santa Cruz und den Salomonen. Nach weiteren sechs Monaten litt seine ermüdete Mannschaft aber erneut an Skorbut, und Entrecasteaux selbst lag mit Ruhr danieder.

Obwohl er die Mission abbrach, um auf Java frische Nahrung zu finden, war es bereits zu spät. Entrecasteaux – der nicht wusste, dass man ihn zum Vizeadmiral befördert hatte – starb am 21. Juli und wurde auf See vor Neuguinea begraben. In den nächsten zwei Monaten starben 66 seiner Männer, und als die Crew schließlich den holländischen Hafen in Surabaya auf Java erreichte, musste sie feststellen, dass Frankreich und Holland miteinander im Krieg lagen. Gewöhnliche Matrosen wurden festgenommen, während Offiziere sich weigerten, heimzukehren, da sie sich vor der blutigen Revolution in Paris fürchteten.

Das Schicksal von La Pérouse ist ungeklärt. 1828 entdeckte der Franzose Dumont D'Urville die Wracks von La Pérouses Schiffen an einem Riff der Vanikoro-Inseln; und es zeigte sich, dass Crewmitglieder überlebt hatten. Einige starben im Kampf mit den Eingeborenen, andere konnten sich Floße bauen und es ist möglich, dass sie von Vanikoro aufgebrochen sind. Alles Weitere ist unbekannt.

Links: *Der bedeutende französische Entdecker Jean La Pérouse verschwand, als er die Salomonen erkundete. Sein Verschwinden war der Anlass für Entrecasteaux' Expedition.*

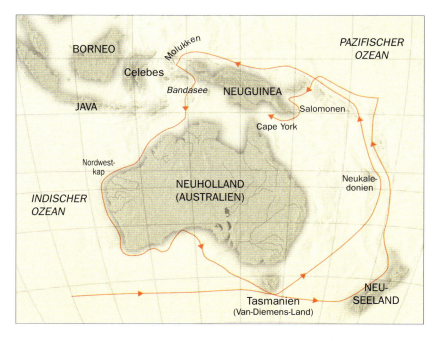

AUSTRALASIEN
Captain JAMES COOK

1728 bis 1779

Die britische Oberschicht respektierte ihn als jenen Mann, der um die Welt segelte. Für Seemänner war er der Retter, der Skorbut bekämpfte. Für die Bewohner Tahitis war er ein Freund. In Hawaii wurde er als Gott verehrt, gefürchtet und schließlich verachtet. James Cook war all das und noch mehr, was ihn zu einem der bemerkenswertesten Entdecker der Geschichte machte.

Cook wurde in Marton-in-Cleveland in England geboren, wo sein Vater Feldarbeiter war. Mit 13 war Cook mit der Schule fertig. Als er beschloss, als Kabinenjunge an Bord der *Freelove* von Whitby aus in See zu stechen, brachte er sich selbst Mathematik und Astronomie bei.

1755 wechselte Cook zur Royal Navy und war stolz, im Siebenjährigen Krieg gegen Frankreich dienen zu können. 1766 zeichnete er sich aus, da er durch die Beobachtung einer Sonnenfinsternis, die damals noch als rätselhaftes Phänomen galt, auf den Längengrad schloss. Daraufhin stellte man ihm 1768 ein Schiff zur Verfügung, die *Endeavour*, um von der Südsee aus die Venus zu beobachten. Unter der Mannschaft befand sich Joseph Banks (1743–1821), der Botaniker und künftige Präsident der *Royal Society*. An Bord bestand Cook auf rigorose Hygiene und einen reichlichen Vorrat an Obst und Gemüse. Dadurch bewahrte er die Männer vor Skorbut, jener gnadenlosen Vitaminmangelkrankheit, an der zahlreiche Seefahrer starben. Auch war er streng, nicht jedoch ungerecht, was ihm den Respekt seiner 94 Männer einbrachte.

Cooks erstes Ziel war Tahiti, wo man ihn freundlich willkommen hieß. Er legte dort regelmäßig an, da ihn das Leben der Eingeborenen faszinierte. Seiner Zeit voraus respektierte er deren Religion und Lebensart und weigerte sich, ihnen westliche Ideale aufzuzwingen. Auch war er sich bewusst, dass eine große Anzahl von Besuchern sich katastrophal auf das Stammesleben auswirken würde.

Von Tahiti aus fuhren sie nach Südwesten und entdeckten unterwegs die Gesellschaftsinseln. Dann erhob Cook britischen Anspruch auf Neuseeland, da er beide Hauptinseln um-

rundet und den Küstenverlauf aufgezeichnet hatte. Der Kanal zwischen den Inseln heißt heute Cookstraße. Als sich der Winter näherte, zog Cook nach Australien, wo er sich in der Botany Bay niederließ.

Da sich die *Endeavour* am Barriereriff ein Leck geschlagen hatte, musste sie zur Reparatur nach Java. Im Juli 1771 beendete Cook seine Weltumrundung mit einer Fahrt um das Kap der Guten Hoffnung. Auf seiner dreijährigen Reise trug er viel zur Erstellung präziserer Weltkarten bei. Dennoch blieb unklar, wie weit sich der australische Kontinent tatsächlich erstreckte. Deshalb hisste Cook 1772 erneut die Segel und reiste mit den Schiffen *Resolution* und *Adventure* in die südliche Hemisphäre.

Der letzte Kontinent

Diesmal überquerte er als erster Seemann den Polarkreis. Obwohl er es nicht beweisen konnte, war Cook überzeugt, dass die Antarktis weiter südlich existierte. Genau genommen umkreiste er die Antarktis auf dieser vierjährigen Reise, ohne den Kontinent jemals zu sichten.
Um dem Winter zu entkommen, besuchte er unter anderem die Neuen Hebriden, die Cookinseln, Tonga und die Osterinsel. Obwohl Cook sich nach dieser Reise hätte ehrenhaft von der Seefahrt zurückziehen können, brach er noch ein drittes Mal auf, diesmal auf der Suche nach der Nordwestpassage. Es war seine letzte Reise. Mit denselben beiden Schiffen stach er im Juli 1776 in See und segelte über das Kap der Guten Hoffnung nach Hawaii, das er Sandwichinseln nannte. Erneut stellte Cook eine erstaunliche Ähnlichkeit der Kultur und Sprache unter den weit verstreuten polynesischen Siedlungen fest.

1778 segelte die Mannschaft die amerikanische Westküste entlang auf der vergeblichen Suche nach der geheimnisvollen Nordwestpassage. Danach überwinterte Cook auf Hawaii, wo er zunächst überschwänglich empfangen wurde. Die Beziehung zwischen den Einheimischen und den Seglern verschlechterte sich aber bald und am 14. Februar 1779 wurde Cook gemeinsam mit vier seiner Männer in einem Gemetzel getötet.

Die Überlebenden kehrten 1780 nach England zurück. Cook war berühmt für seine Weisheit, Menschenkenntnis, Navigationskunst und Allgemeinbildung.

Gegenüber: *James Cook, einer der bedeutendsten Entdecker seiner Zeit.*

Unten: *Kapitän James Cook ergreift 1770 im Namen der britischen Krone von Neusüdwales Besitz.*

AUSTRALASIEN

MATTHEW FLINDERS

1774 bis 1814

Rechts: *Matthew Flinders war beauftragt, detaillierte Karten vom australischen Kontinent anzufertigen; endete aber für sieben Jahre in einem französischen Gefängnis, da man ihn der Spionage verdächtigte.*

Oben: *George Bass, nach dem die Straße zwischen Tasmanien und dem australischen Festland benannt wurde.*

Obwohl vor ihm bereits einige Entdecker den australischen Küstenabschnitt dokumentiert hatten, fiel es dem herausragenden Hydrographen Matthew Flinders zu, eine genaue Karte des Kontinents zu erstellen. Seine Aufzeichnungen waren so genau, dass sie noch Jahrzehnte später im Einsatz waren; und seine Beharrlichkeit, mit der er das Land Australien nannte, verhalf ihm zu seinem heutigen Namen. Dennoch war Flinders für seine Tapferkeit, Abenteuerlust und Navigationskunst berühmt. Auch war er ziemlich unerschrocken.

Flinders wurde 1774 in Donnington, Lincolnshire, geboren, und man erwartete von ihm, dass er wie sein Vater und Großvater eine medizinische Laufbahn einschlug. Als er aber *Robinson Crusoe* las, wurde ihm klar, dass er einem Leben auf See nicht widerstehen konnte, und er enttäuschte seine Familie. Mit 15 trug er sich in der *Royal Navy* ein und zwei Jahre später diente er unter Kapitän William Bligh in der Karibik und der Südsee.

1795 hatte er den Auftrag, mit der *Reliance* nach Neusüdwales zu segeln. Mit an Bord waren der Gouverneur der Kolonie, John Hunter, und der Schiffsarzt George Brass – zwei Männer, die ihn sehr beeinflussten. Kurz nachdem das Schiff in Sydney anlegte, wurde Flinders von Hunter mit der Dokumentation der umliegenden Küstengebiete beauftragt. Dabei beeindruckte er seine Vorgesetzten so sehr, dass er auch die Furneauxinseln nördlich von Tasmanien vermessen sollte. Später durfte er Bass helfen, einen Kanal zwischen Tasmanien und dem australischen Festland zu vermessen. Flinders und Bass entdeckten und benannten nicht nur die Bass-Straße, sie umsegelten auch Tasmanien und bewiesen so, dass es eine Insel war.

1800 kehrte Flinders nach England zurück, um finanzielle Unterstützung zu erbitten. Sein größter Geldgeber war der Naturforscher John Banks, ein Mann, den der Kontinent faszinierte, seit er 30 Jahre zuvor mit Kapitän James Cook in der Botany Bay gelandet war. Banks bezahlte Flinders ein kleines Schiff, die *Investigator*, mit der er am 18. Juli 1801 von Spithead in England zu einer fünfmonatigen Reise nach Südwestaustralien aufbrach.

Flinders und sein Team verbrachten einen Monat bei Kap Leeuwin, um etwa 500 neue Pflanzenarten zu sammeln und unbekannte Arten von Schnecken, Echsen, Emus und Kängurus zu studieren. Dann segelte er entlang der Südküste weiter, bis er am 21. Februar wegen Trinkwasserknappheit einige seiner Männer beim Spencer Gulf aufs Festland schicken musste. Weder die Männer noch deren Boot wurden jemals wieder gesehen und Flinders nannte die Ankerstelle Katastrophenkap.

Die Expedition setzte sich entlang des St.-Vincent-Golfes fort. Auf der Känguruinsel füllten sie ihre Vorräte auf, bevor sie zur Encounter Bay weiterzogen – der Ort erhielt seinen Namen, da Flinders dort auf den französischen Entdecker Nicolas Baudin traf. Obwohl sich England und Frankreich gerade bekriegten, behandelten die beiden einander respektvoll. Sie aßen sogar gemeinsam Frühstück, bevor sich ihre Wege wieder trennten. Später behauptete Baudin, er habe den Großteil der Westküste entdeckt, was Flinders aber schriftlich korrigierte.

Unglücksfahrt

Im Frühjahr 1802 durchquerte Flinders die Bassstraße und fuhr nach Norden zur Botany Bay, wo er viele seiner Proben umpackte und nach London verschiffte. Der Gouverneur von Neusüdwales stattete die Mannschaft mit einem neuen Schiff aus, das aber am Barriereriff leck schlug und umkehren musste. Inzwischen fand Flinders einen Kanal durch das Riff (Flinders Passage) zum offenen Meer. Im nächsten Jahr umrundete er Australien und vermaß den Carpentaria Gulf, bevor er nach Port Jackson fuhr und von dort aus an Bord der *Porpoise* zurück nach England.

Flinders nächster Lebensabschnitt war aber von Unglück geprägt. Zunächst kenterte die *Porpoise* und er musste 1120 km zurück nach Port Stanley rudern, um für seine Kameraden Hilfe zu holen. Gouverneur King kam zwar für ein neues Schiff auf, doch als Flinders auf Mauritius (französisches Territorium) von Bord ging, wurde er verhaftet und sieben Jahre lang eingesperrt. Als er endlich nach Hause kam, war er sehr kränklich und benötigte vier Jahre, um seine Memoiren zu verfassen: *Eine Reise nach Terra Australia*. Er starb am 19. Juli 1814, dem Tag, als sein Werk veröffentlicht wurde.

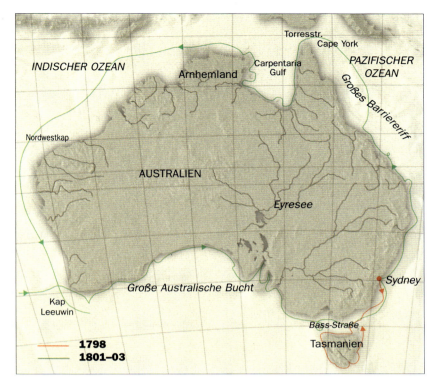

Unten: *Heute ist das Große Barriereriff eine beliebte Touristenattraktion. Zu Flinders Zeiten stellte es aber eine große Gefahr für die Schifffahrt dar.*

AUSTRALASIEN

WILLIAM CHARLES WENTWORTH

1790 bis 1872

Unten: *William Charles Wentworth setzte sich für eine unabhängige Regierung in Australien ein. Seine Bemühungen hatten zur Folge, dass das Land die erste Kolonie mit repräsentativer Regierung wurde.*

William Charles Wentworth war ein erfahrener, starker und erfinderischer Entdecker – manchmal nannte man ihn „den Eingeborenen". Er wurde 1790 in der britischen Strafkolonie Norfolk Island geboren. Seine Eltern stammten aus unterschiedlichsten sozialen Schichten. Als Angehöriger der ersten Generation in Australien geborener Briten half er die Basis der australischen Nation zu legen.

Sein Vater, Dr. D'Arcy Wentworth, war ein angesehener irischer Chirurg, während seine Mutter als Häftling deportiert worden war. Seinem wohlsituierten Vater verdankte er eine exzellente Ausbildung an der Universität von Cambridge in London, und als er 1810 nach Australien zurückkehrte, war sein sozialer Erfolg bereits gesichert.

Innerhalb der nächsten drei Jahre wurde Wentworth zu einem der größten Landbesitzer (sein Anwesen in Neusüdwales betrug mehr als 2750 Hektar). Dabei stellte er sich auf die Seite der „Emanzipisten", einer politischen Bewegung, die ehemaligen Gefangenen eine fairere Behandlung zukommen lassen wollte. Nach Australien deportierte Verbrecher waren vom Landerwerb ausgeschlossen und Wentworth war die Tatsache zuwider, dass die Behörden sie kontinuierlich schikanierten. Als er sich als Entdecker etablierte, versuchte er gleichzeitig für soziale Gerechtigkeit einzutreten.

Wentworth machte sich als Entdecker in den Blue Mountains einen Namen, einem unwahrscheinlich schönen Plateau, das sich 56 km außerhalb Sydneys entlang der Great Dividing Range erstreckt. Schon zuvor hatten Abenteurer erfolglos versucht, einen Weg über die Berge zu finden. Das Land jenseits der Berge war für Siedler nicht zugänglich, die diesseitige Region war schwer zu bestellen. Die lokale Wirtschaft litt an den ungebildeten Sträflingen, während die Truppen demoralisiert und disziplinlos waren. Zu Beginn des 19. Jahrhunderts entging die gesamte Kolonie von Port Jackson nur knapp einer Hungersnot. Mitten in dieses soziale Minenfeld begab sich der inspirierende Gouverneur Lachlan Macquarie.

Macquarie begann sogleich die moralischen Standards zu heben, Rum als Zahlungsmittel ebenso zu verbieten wie den Massenerwerb von Land. Außerdem zeigte er sich milde gegenüber ehemaligen Sträflingen.

Wentworth, Gregory Blaxland und William Lawson nahmen die Herausforderung an, einen Pass über die Blue Mountains zu finden – und stellten fest, dass das leicht möglich war, wenn man sich auf dem Kamm und nicht im Tal bewegte. Auf der anderen Seite stieß Wentworth

1606	1643	1721	1722	1770	1778	1788	1789
Spanischer Entdecker Luis de Torres sichtet die australische Küste	Der Holländer Abel Tasman entdeckt Neuseeland und Tasmanien	Jacob Roggeveen erkundet den Pazifik; der erste Europäer auf Samoa	Jacob Roggeveen entdeckt die Osterinsel	Der britische Entdecker James Cook landet in der Botany Bay	James Cook erkundet den Pazifik und entdeckt Hawaii	England beginnt Gefangene nach Australien zu schiffen	Meuterei auf der *Bounty*; einem britischen Schiff

auf unberührtes Grasland, das sich nach Westen erstreckte, so weit das Auge reichte.

Rasante Zeiten

Seine Entdeckung rüttelte die Gemeinde von Port Jackson gewaltig auf. In den folgenden Jahren kam es zu einer heftigen Squatter-Bewegung: Viele Menschen besetzten Land ohne legalen Titel und in den folgenden Jahren entwickelte sich die Politik zusehends zu einer „Squattokratie". Dies führte schließlich zur Gründung des Bundesstaates Victoria und zu Bestrebungen der freien Siedler, den illegalen Landbesetzern Einhalt zu gebieten. Zu diesem Zweck entwickelten sie Grundbücher. Wentworth fand sich in eine heiße politische Debatte verwickelt und es wurde ihm klar, dass Australien eine effektive Verfassung benötigte.

1816 reiste er also nach England, um Jura zu studieren, und hoffte, in Australien das britische Verfassungsmodell übernehmen zu können. Dieses Projekt nannte er „ein neues Britannien in einer anderen Welt".

Als er nach Australien zurückkehrte, hatte er reichlich Ideen zur Veränderung der Regierung. 1824 half er bei der Gründung einer der renommiertesten Zeitungen der Welt, *The Australian,* und nutzte sie als mächtiges politisches Instrument im Sinne der Emanzipisten zur Kampagne gegen Beamtenschaft und freie Siedler. Außerdem setzte er sich heftig für eine Autonomie ein und 1842 wurde Victoria zu der ersten australischen Kolonie mit repräsentativer Regierung.

Ironischerweise wurde Wentworth misstrauisch gegenüber derselben demokratischen Regierung, die er in die Welt gesetzt hatte. Er hatte nämlich eigentlich eine konservative Ader und vertraute mehr auf eine wohlwollende, patrizische Regierung als auf das fortschrittliche politische System, das in Australien Wurzeln schlug.

Obwohl er 1862 in England starb, überführte man seinen Leichnam nach Sydney, wo er beigesetzt wurde.

Oben: *Die Drei Schwestern in den Blue Mountains von Neusüdwales – eine schwer zu überwindende Barriere im Inneren Australiens.*

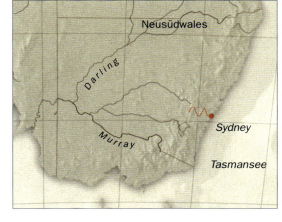

1793	1801	1804	1808	1813	1814	1816–1830	1819
Erste freie, englische Siedler erreichen Australien	Flinders umsegelt Australien	Beginn der Kolonisierung Tasmaniens	Rum-Rebellion gegen Gouverneur Bligh	Gregory Blaxland überquert die Blue Mountains	Samuel Marsden gründet die erste europäische Siedlung in Neuseeland	Botaniker Allan Cunningham erkundet Neusüdwales	John Oxley vermisst die australische Küste

AUSTRALASIEN

Sir CHARLES STURT

1795 bis 1869

Zu Beginn des 19. Jahrhunderts wurden die ersten ernsten Versuche unternommen, tief ins australische Hinterland einzudringen. Siedler, die die Fließrichtung der zahlreichen Flüsse von der Küste weg ins Landesinnere beobachteten, nahmen an, dass sie auf ein riesiges Binnenmeer stoßen würden. Der Mann, der diese Hypothese prüfen sollte, war der Vater des australischen Entdeckertums, Charles Sturt.

Sturt wurde 1795 im indischen Bengalen geboren, besuchte aber die Harrow-Schule in England. Als Hauptmann der Armee diente er in Spanien und Kanada, bevor er einen Garnisonsposten in Irland annahm. 1826 wurde er beauftragt, Häftlinge nach Neusüdwales zu führen, wo er sich in die unberührte Natur verliebte. Er wurde dort von Gouverneur Sir Ralph Darling zum Sekretär ernannt, und sein Interesse für Geografie sowie die Aktivität lokaler Entdecker inspirierten ihn, einige Abstecher ins Hinterland zu unternehmen. Am 10. November 1828 begann er seine erste Expedition in Begleitung des 31-jährigen Buschmanns Hamilton Hume.

Sturt und Hume wanderten durch die Blue Mountains zu den Macquariesümpfen und stießen auf einen gewaltigen Fluss, den Sturt Darling River nannte. Seine Flussrichtung

sowie sein Salzgehalt überzeugten Sturt noch mehr von der Existenz eines Binnenmeeres und so kehrte er im April 1829 nach Sydney zurück, fest entschlossen, eine zweite Expedition weiter südlich zu unternehmen.

Diese Expedition begann im November 1829 mit einem Treck durch öde Landschaft. Später bemerkte Sturt, dass „weder Vogel noch Wildtier diese einsame und feindselige Region bewohnten, über der Grabesstille lag".

Rechts: Charles Sturt segelte entlang der Flüsse Darling und Murray und half, das Innere des Kontinents zu erschließen.

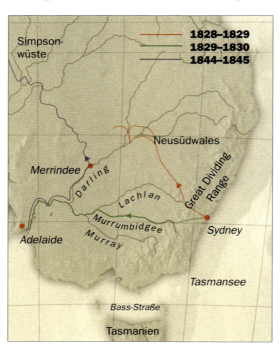

Dennoch hastete er weiter zum Murrumbidgeefluss, den er am 7. Januar 1830 auch erreichte. Er begab sich auf eine atemberaubende Wildwasserraft flussabwärts und verlor in den Strömungen einen Großteil seiner Vorräte. Erst nach einer Woche stieß Sturt auf einen breiten, ruhigen Fluss, den er Murray nannte (nach dem Staatssekretär Sir George Murray.) Dieser floss nach Nordwesten, und die Gruppe nahm an, er würde sie zum Binnenmeer führen.

Erste Begegnung

Tatsächlich aber führte sie der Murray zum Darling River, bevor er abzweigte und sie zur südlichen Meeresmündung brachte, die Sturt Lake Alexandrina nannte. Dieser Reiseabschnitt war von reichlich dramatischen Elementen unterlegt, nicht zuletzt, als eine 600 Mann starke Kriegertruppe der Aborigines sich entlang des Flussufers aufstellte und Kriegsschreie von sich gab. Glücklicherweise trieb die Strömung des Flusses sie aus der Gefahrenzone eines möglichen Angriffs hinaus. Danach tauchte eine weitere Gruppe Einheimischer auf und vertrieb die potenziellen Aggressoren. Dieser eigenartige Vorfall wurde später von Anthropologen zum Teil so interpretiert, dass die zweite Gruppe Sturt und seine Männer für eine lebende Inkarnation der Götter hielt, die sie an die Flussmündung geführt hatten.

Sturt hoffte, eine Passage durch den Lake Alexandrina auf offenes Meer zu finden, um so entlang der Küste zurück nach Sydney zu segeln. Es bot sich aber keine günstige Route an, also mussten die Männer mehr als 1700 km weit flussaufwärts zurückrudern und wurden im Mai 1830 zu Hause als Helden empfangen. Mit der Entdeckung einer schiffbaren Wasserstraße durch Südwestaustralien beschleunigte Sturt die Besiedelung des St.-Vincent-Golfes und somit die Gründung von Adelaide.

Er fuhr nach England, heiratete dort, nahm seinen Abschied von der Armee und kehrte nach Australien zurück in der Absicht, eine 5000 Hektar große Farm zu führen. Dazu kam es aber nicht, da er 1839 vom Südaustralischen Vermessungsdepartment angeheuert wurde, um detaillierte Karten anzufertigen.

Auf seiner letzten Expedition folgte er dem Darling River und dem Murray bis Mendindee in der Hoffnung, ins Zentrum des Kontinentes vorzudringen. Sturt und seine 15 Männer fanden sich aber bald in einer schweren Dürre wieder und Wasserlöcher verdunsteten bei einer Temperatur von 50 °C. Sie waren gezwungen, sich einen unterirdischen Schutz vor der Sonne zu graben und warteten sechs Monate auf erlösenden Regen. Sturt und vier Kollegen stießen weitere 720 km vor, erreichten als erste Weiße die Simpsonwüste, Erschöpfung und Skorbut zwangen sie aber zum Aufgeben ihrer Pläne.

Am 19. Januar 1848 erreichte Sturt Adelaide auf einer Trage, schwer sonnenverbrannt und fast blind. Er erholte sich nie wieder vollständig und starb 1869 in Cheltenham in England, kurz bevor er zum Ritter geschlagen werden sollte.

Unten: *Raddampfer auf dem Murray. Sturt beschrieb den Fluss als „weit und edel" und benannte ihn nach dem britischen Staatssekretär.*

AUSTRALASIEN

HAMILTON HUME

1797 bis 1873

Hamilton Hume verkörperte den frühen australischen Entdeckergeist. Er wurde 1797 in Parramatta in Neusüdwales geboren. Seine Familie hatte ihre walisische Heimat verlassen, als sein Vater Andrew zum Häftlingsaufseher ernannt wurde. Mit seiner wenig privilegierten Herkunft und mäßigen Bildung schien es unwahrscheinlich, dass Hume ein erfolgreicher Entdecker im Outback würde. Dennoch stellte er seine Künste als Buschmann mit einem unstillbaren Appetit auf das Unbekannte unter Beweis.

Rechts: *Hamilton Hume bewies, dass ein einfacher Buschmann sich unter die australische Elite mischen konnte, indem er das Südliche Tafelland für Farmer zugänglich machte.*

Hume bekam einen Vorgeschmack auf das Abenteuer, als er mit 17 Jahren durch das Land südlich und westlich von Sydney streifte. Bald darauf wurde er zum offiziellen Gruppenführer. In den folgenden zehn Jahren erkundete er weitläufige Routen durch die Gebiete Bong Bong und Berrima, den Sutton-Wald und zu den Flüssen Clyde und Goulburn. 1819 reiste er gemeinsam mit John Oxley und James Meehan nach Port Jervis und war einer der ersten Europäer, die die Yass Plains zu Gesicht bekamen. Seine erste Einzelexpedition – für die ihm die Regierung die Unterstützung verweigerte – begann 1824, als er sich mit dem Seemann William Hovell und zehn von England abgeschobenen Häftlingen zusammentat, um über die Berge zwischen Sydney und Port Phillip Bay zu ziehen.

Nachdem sie den Lake George verlassen hatten, überquerten sie am 22. Oktober auf Flößen den Murrumbidgee. Von dort zogen sie weiter und entdeckten einen Fluss, den sie Hume nannten – derselbe Fluss wurde 1830 von Charles Sturt „Murray" umbenannt. (Sturt wusste nicht, dass es sich um dasselbe Gewässer handelte, und unglücklicherweise setzte sich der Name „Murray" durch.) Die beiden Entdecker kannten einander und unternahmen 1828 eine gemeinsame Expedition über die Blue Mountains und Macquariesümpfe zu den salzigen Wassern des Darling River.

Hovell und Hume lehnten es ab, dem südwestlichen Kurs des Murray zu folgen, und wagten sich stattdessen nach Süden, um die Flüsse Ovens und Goulburn zu überqueren. In der Gegend des Goulburn stießen sie auf wertvolles Weideland und fanden, nachdem sie nur knapp dem Tod durch ein Buschfeuer entronnen waren, einen Pass durch die Great Dividing Range und eine Route nach Geelong in Port Phillip Bay.

Endlose Fehde

Die gesamte zweimonatige Reise wurde von Hovells und Humes Streitereien überschattet. Ersterer meinte (zu Unrecht), seine Buschkenntnisse wären besser als die seines Kameraden. Die Fehde loderte für die nächsten Jahrzehnte, bis Hume, der sich mittlerweile zur Ruhe gesetzt hatte, 1855 einen einseitigen Bericht über ihre Reise veröffentlichte. Dies war jedoch noch nicht das Ende, da Hovell mit seinem eigenen Werk konterte, das er einfach *Eine Antwort* nannte.

Humes größte Leistung lag in der Öffnung des südlichen Tafellandes für die Rinderzucht. Außerdem machte er große Abschnitte des australischen Innenlandes zugänglich. Gemeinsam mit John Kennedy, Charles Throsby und anderen schuf Hume die Mittel, mit denen die Kolonie später ihre Unabhängigkeit erreichen würde. Die Behörden versuchten aber eine

weitere Besiedelung zu stoppen. 1826 schuf die Regierung eine Grenze entlang des Mount Royal und der Liverpool Range bis Wellington, und weiter östlich bis zu den Flüssen Murrumbidgee und Moruya. Theoretisch war die Besiedelung nur innerhalb dieser doch riesigen Zone gestattet; die Strategie schlug aber fehl. Zunächst zwang die stetig wachsende Anzahl an Vieh die Bauern, ihre Farmen zu vergrößern. Außerdem wurden Schiffsreisen immer sicherer und günstiger, was neue Generationen freier Briten in die Kolonie lockte. Zu Tausenden ignorierten diese Kolonisten die Verbote der Regierung und ließen sich immer weiter im Landesinneren nieder.

Obwohl seine letzten Jahre nicht mit Gesundheit gesegnet waren, zeigte sich Hamilton Hume zufrieden, da er wusste, dass im neuen Australien der gewöhnliche Buschmann zum anerkannten Mitglied der noblen Gesellschaft aufsteigen konnte.

Er wurde in den Magistrat gewählt und vor seinem Tod 1873 noch zum Mitglied der *Royal Geographical Society* gewählt.

Oben: *Einsammeln von Vieh; Australien 1871. Wenige Jahre nachdem Hume Überlandrouten für den Viehtransport geöffnet hatte, die zu weitläufigen Weiden hinter der küstennahen Bergbarriere führten, begannen Viehzüchter sich im Landesinneren anzusiedeln. Ein neuer Wirtschaftszweig entstand und die Kolonie wuchs durch britische Einwanderer.*

AUSTRALASIEN

LUDWIG LEICHHARDT
1813 bis 1848

Rechts: Ludwig Leichhardt, Deserteur der Preußischen Armee, leitete mehrere Überlandexpeditionen. Durch seine schlechte Führungsqualität kam es aber in der Simpsonwüste zu einer Katastrophe.

Als einer der exzentrischeren und, man muss betonen, unbeholfeneren Entdecker fasste Ludwig Leichhardt 1842 in Sydney Fuß und ließ damit ein angenehmes Leben hinter sich.

Der 1813 in Preußen geborene Leichhardt war ein begabter Gelehrter und wechselte mühelos von seinem Philosophiestudium zum Studium der Naturwissenschaften an den Universitäten von Berlin und Göttingen. Er verließ die Armee und wanderte in die neue Kolonie aus. Sein Leben finanzierte er sich als Lehrer, während er seiner Leidenschaft, dem Sammeln von Pflanzen, nachging. Anderen Siedlern fiel er sofort auf durch seinen extravaganten Hut und das Schwert, das er immer bei sich trug (er hatte Angst vor Pistolen). Das Rätsel um sein mysteriöses Verschwinden im Busch konnte nie geklärt werden.

Leichhardts Ankunft in Australien fiel zusammen mit den Bemühungen, eine Inlandpassage zwischen dem Südosten und Port Essington (dem heutigen Darwin) zu finden. Man nahm an, dies würde neue Handelsmöglichkeiten mit den Gewürzinseln ermöglichen und die Besiedelung von Queensland und dem Nordterritorium fördern.

Leichhardt war ursprünglich auf einer vom Vermesser Sir Thomas Mitchell geführten Expedition angemeldet, doch frustriert über eine Verspätung – und sehr zum Ärger Mitchells – kündige er an, er wolle eine eigene Expedition leiten. Im Oktober 1844 versammelte sich seine Truppe von zehn Männern, 17 Pferden, 16 Ochsen und einigen Hunden bei Jimbour Station. Man war auf eine lange Reise vorbereitet.

Leichhardt schrieb später, wie sie „von Hoffnung getragen ins Landesinnere zogen". Bald stellte sich heraus, dass sie ihren Optimismus bitter nötig hatten. Von Beginn an waren Leichhardts Überlebensstrategien erbärmlich – genauso wie sein Orientierungssinn. Durch seine Inkompetenz konnten die Ochsen entkommen; Wasservorräte wurden verschüttet und Männer gingen verloren. Täglich kam es zu Streitigkeiten, und es stellte sich heraus, dass sie auf halbem Weg bereits den Großteil ihrer Vorräte verzehrt hatten. Es verwundert nicht, dass seine verärgerten Kollegen Leichhardt bald misstrauten.

Am 25. Juni verschlimmerte sich ihre missliche Lage noch. Als sie den Mitchellfluss östlich des Carpentaria Gulf erreichten, wurden sie von einer Gruppe Aborigines attackiert, die den Ornithologen John Gilbert töteten und zwei andere verprügelten. Für die Überlebenden muss der Rest der Reise eine unvorstellbare Qual dargestellt haben, dennoch erreichten sie am 17. Dezember 1845 Port Essington. Die Reise hatte 14 Monate und 17 Tage gedauert – doppelt so lange, wie Leichhardt geplant hatte – und war eine der längsten Expeditionen der australischen Geschichte. Trotz seines Versagens brachte das ökologische Wissen des Deutschen der Gruppe unvorhergesehene Nahrungsquellen ein; andererseits zeigten die meisten Männer Symptome von Skorbut.

Willkommener Held

Leichhardt wurde nach seiner Rückkehr gefeiert und finanziell belohnt. Es war typisch, dass sich seine Sponsoren wenig für seinen Mangel an Führungsqualitäten und Überlebenskünsten interessierten, sondern lediglich für seinen Bericht über ein „fabelhaftes Innenland, für pastorale Zwecke zur Gänze zugänglich". Das wollten sie hören. Leichhardts Heldenstatus war so groß, dass ihm sogar der preußische König die Flucht aus der Armee verzieh.

1848 entwarf Leichhardt den Plan, Australien von Osten nach Westen zu durchqueren, auf einer quälenden Route entlang des Barcoo-

1826–1829	1829	1837–1839	1850	1851	1854–1862	1859	1861–1862
Jules Dumont D'Urville vermisst die Küsten Australiens und Neu Seelands	England erhebt Anspruch auf den gesamten australischen Kontinent	Sir George Grey erkundet die Nordwestküste Australiens	Unabhängige Regierung der britischen Kolonien in Australien	Kolonisten stoßen im Bundesstaat Victoria auf Gold	Alfred Russel Wallace sammelt Proben in Malaysia	Streit um Land entfacht in Neuseeland den zweiten Krieg der Maori	John McDouall Stuart durchquert Australien von Süd nach Nord.

Flusses, nördlich zum Carpentaria Gulf, weiter zur Westküste und schließlich zum Swan River. Dieser Versuch war ein spektakulärer Fehlschlag und er legte in sechs Monaten knapp 800 km zurück. Unbehelligt machte er sich 1848 mit sechs Begleitern und 80 Lasttieren erneut von McPherson Station auf.

Am 3. April wurde die Gruppe am Condaminefluss zum letzten Mal gesehen. Suchtrupps stießen später auf zwei Lager entlang des Barcoo, wussten aber nicht sicher, wem sie gehört hatten. Gerüchte brodelten; manche meinten, die Gruppe habe in einer Meuterei den Deutschen getötet, um dann selbst den Aborigines zum Opfer zu fallen. Auch war die Rede davon, dass Adolf Classen als einziger Überlebender im Busch leben sollte. Anderen Theorien zufolge starben alle in überraschenden Fluten oder Buschfeuern. In Anbetracht von Leichhardts Orientierungssinn ist es aber am

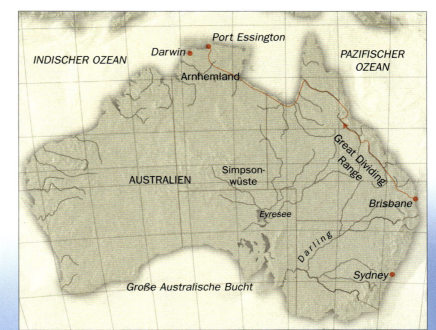

wahrscheinlichsten, dass sie sich in der Simpsonwüste hoffnungslos verirrten und verdursteten.

1865	1867	1873	1876	1901	1905	1907	1914
Wellington wird zur Hauptstadt Neuseelands	Letzte Schiffsladung britischer Gefangener erreicht Australien	Briten annektieren die Fidschiinseln im Südpazifik	Verbrecher Ned Kelly wird hingerichtet	Australien löst sich vom British Empire	Australien annektiert Papua-Neuguinea	Neuseeland wird selbstständig	Australische Truppen besetzen das deutsche Neuguinea

AUSTRALASIEN

EDWARD EYRE
1815 bis 1901

Als sich Mitte des 19. Jahrhunderts die Schaf- und Rinderfarmen ausbreiteten, erkannten die Bauern, dass sie mit möglichst niedrigen Transportkosten neue Marktgegenden erschließen mussten. Zu diesem Zweck trieben sie ganze Herden durchs Landesinnere, immer Routen entlang, auf denen sich genügend Weideland und Wasserlöcher befanden. Innerhalb Südaustraliens war dies kein Problem, Schwierigkeiten bereitete lediglich das Treiben der Herden durch die 16.000 km weite australische Wüste zu den Siedlungen um Albany. Der Mann, der als Pionier freiwillig diese Route erkundete, war Edward John Eyre.

Eyre war ein Pfarrerssohn, der 1833 mit 18 Jahren nach Australien auswanderte. Er führte eine Rinderfarm im Hunter Valley bei Canberra, und 1838 war er der erste Bauer, der sein Vieh über Land von Sydney nach Adelaide führte. Er ließ sich in Adelaide nieder und erkundete neue Weidegebiete im Norden wie auch Durchzugsrouten im Westen.

Seine ersten beiden Expeditionen waren aber nur bedingt erfolgreich. Im Mai 1839 führte er einen Trupp entlang der Flinders Kette zum Mount Arden, später überquerte er die Berge und die Eyre-Halbinsel und erreichte Streaky Bay auf der Ostseite der Großen Australischen Bucht. Unglücklicherweise blieben die Männer aber in den Salzsümpfen und Schlammfeldern des Eyresees stecken und waren zur Umkehr gezwungen. Eyres Niedergeschlagenheit

spiegelt sich in den Namen wider, die er zwei Bergen gab – Mount Desolation und Mount Hopeless („Trostlos" und „Hoffnungslos".)

Am 25. Februar 1841 begann Eyre die Reise, die ihn berühmt machen sollte. Er brach von Adelaide aus auf. Ihn begleiteten sein Farmmanager John Baxter, vier weitere weiße Männer und drei Aborigines, einer davon noch ein Junge. Als Expeditionsleiter hatte Eyre sich

Rechts: Expeditionsführer im Inneren Australiens begannen, die Gefahren der Outbacks zu erfahren und zu verstehen. Bei einer der schwierigsten Reisen, die je unternommen wurde, gab Edward John Eyre einigen geografisch auffälligen Punkten seinen eigenen Namen.

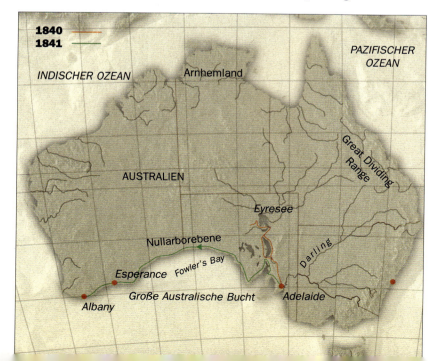

bereit erklärt, für die Hälfte der Kosten selbst aufzukommen; der Rest wurde durch Sponsoren und Zuschüsse der Regierung gedeckt.

Die Gruppe zog nördlich der großen Australischen Bucht nach Westen über die große, fast baumlose Nullarborebene. Mit sich führten sie 13 Pferde, 40 Schafe, Vorräte für drei Monate und 280 l Wasser. Ihre Vorräte sollten von einem Regierungsschiff aufgestockt werden, das sie laut Plan im Spencer Gulf treffen sollten. Von dort aus wollten sie nach Albany ziehen.

Die erste Etappe verlief problemlos, doch als sie die Fowler's Bay erreichten, gewann Eyre die Überzeugung, dass eine kleinere Gruppe mit den widrigen Bedingungen besser zurechtkäme. Den Großteil seiner weißen Männer sandte er also zurück nach Adelaide und zog nur mit Baxter und den drei Aborigines weiter. Es war eine unvorstellbar anstrengende Reise, und als einige ihrer Lastpferde im endlosen Sand ermüdeten, waren sie gezwungen, diese bedauernswerten Geschöpfe zurückzulassen.

Hunger und Meuterei

Es kam noch schlimmer. Am 28. April ermordeten die beiden erwachsenen Aborigines Baxter und machten sich mit den restlichen Vorräten davon. Lediglich der kleine Junge, Wylie, blieb loyal, und während der nächsten sieben Tage wünschten sich wohl beide, selbst tot gewesen zu sein. Noch immer gab es kein Wasser und sie überlebten, indem sie Kängurus jagten und einen toten Pinguin aßen, der an der Küste trieb.

Nach weiteren drei Wochen setzte der Regen ein und es wurde für Eyre und Wylie einfacher. Auch näherten sie sich der Küste. Am 2. Juni sahen sie schließlich ein Walfangboot und durften sich an Bord zwei Wochen lang erholen. Obwohl die verbleibenden 480 km bis Albany eine Herausforderung darstellten – diesmal ironischerweise wegen der Nässe –, bewältigten sie die Aufgabe.

Richard Eyre scheiterte zwar mit seinem Vorhaben, einen für Herden gangbaren Weg zu

Unten: *Erdrückender Blick über die weiten Salzflächen des Eyresees.*

Auch mussten sie sich Feuerwaffen, zusätzlicher Wasserbehälter, Hufeisen und Kleidung entledigen. Ihre Versuche, Wasser aus Wurzeln zu saugen und mit Schwämmen den Tau aufzusaugen, verzögerten nur das Unvermeidbare. Ihre Wasservorräte waren erschöpft. Diese Krise verschärfte sich, als sie ein krankes Pferd schlachteten und aßen, worauf Eyre und Baxter selbst schwer krank wurden.

finden, doch würdigte die *Royal Geographical Society* seine Mühen mit einer Goldmedaille. Später wurde er Mitglied der Regierung Neuseelands; und als er 1865 als Gouverneur von Jamaika 400 Rebellen exekutieren ließ, verursachte er in England einen Skandal.

1874 zog Eyre sich nach England zurück, wo er 1901 starb.

AUSTRALASIEN

ROBERT O'HARA BURKE

1820 bis 1861

Die Geschichte von Robert O'Hara Burke ging als eine der tragischsten – und vermeidbarsten – in die Annalen der Entdeckungsfahrten ein. Schlechte Führungsqualität und schlechte Planung kosteten drei Männer das Leben und erinnerten die Australier an die gnadenlose Natur der Outbacks. Burke und seine Gruppe machten Geschichte als die ersten Männer, die den Kontinent von Süden nach Norden durchquerten. Doch sie bezahlten dafür einen hohen Preis.

Der 1820 in St. Cleram geborene Ire Burke besuchte die Woolwich Academy in London und diente später in der österreichischen Armee. 1853 wanderte er aus; zunächst nach Tasmanien, später ließ er sich in Melbourne nieder. Dort sicherte ihm seine Ausbildung eine schnelle Beförderung bei der Polizei von Victoria und er wurde zum Inspektor, beauftragt mit der Überwachung der Goldgräber von Orens und Beechworth. Später wurde er eine bedeutende Figur des öffentlichen Lebens.

1860 ernannte die Regierung von Victoria Burke zum Expeditionsleiter und beauftragte ihn mit der Erforschung einer Telegrafenroute zur Nordküste. Er stand unter Erfolgsdruck. Zwei Jahre zuvor hatte John McDouall Stuart das Zentrum des Kontinents erreicht und am 2. März 1860 brach er erneut im Auftrag der Regierung auf um ebenfalls eine Telegrafenroute zu errichten.

Burkes Expedition wurde als die teuerste und am besten ausgerüstete der australischen Geschichte gepriesen. Bester Dinge brach er am 21. August 1860 von Melbourne auf. Mit sich führte er 18 Männer, 24 Kamele sowie 21 Tonnen Vorräte. Dennoch war seine Gruppe bereits mürrisch und unzufrieden, als sie die 640 km weiter nördlich gelegene Menindee-Siedlung am Darling River erreichten. Dies lag wohl an Burkes herber Persönlichkeit, war jedoch für die vor ihnen liegende Aufgabe hilfreich.

Sowohl der Sheriff George Landells als auch der Kameltreiber und der Arzt stiegen aus. Daraufhin teilte der Ire die Gruppe auf. Er selbst zog mit fünf Leuten weiter, um bei Cooper Creek auf halbem Weg ein Lager zu errichten, während der Rest unter der Führung von William Wright ein paar Tage danach mit neuen Vorräten folgen sollte. Dieser Plan schei-

terte aber, da Burke aus Angst vor Stuarts Erfolg in Cooper Creek doch nicht rasten wollte. Erneut teilte er die Gruppe und ließ William Brahe beim Lager zurück, der dort auf seine Rückkehr warten sollte. Wright saß inzwischen noch immer in Menindee.

Tod durch Unfall

Burkes Reise in den Norden wurde bei 55 °C trockener Hitze zur Höllenqual. Dennoch kam er gemeinsam mit William Wills, John King und Charles Gray im Februar 1861 zur Mündung des Flindersflusses. Damit hatten sie ihr Ziel erreicht. Auf ihrer Rückreise nach Süden schlug das Wetter um in schwere Regenfälle und Gewitter. Ihre Rationen wurden immer geringer, bis sie schließlich gezwungen waren, ihre Kamele und Burkes Pferd zu essen. Sie ahnten es zwar nicht, doch als Gray an der Ruhr starb, besiegelte dies das Schicksal der anderen. Sie verbrachten einen Tag mit dem Vergraben seiner Leiche, und als sie am 21. April Coopers Creek erreichten, fanden sie eine Nachricht in einen Baum geritzt. Sie lautete: „GRABE--- 1 m N.W." Burkes Team grub einige Vorräte aus, gemeinsam mit einem Brief, der enthüllte, dass Brahe 8 Stunden zuvor aufgebrochen war.

Burke wusste, dass er zu erschöpft war, um ihn einzuholen. Er beschloss, Kräfte zu sammeln und später zu einer 240 km entfernten Rinderfarm zu ziehen. Bald wurde offensichtlich, dass sogar dies unmöglich war, da sie begannen im Kreis zu wandern. Das Überleben sicherten ihnen Samen und Fische, die sie mit Hilfe freundlicher Aborigines fingen. Sie verpassten also Brahes und Wrights Rückkehr nach Coopers Creek am 8. Mai. Brahe vergewisserte sich nicht einmal, ob die von ihm vergrabenen Vorräte gefunden wurden; er nahm einfach an, dass Burkes Gruppe tot war.

20 Tage später kehrten Burke, Wills und King nach Cooper Creek zurück und warteten auf Hilfe. Ende Juni 1830 verhungerten Burke und Wills fast zur gleichen Zeit. King überlebte mit Hilfe von Aborigines und wurde am 18. September von Alfred Howitts Suchtrupp gerettet.

Trotz seiner mangelnden Führungskraft zählt Burke heute zu den bedeutendsten Entdeckern Australiens, und in Melbourne ist ihm sogar ein eigener Gedenkstein gewidmet.

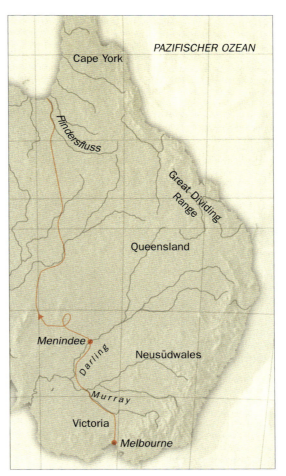

Gegenüber, oben: *Burke setzte große Hoffnungen in seine Expedition und zog mit den besten Männern los; dennoch endete die Reise wegen falscher Entscheidungen und menschlicher Schwäche in einem Desaster.*

Gegenüber, unten: *Am 20. August 1860 verließ das Team von Burke und Wills Melbourne.*

Unten: *Baumschnitzerei bei Cooper Creek zum Gedenken an Robert O'Hara Burke.*

SCHLUSSWORT

Die Welt präsentiert sich uns heute viel kleiner als unseren Vorvätern. Wenn wir reisen, wissen wir genau, wo wir landen werden; außerdem verfügen wir über schnelle Transportmittel. Die Helden der Entdeckergeschichte würden uns mit Neid betrachten. Doch zeigt eben diese Leichtigkeit, mit der wir heute reisen, die herausragende Leistung und Charakterstärke jener, die in früheren Zeiten einsame Gegenden erkundeten. Die damaligen Expeditionsleiter waren so individuell verschieden wie die Menschheit an sich. Wenig Ähnlichkeit besteht zwischen der Persönlichkeit von Mary Kingsley, die tief im afrikanischen Dschungel auf einem viktorianischen Kleidungsstil bestand, und den hartgesottenen nordamerikanischen Trappern. Die Mystikerin Alexandra David-Néel hätte Schwierigkeiten gehabt, mit dem moralisch doppeldeutigen David Livingstone zu sympathisieren. Dennoch müssen sie sich im tiefsten Inneren ähnlich gewesen sein, da sie alle keine Mühsal scheuten, um das Wissen der Menschheit über die Welt auszuweiten. Auch gab es Krankheiten, feindliche Eingeborene, wilde Tiere, noch wildere Elemente und Nahrungsknappheit. Die Folgen für Körper und Geist waren gewaltig und sie alle verdienen unsere Hochachtung.

Für die meisten Entdecker waren ihre veröffentlichten Bücher und Landkarten Lohn genug. Wie wir gesehen haben, verloren zahlreiche Männer und Frauen auf ihrer Mission ihr Leben, und nur wenige Glückliche erhielten Medaillen oder internationalen Ruhm. Ihr ultimatives Ziel hatten sie aber erreicht – die Erde ist ein offenes Buch und jede Seite im Atlas ist vollständig.

Nun blicken wir in die Zukunft. Die beiden Satellitenfotos auf diesen Seiten zeigen den Tschadsee und Nepal; zwei Regionen, die von in diesem Buch beschriebenen Personen ausführlich erforscht wurden. Die Bilder wurden durch Weltraumtechnologie ermöglicht. (Wie sehr hätten sich Hugh Clapperton und Francis Younghusband über so genaue Karten gefreut!) Bald wird die Menschheit die Erdatmosphäre auf der Suche nach neuen Lebensformen verlassen und ein neues Zeitalter der Entdeckung bricht an. Die Männer und Frauen, die sich auf eine solche Reise zu fernen Planeten begeben, werden sich von ihren Vorgängern grundlegend unterscheiden. Planung, Vorbereitung und Training werden präzise sein; die ihnen zur Verfügung stehende Ausrüstung unvorstellbar raffiniert. Dennoch wird es Ähn-

Unten: *Dieses am 14. Dezember 1972 vom Satelliten Landsat-1 aufgenommene Farbfoto zeigt das östliche Nepal, das Bergland zwischen Indien und Tibet. Der rote Pfeil zeigt nach Norden.*

lichkeiten geben: Niemand wird vor menschlichen Schwächen geschützt sein, und wie sorgfältig die Planung auch sein mag, es werden die Umstände sein, die über Sieg und Niederlage entscheiden. Menschen werden weiterhin ins Unbekannte ziehen, ohne Garantie auf Erfolg.

In der Vergangenheit zogen die Entdecker los in der Erwartung, auf fremdsprachige Völker zu treffen. Zukünftige Weltraumforscher werden kaum auf neue Rassen stoßen, da es keine Anzeichen auf Außerirdische in unserer Galaxie gibt. Sollten wir aber dennoch je fremdes Leben antreffen, so werden die Unterschiede größer sein als die zwischen Weißen und den Indianern, auf die Kolumbus stieß. Hoffentlich, *vive la différence.*

Oben: *Diese Weltraumaufnahme des Tschadsees verdeutlicht die Verkleinerung der ehemals riesigen Wasserfläche. Der rote Pfeil zeigt nach Norden.*

Register

1. Kreuzzug 30
2. Kreuzzug 30
3. Kreuzzug 30
4. Kreuzzug 30
49. Breitengrad 117
Abessinien 72
Abstammung des Menschen 123
Abu Simbel 76
Adams, Robert 94
Adelaide 179
Adventure (Cooks Schiff) 173
Afghanistan 29, 34, 60
Afrika 70–103
Afrikanische Gesellschaft 74, 76
Ägyptische Entdecker 10–11
Ahaggarmassiv 90
Akeley, Carl 98–99
Akeley, Delia 99
Akeley, Mary 99
Alaska 53, 115, 146, 157, 160
Albertsee 93, 101
Al-Biruni, Abu 22
Alexander der Große 12–15
Alexandria 13, 15
Alexandrinasee 179
Al-Idrisi 23
Al-Khwarazmi, Mohammed 22
Almagro, Diego 39
Alone, Edward Byrd 159
Alpino, Prospero 102
Amazonas 40, 108–109, 112, 132
Amerikas 104–137
Amundsen, Roald 146, 150, 151, 152–153, 158
Anden 130–131
Andersson, Charles 100
Appalachen 124
Arabien 11, 22–3, 48, 66–67
Arabische Elfenbeinhändler 89–90
Arabische Nächte, Sir Richard Burton 87
Arabische Wüste, Wilfred Thesiger 69
Arabisches Meer 14
Archibald, Julia 128
Aristoteles 12
Arktis und Antarktis 138–165
Armenien 20
Arteaga, Melchor 135
Arundell, Isabel 87
Asien 48–69
Astor, John Jacob 117
Atahualpa, Inkakaiser 38
Athabascapass 117
Athabascasee 110
Äthiopien 20, 100
Austin, Stephen F. 129
Australasien 166–187

Baffinbai 141
Baffin Island 24
Baker, Florence 100
Baker, Samuel White 100–101
Balboa, Vasco Núñez de 38
Balchen, Bernt 159
Banks, Sir Joseph 76, 172, 174
Barents, Willem 42–43
Barth, Heinrich 90–91
Bass, George 174

Bass-Straße 175
Bates, Henry Walter 125, 132
Battuta, Ibn 28–29
Baudin, Nicolas 175
Baxter, John 184–185
Beardmore, William 154
Beduinenstämme 68–69
Belgische Antarktisexpedition 146, 152
Bennett, Floyd 158, 159
Bering, Vitus 52–53
Bin Tughlak, Sultan Mohammed 29
Bingham, Hiram 134–135
Blashford-Snell, John 163
Blauer Nil 72–73
Blaxland, Gregory 176
Bligh, Kap. William 167, 174
Blue Mountains 176, 178, 180
Bonaparte, Napoleon 102, 112, 126
Bonneville, Benjamin 118–119
Bonpland, Aimé 112–113
Boone, Daniel 124–125
Boonesboro 125
Botany Bay 173, 174, 175
Bouguer, Pierre 108
Bowers, Lieut. Henry R. 151
Braddock, General Edward 124
Bradley, John R. 146
Brahe, William 187
Brasilien 40
Brattahild-Siedlung 25
Britannien 20, 21, 54, 81
Britische Antarktisvermessung 162, 163
Broughton, William 115
Brown, James Gordon 92
Bruce, James 72–73
Bruce, Kathleen 150
Bryan, Rebecca 124
Buch von Roger 23
Burckhardt, Johann 76–77
Burke, Robert 167, 186–187
Burma 35
Burton, Charles 164
Burton, Sir Richard 84–87
Byrd, Richard 158–159
Byrd-Polarforschungszentrum 158
Byzantinisches Reich 30

Caillié, René Auguste 94
Çapac, Manco 39
Carlsen, Elling 42
Carnarvon, Lord 103
Carpentaria Gulf 182, 183
Carpini, Giovanni 32
Carter, Howard 103
Cäsar, Julius 21
Cassini, Giovanni 108
Caton-Thompson, Getrude 66
Chang Ch'ien, chinesischer Entdecker 16
Charbonneau, Toussaint 126
Cherokee-Stämme 124
Chile 121
Chimborazovulkan 113, 130
China 16–19, 29, 50–51, 54–57, 65
Chinesische Kartografie 23
Chinesische Mauer 36, 37
Chinesisch-Turkestan 54, 56

Chinin 90, 108, 133
Clapperton, Sir Hugh 78
Clark, William 126–127, 128
Classen, Adolf 183
Claudius, römischer Kaiser 21
Clemens XIV., Papst 41
Columbiafluss 115, 117, 127
Connell, Joyce 162
Cookinseln 173
Cook, Frederick 144–145, 152
Cook, Capt. James 76, 114, 167, 172–173, 174
Cook, Libby 146
Cookstraße 173
Coolidge, Calvin 158
Cooper Creek 186
Cotopaxi, Vulkan 131
Crary, Dr. Albert 165
Cumberland Gap 124, 125
Cunningham, Sophia 19

D'Urville, Jules Dumont 171
Dalai Lama 55, 58, 60, 65
Dalgleish, Andrew 54
Dare, Virginia 45
Darius, König von Persien 13
Darling, Gouverneur Sir Ralph 178, 180
Darlingfluss 178–9, 180, 186
Darwin, Charles 120–123, 132, 133
Darwin, Erasmus 122
David-Néel, Alexandra 64–65, 188
de Champlain, Samuel 106
de la Condamine, Charles Marie 108–109, 112
de Long, George Washington 149
de Orellana, Francisco 108
De Veer, Gerrit 42
Dehra Dun 55
Denham, Dixon 78–9
des Odonais, Isabella 109
des Odonais, Jean Godin 108–109
Detroit News 160
Deutschland 21
Deschnew, Semjon 53
Diomede Islands 52
Discovery (Cooks Schiff) 173
Discovery (Scotts Schiff) 150

East India Company (Englisch) 48, 74
East India Company (Holländisch) 168
Ecuador 121
Edward Whymper 131
Eielson, Carl Ben 160
Eine Reise nach Terra Australis 175
El Dorado 45, 118
Elephant Island 155
Elfenbein 89
Elizabeth I, Königin 44–45
Ellsworth, Lincoln 153
El-Mallakh, Kamal 102
Encounter Bay 174
Endeavour 172–173
Endurance 155
Entrecasteaux, Antoine 167
Entstehung der Arten, Charles Darwin 123

Erebus 141
Eric der Rote 24, 25
Eriksson, Leif 24
Eroberer 38–39, 134, 135
Eskimoleben, Fridtjof Nansen 149
Espérance 170
Evans, Edgar 151
Everest, George 54
Evolutionstheorie 120–123
Eyre, Edward 167, 184–185
Eyre-Halbinsel 184

Falklandinseln, Vermessung 162
Familie Stroganof 46
Fawcett, Jack 136
Fawcett, Percy Harrison 136–137
Fidschiinseln 169
Fiennes, Sir Ranulph 164–165
Findlay, John 124
Fitzroy, Kapt. Robert 122
Flinders, Matthew 167, 174–175
Flinders-Passage 175
Flinders Range 184
Floyd Bennett 159
Floyd, Sergeant Charles 127
Flüsse
  Arkansas 128
  Asua 88
  Awash 68
  Barcoo 183
  Benue 91
  Brahmaputra 55, 56, 63
  Condamine 183
  Culuene 137
  Flinders 187
  Gambia 75
  Goulburn 180
  Green 118
  Heath 136
  Hume *siehe* Flüsse, Murray
  Illinois 107
  Indus 14, 63
  Irtysh 47
  Kongo 83, 93, 95, 97
  Lena, Sibirien 47
  Madidi 136
  Manning 181
  Mississippi 106–107
  Missouri 127
  Mitchell 182
  Moruya 181
  Murray 179, 180
  Murrumbidgee 178–179, 180
  Niger 23, 74–79, 88, 90, 97
  Nil 72, 78, 83–87, 90, 95, 100–101
  Ob 47
  Ohio 124
  Sambesi 81, 83
  Saskatchewan 116
  Schari 91
  Swan 183
  Tobol 47
  Wolga 25, 29, 46
  Yellowstone 127
Fram 149
Franklin, Lady Jane 141
Franklin, Sir John 116, 140–141, 152

Fremont, John Charles 129
Fremont-Gibbs-Smith-Karte 118
Freuchen, Peter 156
Friedensnobelpreis 148
Friedrich I. Barbarossa, Kaiser 30
Friedrich II. von Preußen 41
Fritz, Father Samuel 40
Frühe Expeditionen 8–25
Fuchs, Sir Vivian 162–163
Fu-Hsien, buddhistischer Mönch 19

Gabet, Joseph 58
Gabun 97
Galapagosinseln 120–121
Gallus, Aelius 20
Galton, Francis 100
Gardner, Elinor 66
Gemeinschaft Jesu *siehe* Jesuiten
Geografengesellschaft von Paris 94
Georg III., König 111
Georgesee 180
Gewürzinseln 41, 182
Gilbert, John 182
Gilbert, Sir Humphrey 44
Gjoa 152
Goa, Indien 41
Goldie, Sir George 136
Goldrausch 129
Goodall, Jane 99
Gorillas 98–99
Graf Zeppelin 160
Grant, James Augustus 86, 100
Gray, Charles 187
Gray, Kapt. Robert 115
Great Dividing Range 176, 180, 182
Great South Land 168–169
Greely, Adolphus 149
Gregor VIII., Papst 30
Gregor X., Papst 34
Griechenland 21
Grönland 24, 25, 142, 143, 144–147,
    148–149, 156–157, 162
Große Amerikanische Wüste 129
Große Trigonometrische Vermessung 54
Großer Salzsee 119
Großer Sklavensee 110
Großes Barriereriff 175
Großwildjäger 88–89
Guaranistamm 40

Hadsch 22, 28
Halbinsel Kamtschatka 52, 53
Han-Dynastie 18
Hannu, ägyptischer Entdecker 10
Harkhuf, ägyptischer Entdecker 10
Hatschepsut, Königin 11
Häuptling Blackfish 125
Hawaii 114, 115, 172, 173
Hayward, George 54
Hedin, Sven 62–63
Heemskerk 168
Helluland 24
Henslow, John Stevens 120
Henson, Matthew 144–147
Hetepheres, Königin 102
Hillary, Sir Edmund 61, 162
Himalaja 54
HMS *Beagle* 120–23
HMS *Discovery* 114, 115
HMS *Porpoise* 175
Höhlenmalereien 90

Homer 20
Hovell, William 180
Howitt, Alfred 187
Hsuan-Tsang, buddhistischer Mönch 19
Huc, Evarist 58
Hudson Bay Company 111, 116
Humboldt, Baron Alexander von
    112–113
Hume, Andrew 180
Hume, Hamilton 167, 178, 180–181
Hunter, John 174
Huronsee 106
Huronstamm 106
Huxley, Thomas Henry 123

Ilias 20
Indien 29, 35, 54
Inka 38–39, 134–135
Innozenz III., Papst 31
Innozenz IV., Papst 32
Inuit 141, 152, 156–157, 160
Investigator 174–175
Ironside, Björn 24
islamische Entdecker 22–23
Island 24
Iwan der Schreckliche 46

Jackson, Frederick 149
James Caird 155
James I., König 45
James, Edwin 128
Japan 36, 41, 48, 65
Jefferson, Thomas 126, 127, 128
Jesuiten 40–41, 50–51, 72, 113
Jimbour Station 182
Jolliet, Adrien 106–107
Jolliet, Louis 106–107
Jolliet, Zacharie 106–107
Jordanien 76
Josephine Ford 158
June, Harold 159
Juzavy, Ibn 29

K2 60
Kalahari 80
Kalifornien 118–119
Kanada 114–117, 140
kanadische Arktisexpedition 160
Kane, Elisha Kent 144
Karakorumgebirge 60
Karl V., Kaiser 38
Karthago 21
Kaspisches Meer 29, 33, 62
Katastrophenkap 174
Katharina I. von Russland 52
Katharina II. von Russland 41
Katholische Kirche 40–41
Kenia 99
Kennedy, John F. 180
Kentucky Blaugrasregion 124, 125
Khan, Kublai 33, 34–37
Khan, Dschingis 26
Kiew 25
King, John 187
King, Philip Gidley 175
King William Island 141
Kingsley, Mary 96–97, 188
Kintup 56–57
Knorrschiffe 25
Kohle 36

Koltzo, Iwan 47
Kolumbus, Christoph 106
Konferenz von Berlin, 1884 71
Königliche Britische Antarktisexpedition
    (1920) 160
Konstantinopel 29, 31, 37
Kosaken 46
Kreuzritter 26, 30–33
Kuchum, Kaiser von Sibirien 46-47

L'Anse aux Meadows 24
La Pérouse, Jean 170
Labrador 24, 107
Laing, Alexander Gordon 9
Landells, George 186
Lander, Richard 78–79
Landwirtschaft 26
Langschiffe 25
Latooka-Stamm 101
Lawson, William 176
Leechsee 128
Leere Zone 68–69
Leichhardt, Ludwig 167, 182–183
Leopold II., König von Belgien 93
Lhasa 54–55, 56, 58, 60, 65
Libyen 21
Lindbergh, Charles 158–159
Liverpool Range 181
Livingstone, David 80–83, 92, 188
Livingstone, Mary 80, 82
Long, Major Stephen 129
Louis IX., König von Frankreich 32
Louisiana Purchase (1803) 126
Loyola, Ignatius 40–41
Lyell, Sir Charles 122, 123

Macau 51
Macedo, Pater 40
Machu Picchu 134
Mackay, Alexander 110–111
Mackenzie, Alexander 110–111
Mackenzie, Roderick 110
Macquariesümpfe 178, 180
Macquarie, *Major-General* Lachlan 176
Magyaren 26
Makranwüste 14
Malabarküste 29
Malaria 90
Malayische Halbinsel 29, 35, 41, 132
Maldonado, Pedro 108
Malediven 29
Malthus, Thomas Robert 122
Manitobasee 116
Manning, Thomas 58
Maoristamm 168–169
Markham, Sir Clemens 150
Markland 24
Marquette, Jacques 106–107
Mato Grosso 136
Matterhorn 130
Maud 153
McClintock, Leopold 141
McKinley, Capt. Ashley 159
McMurdosund 151, 154–155
McPherson Station 183
Mear, Robert 165
Meehan, James 180
Mekka 22, 28, 29
Meriwether, Lewis 126–127
Michigansee 106
Missionarsgesellschaft von London 80

Mitchell, Alfreda 134
Mitchell, Sir Thomas 182
Mittelalter 26
Moffat, Robert 80
Mohammed 22
Mojavewüste 118
Monge, Gaspare 102
Mongolei 58
Mongolenreich 26, 32
Montgomerie, Kapt. T. G. 54
Montoya, Pater 40
Moon, H. P. 133
Moorcroft, William 54
Mount Kamerun 97
Mount Desolation 184
Mount Erebus 155
Mount Everest 61, 162
Mount Hopeless 184
Mount McKinley 146
Murchison, Roderick 101
Murray, Sir George 179
Mylius-Erichson-Expedition 156

Nabta, Steinkreise 10
Nansen, Fridtjof 148–149
National Geographical Society 135, 146
Naturhistorisches Museum von
    Amerika 98–99
Natürliche Selektion, Theorie über
    120–123
Nautilus U-Boot 161
Néel, Philippe 65
Nepal 54, 188
Neuguinea 169, 171
Neuseeland 168, 172
Neusüdwales 176–177
Neue Hebriden 173
Neufundland 24
New Mexico 128
New York Herald 92, 146
New York Times 146
Newton, Sir Isaac 108
Ngamisee 80
Nimrod 154
Nobile, Umberto 153
Nootkasund 114, 115
Nordenskiöld, Adolf 62
Nordenskiöld, Nils 142–143
Nordenskiöld, Otto 143
Nordostpassage 42, 142–143, 152
Nordwestpassage 115, 141, 152, 173
Norfolk Island 176
Norgay, Tenzing 61
Norge 153
Northwest Company 111, 116–117
Nowaja Semlja 42–43, 143
Nullarborebene 185

Oates, Kapt. Lawrence 151
Ochotsksee 47, 52
Odyssee 20
Okeanos 21
Olympias 12
Ontariosee 106
Orinoko 45, 112
Osterinsel 173
Oudney, Dr. Walter 78–79
Overweg, Adolf 90
Oxley, John 180

REGISTER

Panama 38
Pantoja, Diego 51
Paranafluss 40
Park, Mungo 74–75, 79
Pascha, Emin siehe Schnitzer, Eduard
Pazifischer Ozean 38
Peace River 110
Peary, Robert E. 144–147, 156
Pepper, Virginia 164
Persepolis 13
Perser 12–15
Peru 38–39
Peter der Große 52
Petra 76
Philipp II. Augustus von Frankreich 30
Philipp II. von Mazedonien 12
Phillip, Arthur 167
Pike, Zebulon Montgomery 128–129
Pike's Peak 128
Pius VII., Papst 41
Pizarro, Francisco 38–39
Plinius 16
Polo, Marco 34–37, 48
Polybios 21
Pond, Peter 110
Port Essington 182, 184
Port Jackson 167, 176
Portugiesen 48
Priesterkönig Johannes 32, 37
Prinzipien der Geologie, Charles Lyell 122
Przewalski, Nikolai 58–59
Przewalskipferd 58
Ptolemäus 23
Punt 11
Pygmäen 99
Pyopi-nakht, ägyptischer Entdecker 10
Pyramiden, Ägypten 102–103
Pyramiden von Gizeh 102

Quadra, Juan Francisco 115
Quebec 106
Queensland 182

Rae, John 141
Raleigh, Sir Walter 44–45
Rasmussen, Knud 156–157
Recherche 170
Reisen der Vega 142
Reisner, George 102
Reliance 174
Resolution 173
Ricci, Matteo 50–51
Richard I., Löwenherz 30
Richardson, James 90
Richthofen, Ferdinand von 17
Rimmel, Raleigh 136–137
Roanoke Island 44
Robinson Crusoe 94, 174
Rocky Mountains 110–111, 118, 127,
    128, 116–167
Römisches Reich 17, 20–21, 76
    Ost (Byzantinisch) 22
    West 22
Roosevelt, Theodore 134
Ross-Schelfeis 150, 162
Roter Fluss 128
Royal Geographical Society 2, 86, 91, 101,
    133, 136, 142, 150, 154, 160, 163, 181,
    185

Rub'al Khali *siehe* Leere Zone
Rubruck, William 32
Ruggieri, Michele 51
Russisches Reich 46–47, 52–54
Rusticello von Pisa 35, 37

Sacajawea 126
Sahara 78, 94–95
Saladin 30
Salomonen 170
Sandhurst-Militärakademie 60
Sandwichinseln *siehe* Hawaii
Sansibar 83
Santa-Fé-Trail 118
Schnitzer, Eduard 93
Schwarzer Tod 26, 29
Schwarzes Meer 20, 25, 29, 37
Scipio Africanus der Jüngere 21
Scott, Peter 150
Scott, Robert Falcon 150–151, 154, 165
Seidenstraße 16–19, 29, 34, 60, 62, 63
Selassie, Haile 68
Shackleton, Ernest 138, 150, 154–155,
    160, 162
Shawnee 125
Sibirien 46, 52–53, 113
Sierra Nevada 118–119
Simpsonwüste 179, 182–183
Singh, Kishen 54–57
Singh, Nain 54–57
Skraelingar 25
Small, Charlotte 116
Smithsound 142
Smolensk 25
Snefru, Pharao 10
Somalische Wüste 99
Spanien 21, 106
Speke, John Hanning 84–89, 95, 100
Spencergolf 185
Spitzbergen 42, 142
Spruce, Richard 133
Sri Lanka 29, 35
St. Bernhard von Clairvaux 30
St. Franz Xavier 41
St.-Lawrence-Fluss 106
St. Louis 127, 128
St.-Vincent-Golf 179
Stanley, Henry Morton 80, 83, 92–93
Stark, Freya 66–67, 69
Steele, Frank 69
Stefansson, Vilhjalmur 160
Steller, George 53
Strabo 20–21
Strong Smith, Jedediah 118
Stroud, Dr. Michael 164
Stuart, John McDouall 186
Stuart, Robert 117
Sturt, Sir Charles 167, 178–179
Südafrika 80
Südgeorgien 155
Südliches Tafelland 180
Sumatra 35
Swan, Robert 165
Sydney, Kolonie 167
Sydney, Lord 167

Tahiti 172
Taklamakan, Wüste 56, 58, 60, 63
Tal der Könige 103
Tanganjikasee 83, 85, 89, 92, 99
Tansania 28
Tasman, Abel Janszoon 167–169
Tasmania 141
Tataren 46
Taxidermie 98
Terra Australis Incognita 167–169
Terra Nova 151
Terror 141
The Australian, Zeitung
Theben 102, 103
Thesiger, Wilfred 68–69
Thompson, David 116–117
Thomson, Joseph 89
Thomsongazelle 89
Throckmorton, Bessie 45
Throsby, Charles 180
Thulestation 156–157
Thutmosis III., Pharao 11
Tibet 48, 54–57
Timbuktu 29, 91, 94
Timofejewitsch, Jermak 46–47
Tinne, Alexandrine 95
Tocharier 18
Tolstoj, Alexandria 19
Tonga 169, 173
Torresstraße 175
Tschadsee 78, 91, 188
Tuareg 91, 94–95
Turnor, Philip 116
Tutenchamun, Pharao 102–103

Universalgeschichte, Polybios 21
Ural 46, 47
Urban II., Papst 30

Van Diemen, Anton 168
Van-Diemens-Land *siehe* Tasmanien
Van Heemskerck, Jakob 42
Vancouver Island 115
Vancouver, George 114–115
Vega 142–143
Venedig 34, 35
Venezuela 134
Vial, Pierre 118
Victoriafälle 81
Victoriasee 85, 86, 100
Vietnam 35
Viking 148
Vinland 24
Virginia 44
Vogel, Eduard 90

Walbucht 151
Walker, Joseph 118–119
Wallace, Alfred Russell 123, 132–133
Weddellmeer 155, 162
Wedgwood, Emma 123
Wedgwood, Josiah 123
Wentworth, Dr. D'Arcy 176
Wentworth, William 167, 176–177
White, Governor John 45
Whymper, Edward 130–131
Wikinger 24–26
Wilberforce, Bischof Samuel 123
Wilkins, George 160–161
Willoughby, Sir Hugh 42
Wills, William 187

Wilson, Edward 151
Wordie, Sir James 162
Wright, William 186
Wu-di, chinesischer Kaiser 16
Wüste Gobi 34, 58, 60
Wylie 185

Xavier, St. Franz 41

Yongden, Aphur 65
Yosemite-Valley 119
Younghusband, Francis 60–61

Zea, Vater Bernardo 113
Zeehaen 168
Zengi, Moslemführer 30
Zhang Qian (Chang Ch'ien),
    chinesischer Entdecker 16